O PRINCÍPIO DA SUBSIDIARIEDADE
NO DIREITO COMUNITÁRIO

MARIA DO ROSÁRIO VILHENA

O PRINCÍPIO DA SUBSIDIARIEDADE NO DIREITO COMUNITÁRIO

Dissertação de Mestrado em Integração Europeia
pela Faculdade de Direito da Universidade de Coimbra

Prefácio de Fausto de Quadros

TÍTULO:	O PRINCÍPIO DA SUBSIDIARIEDADE NO DIREITO COMUNITÁRIO
AUTOR:	MARIA DO ROSÁRIO VILHENA
EDITOR:	LIVRARIA ALMEDINA – COIMBRA www.almedina.net
LIVRARIAS:	LIVRARIA ALMEDINA ARCO DE ALMEDINA, 15 TELEF. 239 851900 FAX 239 851901 3004-509 COIMBRA – PORTUGAL livraria@almedina.net LIVRARIA ALMEDINA ARRÁBIDA SHOPPING, LOJA 158 PRACETA HENRIQUE MOREIRA AFURADA 4400-475 V. N. GAIA – PORTUGAL arrabida@almedina.net LIVRARIA ALMEDINA – PORTO R. DE CEUTA, 79 TELEF. 22 2059773 FAX 22 2039497 4050-191 PORTO – PORTUGAL porto@almedina.net EDIÇÕES GLOBO, LDA. R. S. FILIPE NERY, 37-A (AO RATO) TELEF. 21 3857619 FAX 21 3844661 1250-225 LISBOA – PORTUGAL globo@almedina.net LIVRARIA ALMEDINA ATRIUM SALDANHA LOJAS 71 A 74 PRAÇA DUQUE DE SALDANHA, 1 TELEF. 213712690 1050-094 LISBOA atrium@almedina.net LIVRARIA ALMEDINA – BRAGA CAMPUS DE GUALTAR, UNIVERSIDADE DO MINHO, 4700-320 BRAGA TELEF. 253678822 braga@almedina.net
EXECUÇÃO GRÁFICA:	G.C. – GRÁFICA DE COIMBRA, LDA. PALHEIRA – ASSAFARGE 3001-453 COIMBRA E-mail: producao@graficadecoimbra.pt NOVEMBRO, 2002
DEPÓSITO LEGAL:	188056/02

Toda a reprodução desta obra, por fotocópia ou outro qualquer processo, sem prévia autorização escrita do Editor, é ilícita e passível de procedimento judicial contra o infractor.

Aos meus Pais

PREFÁCIO

A Mestre Maria do Rosário Guimarães Ferreira Vilhena pediu-me que redigisse o prefácio para esta sua dissertação. Acedi, com muito gosto, ao seu pedido.

A Faculdade de Direito da Universidade de Coimbra honrou-me com o convite para fazer parte do Júri das provas de Mestrado da autora e, depois, para ser o único arguente da sua dissertação. A autora obteve naquelas provas, por unanimidade, a elevada classificação de 17 valores (Bom, com distinção). E mereceu-a plenamente.

O princípio da subsidiariedade, sobretudo se esta palavra for entendida sem se perverter o seu sentido, constitui hoje, porventura, o princípio-chave do Direito Comunitário (melhor: do Direito da União Europeia) e da integração europeia. E por várias e boas razões: ele define regras para a repartição de atribuições (ou, se se preferir, de competências) entre a União e os Estados membros, não deixando esta ao sabor de eventuais flutuações da vontade dos órgãos políticos da União ou da jurisprudência do Tribunal de Justiça; ele aproxima o poder de decisão da União dos cidadãos europeus; ele concretiza a transparência no exercício pela União do seu poder político; ele coloca um permanente desafio à capacidade e à suficiência dos Estados membros na prossecução dos fins da integração e, com isso, ele obriga os Estados membros a aumentarem a sua produtividade, a sua competitividade e a sua responsabilidade; ele permite aos Estados defenderem melhor os seus interesses nacionais no processo da integração europeia, e, dessa forma, assegurar que este processo avançará através de uma constante dialéctica entre a integração e a individualidade dos Estados. No fundo, a subsidiariedade garante que, como há mais de 50 anos prometera Jean Monnet, "a integração europeia não se fará sem os Estados e, muito menos, contra os

Estados" – assim os Estados sejam capazes de defender e afirmar, de modo suficiente e eficaz, a sua identidade própria, no conjunto cada vez mais exigente da União Europeia.

Ora, por todas essas razões – que já desenvolvi em estudos anteriores que a autora faz o favor de citar –, o princípio da subsidiariedade é um tema importante e difícil para a Ciência do Direito Comunitário.

Mas, chegados aqui, há que dizer logo de seguida que a autora esteve à altura do desafio que a si própria colocou quando escolheu aquele princípio para tema da sua dissertação. Quer pela cuidada, isenta e vasta pesquisa que levou a cabo, quer pelo ambicioso plano que adoptou para a obra, quer pela forma desenvolta como o cumpriu, a autora conseguiu um trabalho cientificamente profundo, dogmaticamente correcto e com um elevado sentido de exigência e de rigor. Para além disso, o leitor sente-se atraído pela leitura da dissertação, porque a um estilo leve e despretensioso a autora soube juntar uma escrita em português correcto e fácil – o que nem sempre acontece, diga-se em abono da verdade, em trabalhos desta índole.

A Mestre Maria do Rosário Vilhena trouxe com a sua dissertação muitas reflexões úteis acerca do tema que escolheu, que não poderão doravante ser ignoradas no debate desse tema, debate esse que a evolução da integração europeia, particularmente a sua passagem para o domínio político, vai tornar progressivamente mais importante e mais necessário, mas também mais difícil. Dessa forma, a autora deu um contributo muito positivo para o enriquecimento da Doutrina portuguesa do Direito Comunitário.

Faço votos para que a autora consiga prosseguir a sua actividade de investigação no domínio do Direito da União Europeia, tão auspiciosamente iniciada com a elaboração desta dissertação.

Lisboa, Maio de 2002

Fausto de Quadros
Professor Catedrático da Faculdade de Direito
da Universidade de Lisboa
Titular de uma Cátedra Jean Monnet em
Direito Comunitário,
concedida pela Comissão Europeia

NOTA PRÉVIA

O texto que ora se publica corresponde quase integralmente à dissertação apresentada no âmbito do curso de Mestrado em Direito, área de Integração Europeia, discutidas em Abril de 2001, na Faculdade de Direito da Universidade de Coimbra, perante um júri integrado pelos Senhores Professores Doutores Fausto de Quadros, Manuel Lopes Porto e Rui Moura Ramos.

No texto original foram apenas introduzidas pequenas alterações, ditadas por meras correcções formais, tanto mais que não ocorreram quaisquer alterações no direito comunitário original nem evoluções na jurisprudência do Tribunal de Justiça que impusessem revisões profundas de conteúdo.

No momento em que se publica este trabalho não posso deixar aqui de recordar, com gratidão, algumas das pessoas que, de uma forma ou outra, contribuíram para a sua concretização: o Sr. Professor Doutor Lopes Porto, meu orientador e professor nos Cursos de Estudos Europeus e no de Mestrado, que me despertou o gosto e o interesse pelo direito comunitário; o Sr. Dr. Robalo Cordeiro, meu professor no Curso de Estudos Europeus, a quem não posso deixar de agradecer a sua sempre permanente disponibilidade durante todo o período da minha investigação.

Impõe-se ainda que faça aqui uma menção especial ao Sr. Professor Doutor Fausto de Quadros, que me deu a honra de prefaciar este meu estudo.

No plano institucional, cumpre agradecer à Faculdade de Direito da Universidade de Coimbra, à Biblioteca da Procuradoria Geral da República, ao Centro de Documentação Europeia da Universidade de Coimbra, ao Centro de Documentação Europeia da Universidade

Lusíada de Lisboa e à Faculdade de Direito da Universidade de La Coruña, pelas facilidades de investigação concedidas.

Oliveira de Azeméis, Outubro de 2002

GLOSSÁRIO DE SIGLAS

AC	Actualités Communautaires
AD	Actualités du Droit
AE/EY	Annuaire Européen/European Yearbook
AEAP	Annuaire Européen d'Administration Publique
AJCL	The American Journal of Comparative Law
AJDA	L'Actualité Juridique. Droit Administratif et Droit Communautaire
AS	Análise Social
BMJ-DDC	Boletim do Ministério da Justiça – Documentação e Direito Comparado
BULLETIN EC	Bulletin of the European Communities
BVerfGE	*Bundesverfassungsgerricht*
CCAEL	Collected Courses of the Academy of European Law
CDE	Cahiers de Droit Européen
CIG	Conferência Intergovernamental
CLR	Columbia Law Review
CMLR	Common Market Law Review
Colectânea	Colectânea de Jurisprudência do Tribunal de Justiça das Comunidades Europeias (após 1986)
CRP	Constituição da República Portuguesa
DA	Direito Administrativo
DCSI	Diritto Comunitario e degli Scambi Internazionale
DJAP	Dicionário Jurídico da Administração Pública
EELR	European Environmental Law Review
ELR	European Law Review
ERPL	European Review of Private Law
FDUC	Faculdade de Direito da Universidade de Coimbra
GG	*Grundgesetz*
GJCE	Gaceta Juridica de la C.E.
GJCEC	Gaceta Juridica de la C.E. y de la Competencia
GR	Grupo de Reflexão
HILJ	Harvard International Law Journal
ICLQ	International and Comparative Law Quarterly

IEAP	Institute Européen d'Administration Publique
IELA	Integración Eurolatina Americana
IL	International Lawyer
JAI	Justiça e Assuntos Internos
JCMS	Journal of Common Market Studies
JOCE	Jornal Oficial das Comunidades Europeias
JUS-RSG	JUS – Rivista di Scienze Giuridiche
LIEI	Legal Issues of European Integration
LP	Law and Philosophy
MJIL	Michigan Journal of International Law
NGCC	Nuova Giurisprudenza Civile Commentata
NLCC	Le Nuove Leggi Civili Commentate
NUE	Notícias de la Unión Europea
PE	Parlamento Europeu
PESC	Política Externa e de Segurança Comum
PJR	Praxis Juridique et Religion
PQ	Political Quarterly
RAE	Revue des Affaires Européennes
RAP	Revista de Administración Publica
RC	Recueil des Cours
RDE	Revue de Droit Européen
RDE	Rivista di Diritto Europeo
RDES	Revista de Direito e Estudos Sociais
RDPSP	Revue de Droit Publique et de la Science Politique en France et à l'Étranger
Recueil	Recueil de Jurisprudence de la Cour de Justice des Communautés Européennes (antes de 1986)
REDC	Revista Española de Derecho Constitucional
Reg.	Regulamento
REP	Revista de Estudios Politicos
REST	Revista de Economia y Sociologia del Trabajo
RFDC	Revue Française de Droit Constitutionnel
RFDUC	Revista de la Facultad de Derecho de la Universidad Complutense
RFDUL	Revista da Faculdade de Direito da Universidade de Lisboa
RFECP	Pouvoirs: Revue Française d'Études Constitutionnelles et Politiques
RIDC	Revue International de Droit Comparé
RIDPC	Rivista Italiana di Diritto Pubblico Comunitario
RIDU	Rivista Internazionale dei Diritti dell'Uomo
RIE	Revista de Instituciones Europeas
RIEJ	Revue Insterdisciplinaire d'Études Juridiques
RISA	Revue Internationale des Sciences Administratives

RLJ	Revista de Legislação e Jurisprudência
RMC	Revue du Marché Commun
RMCUE	Revue du Marché Commun et de l'Union Européenne
RMUE	Revue du Marché Unique Européen
ROA	Revista da Ordem dos Advogados
RPP	Revue Politique et Parlamentaire
RSDPC	Revue de Science et de Droit Penal Comparé
RTDE	Revue Trimestrielle de Droit Européen
RTDP	Rivista Trimestriale di Diritto Pubblico
RTI	Revista de Temas de Integração
SJ	Scientia Juridica
TA	Tratado de Amesterdão
TCE	Tratado da Comunidade Europeia
TCECA	Tratado da Comunidade Europeia do Carvão e do Aço
TCEE	Tratado da Comunidade Económica Europeia
TCEEA	Tratado da Comunidade Europeia da Energia Atómica
TIJ	Tribunal Internacional de Justiça
TJ	Tribunal de Justiça
TJCE	Tribunal de Justiça das Comunidades Europeias
TPI	Tribunal de Primeira Instância das Comunidades Europeias
TUE	Tratado da União Europeia
YEL	Yearbook of European Law
YLR	Yale Law Review

INDICAÇÕES DE LEITURA

1. A primeira referência a uma obra é feita em moldes idênticos aos constantes da informação bibliográfica; nas citações posteriores, limitamo-nos a referir o nome do autor e as primeiras palavras do título da obra em questão.

2. Nas citações, os autores encontram-se citados por ordem alfabética, com referência ao nome do autor.

3. Quanto às referências jurisprudenciais, a única completa é a primeira; as demais, limitam-se a referir a data do acórdão e o nome do caso.

"When I use a word", Humpty Dumpty said, in rather a scornful tone, "it means just what I chose it to mean – neither more nor less".

"The question is", said Alice, "wether you can make words mean so many different things".

"The question is", said Humpty Dumpty, "which is to be master – that's all".

LEWIS CARROL
Through the Looking Glass, and what Alice saw there, 1871

INTRODUÇÃO

Foi rodeado de grande polémica que o princípio da subsidiariedade obteve consagração no Tratado de Maastricht como princípio geral de direito comunitário.

Então classificado por uns como o «epítome da confusão»[1], e defendido por outros que viam nele o instrumento que permitiria salvar o processo de integração europeia do impasse em que este se encontrava[2], o certo é que, ainda hoje, quase dez anos depois e com uma revisão dos Tratados de permeio, este princípio de direito comunitário não é ainda um princípio consensual no seio da doutrina e do debate comunitário.

Atraídos precisamente pela polémica e contestação que rodeiam o princípio, decidimos dedicar esta nossa dissertação ao estudo do princípio da subsidiariedade no direito comunitário.

Contudo, estamos conscientes de que nos é totalmente impossível, atendendo desde logo à natureza deste trabalho e à nossa própria inex-

---

[1] In "Editorial" de EUROPE 2000, Junho de 1992. No mesmo sentido, v. TOTH, "The principle of subsidiarity in the Maastricht Treaty", in CMLR, v. 29, n. 6, 1992, pp. 1079-1105, para quem o princípio seria totalmente alheio e contrário à lógica, estrutura e teor, tanto dos Tratados, como da própria jurisprudência do Tribunal de Justiça. Já para STUART, Lord Mackenzie, "A formula for failure", in THE TIMES, 11.Dezembro.1992, Londres, p. 18, o princípio da subsidiariedade constituiria um conceito jurídico vazio de qualquer substância concreta.

[2] HOFMANN, "Il principio di sussidiarietà. L'attuale significato nell diritto constituzionale tedesco ed il possibile ruolo nell'ordinamento dell'Unione Europea", in RIDPC, ano III, n. 1-2, 1993, pp. 23-41, referiu-se inclusivamente ao princípio da subsidiariedade como uma «palavra mágica» (p. 23).

periência, abarcar nesta dissertação todos os aspectos do princípio merecedores de um estudo aprofundado.

Assim, atendendo à complexidade e vastidão da matéria em análise, optamos por restringir o nosso estudo à análise da clausula geral de subsidiariedade constante do Tratado, nomeadamente do seu actual art. 5º, segundo parágrafo, e à sua incidência e efeitos na prática e vivência comunitárias.

Contudo, não podíamos partir para essa análise sem antes abordarmos, ainda que de forma muito superficial, a presença e o desenvolvimento deste princípio no pensamento jurídico-político europeu ao longo dos séculos.
Já referenciado por Aristóteles como um princípio de (boa) organização política, o princípio da subsidiariedade foi alvo de densificação e elaboração doutrinal ao longo do tempo, tendo sido objecto do estudo de alguns dos mais prestigiados representantes das diversas correntes do pensamento jurídico europeu.
Assim, numa primeira parte deste trabalho – no Capítulo I – dedicaremos o nosso estudo à análise daquela que foi a evolução histórica da ideia de subsidiariedade. Num primeiro momento, estudaremos a evolução da subsidiariedade no seio do pensamento jurídico-político europeu, com especial enfoque no período após o segundo conflito mundial. Analisaremos ainda com algum detalhe o ordenamento jurídico do Estado federal alemão, na perspectiva da subsidiariedade, em virtude das inúmeras e constantes analogias que são estabelecidas pela doutrina entre esta ordem jurídica e a ordem jurídica comunitária. Nesta nossa opção metodológica de análise tivemos igualmente presente a forte influência que a doutrina e jurisprudência alemãs têm desde sempre exercido sobre o desenrolar do processo de integração, designadamente pelo seu papel de fonte de inspiração do juiz comunitário, ele próprio um dos grandes impulsionadores e construtores do projecto europeu.
De seguida, passaremos então a analisar a vivência e ordem jurídica comunitárias em busca de indícios de subsidiariedade, analisando para tanto os mais variados documentos emanados ao longo do tempo pelas instituições comunitárias. Nesta sede, dedicaremos uma particular atenção aos contributos dados pelas regiões, numa primeira fase, e

posteriormente pelo Comité das Regiões, ao debate em torno do princípio da subsidiariedade no direito comunitário.

Esta primeira parte constitui assim uma antecâmara àquela que entendemos constituir a parte fulcral da nossa análise, fornecendo os dados históricos e bases necessárias à completa apreensão do significado da consagração do princípio da subsidiariedade como um princípio geral de direito comunitário.

O cerne do nosso estudo deter-se-á assim na cláusula geral de subsidiariedade consagrada pelo Tratado de Maastricht no seu art. 3º-B, parágrafo segundo, cuja análise constituiu o objecto do Capítulo II desta dissertação. Porém, previamente à análise desta cláusula geral de subsidiariedade, analisaremos dois outros princípios fundamentais da ordem jurídica comunitária, constantes desse mesmo art. 3º-B do Tratado da União Europeia, e cuja consagração obedeceu à mesma lógica descentralizadora e reformista que determinou a inclusão do princípio da subsidiariedade entre os princípios constitucionais do direito comunitário: o princípio das competências por atribuição e o princípio da proporcionalidade. Como teremos oportunidade de demonstrar, impõe-se proceder a uma análise e leitura conjuntas e conjugadas dos três princípios, por forma a apreendermos o verdadeiro significado de cada um deles, bem como os objectivos prosseguidos com a sua consagração.

De seguida, no Capítulo III, dedicaremos algumas páginas desta dissertação a uma das questões mais polémicas e complexas que surgiram no âmbito do debate em torno do princípio da subsidiariedade no direito comunitário, a saber, a questão do controlo jurisdicional da aplicação do princípio. Nesta sede, abordaremos aspectos tão distintos como sejam as diversas soluções propostas pela doutrina nesta matéria, as características, limites e condições do exercício de um tal controlo por parte do TJ, para concluirmos com uma breve resenha e análise da mais significativa jurisprudência comunitária em matéria de aplicação do princípio da subsidiariedade.

Por último, no Capítulo IV, procuraremos determinar quais os reflexos da reforma de Amesterdão sobre o princípio da subsidiariedade, analisando de forma pormenorizada o Protocolo sobre a aplicação dos princípios da proporcionalidade e da subsidiariedade introduzido nos Tratados por esta última revisão.

Com este plano de análise, é assim nossa pretensão clarificar quais os objectivos prosseguidos com a consagração do princípio no texto dos Tratados. Mais do que proceder a uma mera análise exegética da cláusula geral de subsidiariedade constante dos Tratados, pretendemos sim demonstrar que o princípio da subsidiariedade é um princípio fundamental numa União de Estados que se pretende o mais democrática e próxima possível dos seus cidadãos.

Contudo, como teremos igualmente oportunidade de demonstrar, nem sempre o princípio tem sido aplicado da forma mais correcta pelos diversos intervenientes no processo comunitário, o que, a par dos termos imprecisos e ambíguos em que se encontra redigida a cláusula geral de subsidiariedade consagrada no Tratado, certamente tem contribuído para os inúmeros equívocos e polémicas suscitadas em seu torno.

Deixando antever aqui aquela que é a nossa posição, estamos certos de que, no fim deste trabalho, poderemos concluir com segurança que o princípio da subsidiariedade é um princípio descentralizador por natureza, e que foi como tal que obteve consagração enquanto princípio geral de direito comunitário. Assim, com esta dissertação, esperamos demonstrar de forma cabal e clara que a consagração do princípio da subsidiariedade em direito comunitário respeitou na íntegra a vigência histórica do princípio e o seu sentido original.

Capítulo I
EVOLUÇÃO HISTÓRICA
DA IDEIA DE SUBSIDIARIEDADE

1. A SUBSIDIARIEDADE NO PENSAMENTO POLÍTICO--JURÍDICO EUROPEU

No final dos anos 50, com o debate em torno de uma nova configuração e estruturação das Comunidades Europeias, tornaram-se frequentes, senão mesmo recorrentes, as referências à subsidiariedade. Aparentemente, tratar-se-ia de um conceito novo e, como tal, desconhecido do léxico e prática comunitários.

Contudo, contrariamente ao que se possa pensar, a subsidiariedade não foi uma descoberta comunitária. Trata-se de uma ideia antiquíssima, cujas origens remontam à própria génese do pensamento político europeu. De facto, encontramos as primeiras referências à subsidiariedade na Antiguidade greco-romana, no pensamento de Aristóteles, posteriormente retomado e desenvolvido por S. Tomás de Aquino.

Com efeito, na Idade Média, a ideia de subsidiariedade desenvolve-se e ganha relevo numa sociedade organizada em grupos activos e autónomos através dos quais o indivíduo se realiza e desenvolve.

Desde então, podemos encontrar a subsidiariedade no pensamento dos mais diversos autores, dos quais salientamos, entre outros, Althusius, Stuart Mill, Kant, Proudhon, Tocqueville, Rousseau, Ketteler[1] e Jellinek[2].

---

[1] É precisamente a Ketteler que é imputada a primeira referência expressa à subsidiariedade.

[2] Não nos vamos debruçar aqui com pormenor sobre o pensamento destes diferentes autores, na medida em que o objecto deste estudo não se trata de uma análise profunda e pormenorizada da evolução da ideia de subsidiariedade no pensamento político ao longo dos tempos. Assim, para mais desenvolvimentos, *vide* MILLON--DELSON, Chantal, *L'État subsidiaire*, Paris, 1992.

1.1. A Doutrina Social da Igreja Católica

Será contudo com a Doutrina Social da Igreja Católica que a subsidiariedade é alvo de construção dogmática, passando então a estar presente, de uma forma quase que constante, no discurso canónico[3].

Embora já presente na Encíclica *Rerum Novarum* (1891) de Leão XIII[4], ainda que de forma embrionária, a subsidiariedade só será consagrada de modo explícito como "solene princípio da Filosofia Social" com a Encíclica de Pio XI *Quadragesimo Anno* (1931)[5].

Esta Encíclica consagra uma visão específica da sociedade e da autoridade pública: ambas devem estar ao serviço do Homem. O primado da pessoa humana é consagrado como valor essencial da vida em comunidade, que todas as estruturas sociais devem respeitar e fomentar.

Paralelamente, preocupado com a desorganização social existente na época, o Papa tenta formular alguns princípios, no seu entender, fundamentais para a reconstrução da ordem social. Na sua opinião, o Estado havia assumido um número excessivo de responsabilidades e encargos, que haviam determinado o seu colapso e ineficiência.

É neste contexto que é feita referência à subsidiariedade, que tem assim nesta Encíclica a sua primeira formulação moderna, assumindo-se como elemento central da doutrina social e política da Igreja Cató-

---

[3] É vasta a bibliografia existente sobre a subsidiariedade na Doutrina Social da Igreja. QUADROS, Fausto de, *O princípio da subsidiariedade no Direito Comunitário após o Tratado da União Europeia*, Coimbra, 1995, p. 15[17], refere algumas das obras mais importantes sobre a matéria.

[4] Leão XIII ter-se-á inspirado para o efeito no pensamento de Ketteler, tendo imputado a origem da ideia ao pensamento protestante europeu.

[5] Posteriormente, com as Encíclicas *Mater et Magistra* (1961) e *Populorum Progressio* (1967), a Igreja Católica proporá uma aplicação da subsidiariedade ao mundo das relações laborais. João XXIII, por seu turno, aplicará a subsidiariedade ao plano das relações internacionais, considerando-a, na Encíclica *Pacem in Terris*, um princípio geral de organização social não limitado às relações entre Estado e comunidades locais e regionais, mas sim aplicável a toda a Humanidade. A problemática da subsidiariedade no Direito Internacional foi estudada por PIEPER, in *Subsidiarität*, 1994.

lica. Nos termos da Encíclica Papal, *"Assim como é injusto subtrair aos indivíduos o que eles podem efectuar com a própria iniciativa e trabalho, para o confiar à Comunidade, do mesmo modo passar para uma comunidade maior e mais elevada o que comunidades menores e inferiores podem realizar é uma injustiça, um grave dano e perturbação da boa ordem social. O fim natural da sociedade e da sua acção é coadjuvar os seus membros, não destruí-los, nem absorvê-los."*. A Comunidade deveria assim organizar-se observando o princípio da subsidiariedade, que impõe a função supletiva da colectividade em relação ao indivíduo e aos grupos sociais menores em que este se integra (v.g., escola, família, trabalho, amigos, etc.).

A Igreja Católica transpõe assim para o plano das relações entre o Estado e as comunidades sociais inferiores o modelo relacional existente entre os indivíduos e os diversos grupos sociais menores a que estes pertencem, revelando ser detentora de uma particular e específica concepção do Homem e do lugar que este ocupa no seio da sociedade, a saber, o Homem enquanto Pessoa, dotado de dignidade e liberdade e, como tal, pleno de autonomia.

A subsidiariedade, assim, e enquanto princípio de (boa) organização social, comporta desde logo uma proibição: tudo aquilo que pode ser realizado pelas comunidades inferiores não deve ser levado a cabo pela comunidade superior em que aquelas se integram. Existe deste modo uma competência geral de princípio a favor das comunidades inferiores. Nesta medida, a comunidade superior deve reduzir a sua intervenção ao estritamente necessário, cabendo-lhe essencialmente desempenhar um papel de coordenação.

Contudo, a subsidiariedade possui igualmente uma dimensão positiva: na medida em que a capacidade da comunidade inferior se revele insuficiente para esta desempenhar eficazmente as tarefas que lhe são acometidas, ela deverá ser ajudada pela comunidade superior, em nome daquela mesma subsidiariedade que antes impunha a abstenção desta. À comunidade superior compete agora suprir as deficiências da comunidade inferior. Não obstante, este auxílio não implica o afastamento total e imediato da comunidade inferior relativamente às tarefas em causa. De facto, o auxílio e a actuação do grupo de nível mais elevado e englobante deve cessar logo que a comunidade inferior se revele capaz e autónoma. A mera substituição, sem mais, de uma comunidade pela outra, não obedece ao espírito da subsidiariedade. A ajuda deve consubstanciar-se sim no restaurar da capacidade da comunidade inferior momentaneamente incapaz. A comunidade superior só deve tomar a seu cargo, de modo definitivo, a tarefa em causa, se se revelar totalmente impossível à comunidade inferior suprir a deficiência revelada, não obstante o auxílio e apoio prestados.

Cumpre assim à comunidade superior assegurar aos grupos subordinados uma ajuda positiva, que contribua para a realização do bem-estar comum; de facto, ainda que esta ajuda exorbite do âmbito das suas competências, ela é necessária, naquele contexto determinado, ao próprio funcionamento da sociedade.

Por outro lado, a prioridade de actuação reconhecida à comunidade inferior não é sinónimo de plena autonomia. É necessário que o exercício das suas competências seja feito de forma responsável.

A subsidiariedade realça assim a dependência e auxílio recíprocos que devem existir entre as diferentes comunidades da estrutura social. Esta ideia de inter-ajuda, estímulo, auxílio, encorajamento, subjacente à ideia de subsidiariedade[6], é igualmente destacada pelo Papa João Paulo II na Encíclica *Centesimus Annus* (1991).

Aí, o Papa João Paulo II, na linha do que vem sendo o pensamento da Igreja Católica nesta matéria, defende que a intervenção da autoridade pública deverá ocorrer o mais próximo possível do indivíduo e somente no caso de a iniciativa privada demonstrar não ser capaz de, eficazmente, desempenhar a tarefa em causa[7].

---

[6] A palavra "subsidiariedade" tem na sua raiz etimológica o vocábulo latino *subsidium* que significa, precisamente, ajuda, estímulo, encorajamento. A subsidiariedade implica, portanto, uma noção de relação, de ligação, de dependência entre dois sujeitos. Deste modo, não se deve confundir subsidiariedade com supletividade, do latim *suppletio*, que significa substituição ou recurso em substituição.

[7] João Paulo II retomava assim uma ideia que já anteriormente havia defendido. De facto, em 1979, quando discursava na Polónia, o Sumo Pontífice havia afirmado que *"l'Etat comprend sa mission à l'égard de la société selon le principe de subsidiarité qui veut exprimer par là la pleine souveraineté de la nation."*.

1.2. O Princípio da Subsidiariedade no Direito Público Europeu do Pós-guerra

Atento o *supra* exposto, facilmente se conclui que, de modo algum, se pode subestimar a importância da subsidiariedade na Filosofia Social da Igreja Católica e no próprio direito canónico, desde logo pela forte influência que tiveram sobre a evolução dos pensamentos político e jurídico da Europa continental, designadamente no que diz respeito à teorização das relações existentes entre Estado, grupos sociais menores e indivíduo.

Assim, é já neste século, mais precisamente no período de reconstrução que se seguiu ao segundo conflito mundial, que a subsidiariedade, enquanto princípio de organização social, alargou a sua influência ao domínio político-constitucional, tendo desempenhado um importante papel na tarefa de criar *"(...) a corporate structure of the State on the continent in the years before and even immediately after the II World War."*[8]. Efectivamente, no período do pós-guerra, a subsidiariedade foi utilizada como princípio estruturante de novas formas de organização sociopolítica que seriam consagradas por algumas das constituições nacionais então elaboradas. Será este precisamente o caso da República Federal da Alemanha, onde é possível descortinar a ideia de subsidiariedade no esquema então traçado de divisão de competências entre governo federal e Länder, ainda que ao longo do texto constitucional não se encontrasse uma única referência explícita ao princípio[9].

Deste modo, e tendo por base a Filosofia Social da Igreja Católica, elaborada nos termos *supra* referenciados, bem como a Teoria do Estado de Jellinek e de Robert von Mohl, a subsidiariedade fez a sua entrada no mundo do Direito, começando então a falar-se em princípio da subsidiariedade. Este começou a ser referido de modo bastante frequente, sobretudo no contexto da Ciência do Direito Público, tendo

---

[8] KAPTEYN, P. J. C., "Community Law and the Principle of Subsidiarity", in RAE, n. 2, 1991, pp. 35-43.

[9] Sobre a relação entre subsidiariedade e federalismo, com incidência no caso do federalismo alemão, *vide infra*, pp. 32 ss..

obtido uma aplicação mais intensa no domínio do Direito Administrativo[10].

Fiel à noção de subsidiariedade desenvolvida ao longo da História, o princípio da subsidiariedade, agora *"princípio fundamental da ordem jurídica do moderno Estado Social de Direito"*[11], recusa toda e qualquer ideia de exclusividade da Administração na prossecução do interesse público. O princípio aponta mesmo no sentido contrário, ou seja, remete-nos para a participação necessária do indivíduo e dos corpos sociais intermédios (família, autarquias locais, associações, etc.) na realização e prossecução desse mesmo interesse público.
Em consonância com o defendido pela Doutrina Social da Igreja, o princípio da subsidiariedade encontra assim o seu elemento-chave na ideia de descentralização (leia-se, descentralização das funções da comunidade maior na comunidade menor). Deste modo, a comunidade maior só deverá actuar quando, e na medida em que, havendo necessidade de tal intervenção, esta se revele mais eficaz do que a actuação da comunidade menor; nesta medida, os grupos superiores só deverão executar aquelas tarefas que não possam ser eficientemente executadas pelos grupos inferiores.

Por outro lado, nos sistemas políticos modernos, a separação de poderes é configurada como uma importante e essencial garantia do Estado de Direito e da efectiva observância do princípio da legalidade. Ora, no Estado federal, onde a *"alocação estratificada de competências"*[12] é maior, a divisão vertical de níveis de actuação do poder é vista como uma garantia acrescida à limitação da intervenção das autoridades estaduais, restringindo-as à sua esfera de atribuições, reforçando deste modo a garantia de liberdade do indivíduo. Assim, *"a subsidiariedade pode revelar-se um instrumento útil para a delimitação de competências nos sistemas jurídicos federais ou, de todo o*

---

[10] *Vide* PONTIER, Jean Marie, "La subsidiarité en droit administratif", in RDPSP, t. 102, n. 6, novembre/décembre 1986, pp. 1515-1537.

[11] QUADROS, Fausto de, *O princípio ...*, *op. cit.*, p. 18.

[12] SOARES, António Goucha, *Repartição de Competências e Preempção no Direito Comunitário*, Lisboa, 1996, p. 181.

modo, nos ordenamentos jurídico-constitucionais que conheçam uma repartição vertical de competências de tipo federal (...)" [13].

O princípio da subsidiariedade encontra assim na organização federal o seu campo de aplicação por excelência[14]. De facto, o princípio da subsidiariedade permite compatibilizar e harmonizar a pluralidade de interesses e universos culturais subjacentes ao Estado federal. Ele permite dar resposta à questão primordial de saber a quem compete fazer o quê, ou seja, quais as atribuições da comunidade maior (Estado Federal) e as das comunidades menores (Estados federados), sem pôr em causa a diversidade existente e sem comprometer os, por vezes frágeis, equilíbrios existentes entre as diferentes comunidades que integram a Federação.

Contudo, se *"o federalismo confere o substracto organizativo ideal à subsidiariedade"*[15-16], isto não significa que não possa haver federalismo sem subsidiariedade e vice-versa. Nos estados unitários descentralizados, por exemplo, é perfeitamente possível proceder a uma repartição de atribuições entre Estado e entes menores (autarquias, municípios, regiões) através do princípio da subsidiariedade.

---

[13] *Ibidem.*

[14] Como salientam JACQUÉ e WEILER, a subsidiariedade, com referência aos sistemas federais, *"it is not a matter of some new concept but of a basic element of all federalist movements, old and new"*. Vide, "Sur la voie de l'Union européenne, une nouvelle architecture judiciaire", in RTDE, année 26, n. 3, juin-septembre 1990, pp. 441-446, esp. 453.

[15] QUADROS, Fausto de, *O princípio ...*, op. cit., p. 20.

[16] De acordo com SANTER, Jacques, "Quelques réflexions sur le principe de subsidiarité", in IEPA, *Subsidiarity: the Challenge of change. Proceedings of the Jacques Delors Colloquium,* Maastricht, 1991, pp. 21 ss., existem óbvios e estreitos laços entre federalismo e subsidiariedade: *"Federalism can be seen as a pyramid and a pyramid will only be sound if its base is broad, i.e. if the bodies at the base are left to do everything they can do. From this point of view, the higher bodies only intervene if the lower bodies withdraw. The bodies closest to the base are inevitably also the ones closest to man. They should therefore not be deprived of their competences as long as they carry out their tasks properly. A federal or near federal system will only function satisfactory and with respect for man, if it distribues the executive, administrative and legislative competences according to the abovementioned scheme.".*

1.3. O Caso Particular do Federalismo Alemão

Neste ponto do nosso trabalho, parece-nos impor-se uma breve referência ao federalismo alemão, não só por, a par com o federalismo norte-americano, ser apontado como um sistema federal "modelo", mas também porque – e aqui temos em mente os futuros desenvolvimentos deste trabalho – ao longo do estudo sobre o princípio da subsidiariedade no direito comunitário encontramos constantes referências às fontes do direito constitucional alemão, bem como analogias permanentes com o seu modelo político-constitucional.
Contudo, tais referências e analogias não são de modo algum consensuais, tanto mais que a generalidade da doutrina alemã, a par da jurisprudência dominante, não reconhece o princípio da subsidiariedade como um princípio geral do direito constitucional alemão[17]. Inclusivamente, o Supremo Tribunal Administrativo alemão – o *Bundesverwaltungsgericht* – rejeitou expressamente o princípio da subsidiariedade, sublinhando o seu carácter eminentemente filosófico e, como tal, negando-lhe a dignidade de princípio jurídico de valor constitucional[18].
Em oposição, podemos encontrar autores[19] que sustentam que a Lei Fundamental alemã, ainda que não consagre de modo explícito o princípio da subsidiariedade como um princípio do direito constitu-

---

[17] No mesmo sentido, entre nós, vide QUADROS, Fausto de, *O princípio ...*, op. cit., pp. 21 ss..

[18] *Vide* SCHWARZE, Jürgen, "Le principe de subsidiarité dans la perspective du droit constitutionnel allemand", in RMCUE, n. 370, juillet – août, 1993, pp. 615-619, p. 616[8].

[19] *Vide*, entre outros, CONSTANTINESCO, Vlad, "Who's afraid of subsidiarity?", in YEL, 11, 1991, pp. 33-55; DELORS, Jacques, "Le principe de subsidiarité: contribuition au débat", in IEPA, *Subsidiarity: the Challenge of Change. Proceedings of the Jacques Delors Colloquium*, Maastricht, 1991, pp. 7-19; EMILIOU, Nicholas, "Subsidiarity: an effective barrier against the entreprises of ambition?", in ELR, v. 17, n. 5, October 1992, pp. 383-407; RIDEAU, Joël, "Compétences et subsidiarité dans l'Union européenne et les Communautés européennes", *in* AEAP, vol. XV, 1992, pp. 615-661; e ainda SANTER, Jacques, "Quelques réflexions ...", *op. cit.*, pp. 21 ss..

cional alemão[20], estrutura a repartição de atribuições entre a Federação (a Bund) e os Estados Federados (os Länder) de acordo com o princípio da subsidiariedade, apoiando-se para o efeito no texto dos arts. 30º e 72º da *Grundgesetz*. Para estes autores, o princípio da subsidiariedade deveria ser considerado um princípio estrutural, não escrito, do ordenamento federal alemão.

O sistema federal alemão apoia-se em princípios – desde logo o princípio federal – que se encontram bastante próximos do princípio da subsidiariedade, nomeadamente, o princípio da separação de poderes e o da autonomia comunal.

O poder, atribuído ao Estado pelo Povo, encontra-se assim repartido numa perspectiva horizontal – legislativo, executivo e judicial –, mas também de um modo vertical: Estado Federal, Länder e comunidades locais[21].

Nos termos do art. 30º da Grundgesetz (*«Funções dos Länder»*), "*O exercício das atribuições estatais e o cumprimento das funções estatais compete aos Länder, salvo disposição ou autorização em contrário nesta Lei Fundamental.*".

Este normativo constitucional encontra a sua razão de ser na própria história do Estado Federal alemão. De facto, os Länder são anteriores ao Estado Federal, tendo sido criados nas zonas ocupadas pelas forças aliadas na sequência da II Guerra Mundial. Só posteriormente surgiu a Bund, a quem os Länder, dotados *ab initio* de executivos e parlamentos próprios, delegaram algumas das competências que deti-

---

[20] Durante o debate que conduziu à elaboração da Lei Fundamental alemã, alguns dos presentes na conferência constitucional de Herrenchiemsee defenderam a inclusão do princípio da subsidiariedade no texto constitucional, como foi o caso do Professor Süsterhem.

[21] JERUSALEM, J., in *Die Staatsidee des Federalismus*, Tubingen, 1949, p. 12, *apud* EMILIOU, Nicholas, "Subsidiarity: an effective ...", *op. cit.*, p. 386[9]: *"The term horizontal separation of powers simply means that every organ-group is bound to remain within its powers as prescribed by the Constitution. On the other hand, vertical separation of powers denotes division of tasks assigned by the Constitution to organ-groups exercising different level of authority; that is the division of powers between federal and state organs."*.

nham. Não obstante, o essencial das competências permaneceu nas suas mãos.

Este artigo consagra portanto uma cláusula geral de repartição de atribuições entre a Bund e os Länder. Assim, e salvo disposição constitucional expressa em sentido contrário, o poder do Estado é executado pelos Estados Federados. A definição das suas atribuições é deste modo realizada através do sistema da cláusula geral, enquanto que a definição das atribuições da Bund obedece ao sistema da enumeração. A regra é portanto a das atribuições dos Länder, chegando mesmo a falar-se numa presunção de atribuições a seu favor. De acordo com a jurisprudência do Tribunal Constitucional Federal Alemão – o *Bundesverfassungsgericht* –, o art. 30º da *Grundgesetz* consagra o princípio do primado das atribuições dos Länder.

Este primado de atribuições dos Länder, por seu turno, é repetido e precisado na Lei Fundamental alemã, tanto para o poder legislativo (art. 70º GG) como para o executivo (art. 83º GG).

Por outro lado, esta tendência para um sistema político descentralizado é reforçada pelo disposto no art. 28º, al. 2, da Lei Fundamental, que garante a autonomia comunal. A autonomia comunal é entendida pela generalidade dos autores como um princípio político-administrativo do ordenamento estadual alemão que estaria em íntima e estreita conexão com o princípio da descentralização administrativa.

Enquanto princípio do ordenamento estadual, a autonomia comunal não deve ser entendida como uma extensão do federalismo ao nível local. De facto, as Comunas não estão integradas na estrutura da organização estadual, nem possuem competência para adoptarem leis, ainda que possam adoptar normas de cariz administrativo para a execução dessas mesmas leis.

A consagração do princípio da autonomia local na *Grundgesetz* deve ser assim vista como um meio de garantir a participação dos cidadãos na actividade do Estado, bem como de assegurar a efectiva realização do princípio democrático no sentido ascendente, isto é, de baixo para cima.

Na sua decisão de 23 de Novembro de 1988, o *Bundesverfassungsgericht* afirmou, de modo claro, que cumpre ao legislador reconhecer e respeitar a função específica atribuída pela Constituição aos entes comunais, devendo em particular respeitar as suas competências, bem como o princípio de uma administração o mais próxima possível dos cidadãos. Assim, os entes territoriais superiores deverão abster-se de actuar quando estejam em causa matérias da competência dos entes comunais. Contudo, o Tribunal não deixou igualmente de reconhecer que, neste contexto, é reconhecido ao legislador um poder discricionário – e, portanto, não sujeito ao controlo jurisdicional do Tribunal – de decidir se um determinado objectivo pode ser efectivamente alcançado pelos entes inferiores actuando isoladamente, ou seja, sem a intervenção de órgãos de um nível superior.

Não obstante, e apesar da vasta atribuição de poderes às autoridades regionais e locais, é possível constatar na actual prática política alemã uma predominância da legislação federal, sendo que aos Länder está reservado um papel de relevo somente no que concerne à execução das leis.

A esta extensão da legislação federal, contrária ao espírito constitucional, não é de modo algum estranho o sistema de repartição de atribuições entre Bund e Länder, em matéria de competência legislativa concorrente, consagrado no art. 72º do texto constitucional[22]. De acordo com este normativo, a competência para legislar nos casos aí referenciados compete provisoriamente aos Estados, mas isto somente

---

[22] Este normativo constitucional alemão tem a seguinte redacção:

"Artigo 72º
(Legislação Concorrente)

1. *No domínio da legislação concorrente os Länder têm competência de legislar, enquanto e na medida em que a Federação não se tenha servido da sua competência legislativa através de uma lei.*
2. *Compete à Federação, neste domínio, o direito de legislar se e na medida em que a criação de condições de vida iguais no território federal ou a salvaguarda da unidade jurídica ou económica tornarem necessária, no interesse do Estado na sua totalidade, uma regulamentação por meio de lei federal.*
3. *Por lei federal pode ser determinado que uma regulamentação federal, para a qual tenha deixado de existir necessidade no sentido do n.º 2, possa ser substituída pelo direito estadual."* .

enquanto a Bund não usar esse poder. Não obstante, nos termos do n.º 2, a Bund tem sempre o direito de legislar se se entender que é necessária uma lei federal, nos termos do disposto neste mesmo número. A prova por parte da Bund de que uma das condições elencadas neste n.º 2 se encontra preenchida determina assim o exercício da competência em causa pelo nível federal.

Deste modo, a transferência de competências dos Länder para a Bund já se encontra consagrada na própria Constituição, bem como as condições que determinam a sua verificação, estando somente "suspenso" o seu exercício até prova de que aquelas condições se verificaram. Com a consagração deste art. 72º, designadamente com o seu n.º 2, o legislador constitucional pretendia assim estabelecer limites precisos e claros à emanação de legislação federal em áreas de competência legislativa concorrente.

O certo é que, paradoxalmente, e como já tivemos oportunidade de referir, o Governo Federal, lançando mão deste mesmo art. 72º, tem empreendido uma crescente actividade legislativa, justificando-a com a necessidade de garantir a homogeneidade das condições de vida em todo o Estado Federal, bem como de evitar situações de conflito entre os diversos Estados.

O recurso a este normativo por parte da Bund é controlado pelo Tribunal Constitucional Federal, a quem compete verificar se as condições do n.º 2 foram respeitadas. Contudo, este órgão jurisdicional federal, na interpretação que faz desta norma, deixa ao legislador federal uma considerável margem de apreciação relativamente à verificação ou não das condições do n.º 2, limitando o seu controle aos casos de excesso ou desvio de poder, sem entrar em considerações sobre a necessidade ou não da uniformização legislativa e consequente intervenção federal. De facto, o Tribunal Constitucional Federal alemão não aborda a questão da necessidade da legislação federal, pois entende que esta é uma matéria que diz respeito à discricionariedade do legislador – e, como tal, não é justiciável –, abstendo-se assim de substituir a sua própria apreciação à do legislador[23]. Estaria portanto em causa, no

---

[23] Neste sentido, vide CONSTANTINESCO, Vlad, "Le principe de subsidiarité: une fausse bonne idée?", in IELA, Buenos Aires, policopiado.

entender deste órgão jurisdicional, uma questão de índole eminentemente política, competindo ao Tribunal respeitá-la enquanto tal. Assim, o órgão jurisdicional federal limita-se a ponderar se o legislador federal interpretou correctamente os fundamentos consagrados no n.º 2, do art. 72º, permanecendo dentro dos limites constitucionalmente consagrados aos seus poderes.

Esta posição claramente restritiva do Tribunal tem sido alvo de sérias críticas por parte da generalidade da doutrina alemã, na medida em que tem permitido ao governo federal alargar as suas competências em detrimento dos Länder. Assim, e contrariamente ao pretendido pelo legislador constitucional alemão, assistimos actualmente a uma restrição e erosão das atribuições dos Länder em matéria legislativa concorrente, sendo certo que hoje em dia a sua actividade se concentra somente sobre algumas poucas matérias, como sejam a cultura, a educação e os assuntos regionais.

Esta perda de poder legislativo por parte dos Länder, por seu turno, reflecte-se, não só nas relações internas do Estado Federal, mas também nas relações externas da Bund, e isto na óptica do processo de integração europeia. Com efeito, este défice de poder legislativo por parte dos Länder determinou igualmente a sua forte oposição a uma extensão das atribuições comunitárias[24], bem como a novas transferências de poderes para as instituições comunitárias, na medida em que, no seu entender, não existiria qualquer "compensação" para tanto, nomeadamente um reforço do seu papel, poderes e atribuições no processo de integração europeia, bem como a nível interno.

Esta tomada de posição por parte dos Länder acabaria por influir decisivamente na inclusão do princípio da subsidiariedade no Tratado da União Europeia, bem como na sua menção expressa no texto da Constituição alemã. De facto, para os Länder, só a inclusão do princí-

---

[24] Efectivamente, já aquando da ratificação do Acto Único Europeu por parte da Alemanha, os Länder recorreram à subsidiariedade como instrumento para salvaguarda das suas competências que, na sua óptica, estariam postas em causa pela extensão das áreas de actuação comunitárias. Uma das áreas em causa era precisamente o ambiente. Para uma análise mais pormenorizada desta reacção dos Länder e das suas consequências ao nível comunitário, *vide infra*, pp. 55 ss..

pio da subsidiariedade no Tratado e no texto constitucional alemão poderia garantir que o processo de erosão das suas atribuições legislativas não evoluísse no sentido da sua total eliminação prática, em favor tanto das instituições comunitárias, como do próprio Governo federal.

O processo de ratificação do Tratado de Maastricht[25] implicou assim algumas alterações à *Grundgesetz*, evidenciando uma vez mais a estreita correlação e profunda imbricação existentes entre o ordenamento jurídico comunitário e os ordenamentos jurídicos nacionais dos Estados-membros.

O debate político sobre a ratificação do Tratado de Maastricht pela República Federal alemã determinou a introdução de um novo artigo na *Grundgesetz*: o art. 23º[26]. Neste artigo faz-se referência – designadamente no seu n.º 1 –, entre outros, ao princípio da subsidiariedade como um dos princípios estruturantes da União Europeia.

---

[25] O processo de ratificação do Tratado na República Federal alemã, não obstante ter decorrido pacificamente a nível político, senão mesmo de modo consensual, não deixou de suscitar o interesse e a polémica no seio da opinião pública. Na sequência de alguns recursos interpostos para o Tribunal Constitucional Federal foi emanado por este órgão jurisdicional o célebre Acórdão Maastricht, *vide infra*, Capítulo II, pp. 105 ss..

[26] A redacção do n.º 1, deste artigo, é a seguinte:

"Artigo 23º
(Realização da União Europeia)

1. *A fim de realizar uma Europa unida, a República Federal da Alemanha colabora no desenvolvimento da União Europeia, que está vinculada a princípios democráticos, de Estado de Direito, sociais e federativos bem como ao princípio da subsidiariedade e à garantia da protecção dos direitos fundamentais substancialmente comparável a esta Lei Fundamental. Para esse efeito, a Federação pode transferir direitos de soberania, por meio de lei e com a concordância do Conselho Federal. Aplicam-se os n.ºs 2 e 3 do artigo 79º [«Revisão da Lei Fundamental»] no que diz respeito à instituição da União Europeia assim como a alterações dos seus fundamentos contratuais e regulações comparáveis, através das quais se altere ou complemente o conteúdo desta Lei Fundamental, ou sejam autorizadas essas alterações ou complementações. (...)"*.

Desnecessário na óptica do então Governo federal alemão, este normativo debruça-se sobre a questão da transferência de soberania para a União Europeia, tendo sido utilizado como fundamento jurídico-constitucional para a ratificação do Tratado da União Europeia pela Alemanha. Até então, a base legal para as transferências de poderes para as instituições europeias residia no art. 24º, al. 1, da Lei Fundamental.

Deste modo, e atento o *supra* exposto, podemos concluir que a *Grundgesetz* não consagra o princípio da subsidiariedade como um princípio geral de direito constitucional.
Não obstante, e isto agora numa perspectiva mais lata, distante de uma análise exegética do texto constitucional alemão, podemos afirmar que a ideia de subsidiariedade não é estranha ao direito constitucional alemão, desde logo pela preocupação subjacente ao texto constitucional de assegurar a primazia da intervenção dos Länder, leia-se, das comunidades inferiores.
Podemos assim afirmar que, ainda que não explicitamente referida na *Grundgesetz*, a subsidiariedade está presente no espírito que preside à divisão de competências entre Bund e Länder ao nível constitucional[27].

A introdução de um novo artigo 23º na Lei Fundamental de Bona, na sequência do debate sobre a ratificação do Tratado de Maastricht, introduz contudo um dado novo na questão de saber até que ponto o princípio da subsidiariedade está presente no direito constitucional alemão. O certo é que, embora o art. 23º refira o princípio da subsidiariedade como um dos princípios a observar aquando das transferências de poderes para as instituições comunitárias, não é possível encontrar ao longo do texto constitucional uma qualquer definição do conteúdo deste princípio, desde logo a indicação se ele tem igualmente aplicação

---

[27] Neste sentido vide, entre outros, SOARES, A. Goucha, *op. cit.*, esp. p. 181. SCHWARZE, J., "The distribution of legislative powers and the principle of subsidiarity: the case of Federal States", in RIDPC, v. 5, n. 3-4, 1995, pp. 713-736, refere os arts. 30º e 72º, n.º 2, da *Grundgesetz* como um afloramento da ideia de subsidiariedade.

interna, ou seja, se também preside ao exercício de poderes por parte da Bund, sempre que esteja em causa o exercício de competências concorrentes, com a prioridade de actuação dos Estados que lhe é inerente. Este novo artigo veio assim colocar aos juristas alemães problemas de interpretação, não só do direito comunitário e da sua articulação com o direito interno alemão, mas também do próprio direito constitucional alemão, designadamente quanto à articulação do novo artigo 23º com os referidos arts. 30º e 72º.

2. O PRINCÍPIO DA SUBSIDIARIEDADE E O DIREITO COMUNITÁRIO

Uma leitura da versão original dos Tratados permite-nos concluir que o princípio da subsidiariedade não obteve consagração como princípio geral de direito comunitário aquando da sua redacção [28]. De facto, a inscrição do princípio no texto dos Tratados foi um processo lento, pleno de avanços e recuos, à semelhança aliás do próprio processo integrativo europeu.

A "história" da presença do princípio da subsidiariedade no direito comunitário está íntima e directamente relacionada com o processo tendente à criação de uma União Europeia.

De facto, desde o primeiro momento que as reflexões sobre a possibilidade de criar uma União Europeia são marcadas pela presença do princípio da subsidiariedade. As alterações qualitativas e quantitativas que a criação de uma União exigiria ao esquema comunitário de

---

[28] Não obstante, grande parte da doutrina entende que o princípio se encontrava implícito ao espírito dos Tratados, designadamente no art. 5º TCECA, e nos arts. 235 e 100ª do TCEE, bem como na definição de directiva constante do art. 189º TCEE. Neste sentido, vide, entre outros, RIDEAU, Joël, "Compétences et subsidiarité...", op. cit.; SANTER, Jacques, op. cit.; CONSTANTINESCO, Vlad, "Who's afraid...", op. cit.; KAPTEYN, P. J. C., "Community law...", op. cit.. Defendendo a posição contrária, v. QUADROS, Fausto de, O princípio..., op. cit., pp. 24 ss.; e STROZZI, Giralomo, "Principe de subsidiarité et intégration européenne", in RTDE, 30º année, n. 3, juin-septembre 1994, pp. 373-390.

atribuição e exercício de competências, no sentido do reforço das atribuições comunitárias, impunham antes de mais um "reperspectivar" do processo de integração europeu. Era necessário instituir um equilíbrio entre competências nacionais e comunitárias muito diferente do até então vigente, até porque este só fazia sentido e era operante no contexto integrativo mais limitado da época. O princípio da subsidiariedade surgia então como a solução óbvia e mais correcta para se alcançarem os fins pretendidos, designadamente uma União mais profunda e com novas áreas de intervenção comunitária, mas que respeitasse a soberania dos Estados membros.

2.1. O Período anterior ao Acto Único Europeu

De acordo com a posição da generalidade da doutrina[29], podemos situar, temporalmente, a primeira tentativa de introduzir o princípio da subsidiariedade no direito comunitário em 1984, com o PROJECTO DE TRATADO SOBRE A UNIÃO EUROPEIA, aprovado pelo Parlamento Europeu a 14 de Fevereiro[30]. Contudo, já anteriormente a 1984, é possível encontrar referências[31] à subsidiariedade na vivência e direito comunitários. Neste sentido, importa referir antes de mais o *RELATÓRIO TINDEMANS*, de 29 de Dezembro de 1975[32-33].

---

[29] *Vide*, entre outros, QUADROS, Fausto de, *O princípio...*, *op. cit.*, p. 27; SOARES, A. Goucha, *Repartição de competências...*, *op. cit.*, p. 181; TOTH, A. G., "Is subsidiarity justiciable?", *in* ELR, v. 19, n.º 3, June 1994, pp. 268-285; CASS, "The word that saves Maastricht? The principle of subsidiarity and the division of powers within the European Community", *in* CMLR, v. 29, n. 6, December 1992, pp. 1107-1136.

[30] In JOCE C/77, de 19 de Março de 1984, pp. 33 ss..

[31] Significativamente, estas primeiras alusões ao princípio da subsidiariedade, feitas em meados da década de setenta, coincidiram com o início do fenómeno da centralização de competências a nível das instituições comunitárias. No nosso entender, deverão ser assim encaradas como uma primeira reacção ao pendor centralizador da actuação comunitária.

[32] *Vide* BULLETIN EC, supl. 1/76.

[33] Sensivelmente na mesma altura em que surge o *Relatório Tindemans*, o princípio da subsidiariedade é referido num outro relatório comunitário, desta vez no

O Conselho Europeu, reunido em Paris em Outubro de 1974, encarou a problemática da criação de uma União Europeia como sendo uma questão puramente dependente da vontade política dos Estados membros. Foi aí então decidido *"transformer avant la fin de l'actuelle decennie et dans le respect absolut des Traités dejá souscrits, l'ensemble des relations des États membres en une Union européenne"*.

Nesse sentido, Parlamento Europeu, Comissão e Tribunal de Justiça foram incumbidos de elaborarem relatórios individuais sobre a União Europeia. Ora, serão precisamente estes relatórios individuais das instituições europeias que estarão na base de um relatório final, de cuja elaboração foi incumbido o então primeiro-ministro belga, Leo Tindemans.

Dos três relatórios elaborados pelas correspondentes instituições comunitárias, o mais marcante, e que mais influenciou o relatório de Tindemans, foi o da Comissão[34]. O Relatório da Comissão concebe a

---

quadro do federalismo financeiro e fiscal. O RELATÓRIO McDOUGALL, publicado em 1977, foi solicitado pelo Reino Unido, um dos países mais reticentes quanto ao avanço no sentido federal das Comunidades. Neste Relatório conclui-se que, atenta a fase marcadamente pré-federal em que vivia a Comunidade, esta deveria pautar a sua actuação, nas áreas fiscal e financeira, pela observância do princípio da subsidiariedade, tanto mais que a redistribuição da riqueza poderia ser eficazmente alcançada por meio de transferências inter-estatais, não sendo portanto adequada a implementação de um sistema fiscal centralizado numa época em que a vertente comunitária ainda se encontrava num estado limitado de integração. Por outro lado, de acordo com o referido Relatório, o facto de se dar margem de manobra aos Estados-membros no sector financeiro, permitir-lhes-ia estabilizar as suas economias. O federalismo, de acordo com o Relatório, não imporia uma qualquer obrigação de harmonização generalizada; muito pelo contrário: uma das grandes virtudes do federalismo consubstanciar-se-ia precisamente no facto de conciliar as vantagens do centralismo com a defesa da diversidade e especificidades culturais dos Estados. Assim, *"Only through a comprehensive and consistent allocation of authority and initiative to appropriate levels of government would the integration process in Western Europe proceed sensibly."*, in *Report of the Study group on the Role of Public Finance in European Integration*, vol. I, GENERAL REPORT. Para mais desenvolvimentos sobre este Relatório, vide D'AGNOLO, Gianluca, *La Sussidiarietà nell'Unione Europea*, Padova, 1998, pp. 41 ss..

[34] *Rapporto della Comissione sull'Unione Europea*, in BULLETIN EC, Supl. 5/1975.

União Europeia como sendo uma nova entidade, dotada de personalidade jurídica e de competências próprias, defendendo a extensão destas como imprescindível ao aprofundamento do fenómeno integrativo e, consequentemente, à realização de uma verdadeira união de Estados[35].
No relatório em causa era feita uma distinção entre três tipos de competências passíveis de serem exercidas pela União: competências exclusivas, competências concorrentes – cujo exercício pela União seria determinado mediante a aplicação do critério da necessidade da intervenção – e competências potenciais que, por seu turno, veriam o seu exercício ser temporariamente atribuído aos Estados, para só posteriormente, após um período de transição, serem então definitivamente exercidas pela União.
No entender da Comissão seriam apenas da competência exclusiva da União a política comercial comum e a política aduaneira. Já as competências concorrentes, por seu turno, abarcariam uma extensa área de actuação, na qual tanto a União como os Estados-membros poderiam actuar. A intervenção comunitária em matéria de competências concorrentes seria determinada pelo critério da necessidade da intervenção, ou seja, a União só tomaria a seu cargo uma determinada tarefa no caso de os Estados-membros não a conseguirem executar eficazmente. Por outro lado, e isto ainda em matéria de competências concorrentes, os Estados seriam sempre livres de actuar enquanto a Comunidade não interviesse na área em questão.
No que concerne especificamente à problemática da subsidiariedade, a Comissão referia o princípio como o critério-chave a aplicar aquando da atribuição de competências no decurso da fase constitutiva da União. A Comissão, neste seu Relatório, concebia assim o princípio da subsidiariedade como o instrumento ideal para obstar à criação de um "super-Estado centralizado" europeu, bem como para garantir uma maior e crescente participação dos cidadãos e do poder local e regional

---

[35] Efectivamente, é possível ler-se no Relatório da Comissão que " (...) the creation of the European Union should also make it possible to go beyond the present limits by explicitly vesting powers and new fields of competence in the european institutions.".

no processo de integração europeia, aproximando-os das instituições e centros de decisão comunitários. Nesta medida, " (...) in accordance with the «principe de subsidiarité», the Union will be given responsability only for those matters which the member states are no longer capable of dealing with efficiently.". Contudo, neste mesmo Relatório, podemos igualmente ler que, estando em causa determinar quais as competências da União, a aplicação do princípio da subsidiariedade estaria desde logo condicionada pela necessidade de garantir à União aquele número mínimo de competências necessário para assegurar que a sua coesão não seria posta em causa[36].

Como já referimos anteriormente, este Relatório preliminar da Comissão influenciou de modo decisivo o relatório de Tindemans sobre a União Europeia, muito embora este seja claramente menos ambicioso que aquele que lhe serviu de fonte inspiradora; e isto não obstante Tindemans se ter mantido fiel ao princípio de criar uma Europa federal, relativamente à qual a União nada mais seria do que uma fase intermédia e transitória.

Assim, e muito embora reconhecesse a necessidade de se avançar no processo integrativo no sentido do federalismo, Tindemans no seu relatório rejeitava explicitamente a ideia de uma "Constituição Europeia", optando assim por uma posição cautelosa e ponderada, mais consentânea com a realidade comunitária da época.

Não obstante não encontrarmos no texto que Tindemans elaborou qualquer referência expressa ao princípio da subsidiariedade, aquele incluía propostas claramente inspiradas pelo princípio em análise,

---

[36] Para TOTH, "The principle of subsidiarity in the Maastricht Treaty", in CMLR, v. 29, n.º 6, December 1992, pp. 1079-1105, a Comissão, neste Relatório, concebe o princípio da subsidiariedade como um princípio a ser observado pelos futuros redactores do tratado institutivo da União, e ao qual competiria presidir à definição das competências a atribuir à União; não se trataria assim de um princípio que, num momento posterior – quando a União já existisse –, viesse a regular a repartição de competências entre a União e os Estados-membros. Para Toth, só assim se explicaria o facto de a Comissão não restringir a aplicação do princípio a um tipo particular de competências, designadamente às competências concorrentes, aplicando o princípio in abstracto, ou seja, a todo e qualquer tipo de competência comunitária.

nomeadamente no que se refere ao esquema de partilha de competências entre a União e os Estados-membros.
Na perspectiva de Tindemans, a fraca capacidade de actuação e escassos poderes das estruturas nacionais impunham necessariamente uma transferência de poderes para o nível comunitário, ao qual competiria "compensar" tais insuficiências levando a cabo as reformas necessárias e assegurando os controlos que as autoridades nacionais haviam demonstrado serem incapazes de implementar. Na óptica do relator, seria então o próprio desenvolvimento equilibrado e satisfatório da nova estrutura institucional comunitária que se pretendia criar que imporia a criação de novos *"power-sharing arrangements"*[37] marcados por uma racional distribuição de poderes e competências, não só entre as diferentes instituições da União, mas também entre a União e os seus Estados membros.
Esta preocupação de Tindemans em assegurar uma efectiva e operativa alocação de competências revelava-se de modo particular na área da política social. Nas palavras do relator, *"sharing out the benefits of [social prosperity based on controlled economic policies] by means of taxation, social security and public investment projects will remain essentially the responsability of the States, who can take into account the traditions and facts which vary from one country to another."*[38].
Assim, certas competências deveriam permanecer no plano nacional por este ser o mais adequado a exercê-las com eficácia, desde logo porque mais próximo dos grupos sociais destinatários das medidas a adoptar. A política social da União deveria somente *"guide and supplement action of the member States"*. Acção comunitária e acção estadual seriam portanto actuações complementares e não conflituantes.
Dentro desta mesma linha de pensamento, Tindemans referia igualmente a necessidade de se proceder a uma descentralização de funções ao nível das instituições europeias, designadamente no que concerne à Administração Pública. A construção da Europa, para Tindemans, não deveria permanecer arredada do fenómeno descentra-

---

[37] A expressão é de CASS, D. Z., "The word that ...", *op. cit.*, p. 1114.
[38] *Apud* CASS, D. Z., "The word that ...", *op. cit.*, p. 1114.

lizador que se assistia um pouco por todo o continente europeu, competindo às autoridades dos Estados membros actuarem como "*authorized agents of the Union*". Só assim se alcançaria o tão desejado nível de eficiência e eficácia óptimas na execução das tarefas e projectos. "*The existence of a single decision making centre supplemented by the principle of the delegation of power will enable us politically to make the best use of the available executive bodies, while still adhering to the Treaties, and will give our action the flexibility necessary to deal with complex structures.*"[39].
Neste contexto, a subsidiariedade surge assim como um instrumento para fazer face às tensões existentes entre Estados e União. O conflito latente existente entre, por um lado, a necessidade de suprir as ineficiências e incapacidades dos Estados-membros mediante a intervenção comunitária e, por outro lado, a necessidade de conter o pendor excessivamente centralista do aparelho comunitário de modo a garantir as diversidades e especificidades dos diferentes Estados, bem como a preservar as competências estatais, colocavam problemas complexos e de difícil resolução.

Outra questão que Tindemans abordou nesta sede prendia-se com a necessidade de assegurar uma utilização racional e eficiente dos recursos existentes, tanto a nível comunitário como estadual, garantindo que cada nível só interviesse quando estavam em causa funções para as quais tinha efectiva capacidade e meios de resposta. Mais uma vez, a cooperação entre os dois planos, comunitário e estadual, surge no Relatório Tindemans como sendo a melhor e óbvia solução para esta questão. Uma actuação concertada e complementar dos dois níveis, na qual a União só interviria quando estritamente necessário, entenda-se, quando os Estados fossem incapazes de eficazmente darem uma resposta cabal aos problemas, possibilitaria uma utilização óptima dos recursos disponíveis, assegurando simultaneamente que a actuação de ambos os níveis não colocaria os problemas de "usurpação" de competências ou de violação da soberania estadual que desde sempre se colocaram relativamente ao processo de integração europeia.

---

[39] In *Relatório Tindemans, apud* CASS, D. Z., "The word that ...", *op. cit.*, p. 1115.

Podemos assim concluir que, de modo algum, o Relatório Tindemans consubstanciou o salto qualitativo em frente que a Comunidade se propôs dar no Conselho Europeu de Paris, de Outubro de 1974.

A ideia de subsidiariedade permaneceu então "adormecida" durante quase uma década, designadamente até 1983, quando, fruto da iniciativa GENSHER-COLOMBO[40], os Chefes de Estado dos Estados membros assinaram a *DECLARAÇÃO SOLENE SOBRE A UNIÃO EUROPEIA*, em Estugarda[41].
Esta Declaração, cujo grande objectivo era impulsionar a tão desejada reforma institucional comunitária, veio lançar as bases políticas que permitiram a elaboração por parte do Parlamento Europeu de um PROJECTO DE TRATADO SOBRE A UNIÃO EUROPEIA.
Aprovado a 14 de Fevereiro de 1984, este projecto de tratado teve como grande impulsionador e mentor um pró-federalista, Alberto Spinelli[42], e teve igualmente o mérito de colocar de forma definitiva a subsidiariedade no centro do debate comunitário.

De facto, o PE atribuiu neste Projecto um papel de destaque ao princípio da subsidiariedade, referindo-se-lhe explicitamente, desde logo, no Preâmbulo. Aí, consagrava-se que os Estados-membros decidiam *"confiar a órgãos comuns, de harmonia com o princípio da subsidiariedade*[43], *só os poderes necessários ao bom desempenho das*

---

[40] *Vide* BULLETIN EC 11-1981. Esta iniciativa conjunta alemã/italiana visava fomentar a cooperação entre Estados membros, no sentido de se criar uma verdadeira união política entre os Estados europeus.

[41] V. BULLETIN EC, 6-1983.

[42] Alberto Spinelli havia dado já um importante contributo aquando da elaboração do Relatório da Comissão de 1975 – aquele mesmo Relatório que influenciou decisivamente o Relatório Tindemans -, tendo-se revelado então um dos mais acérrimos defensores da inclusão do princípio da subsidiariedade nos Tratados. Num seu relatório de 20 de Outubro de 1982 pode-se ler que *"l'action de l'Union est subsidiaire par rapport à celle des États membres et pas le contraire"*.

[43] O sublinhado é nosso.

tarefas que eles podem realizar de forma mais satisfatória do que os Estados considerados isoladamente" [44-45].

No Preâmbulo, o princípio da subsidiariedade aparece então associado a duas outras questões que ocupam igualmente um papel central neste Projecto de Tratado do PE, a saber, a reforma institucional, no sentido de uma maior eficiência, e a necessidade de reforço da dimensão democrática do processo de integração europeia.

De igual modo, neste Projecto é realçada pelo Parlamento a necessidade de se alcançar uma maior participação das entidades locais e regionais na construção comunitária, isto ainda na perspectiva de uma maior participação popular no processo de integração europeia. A subsidiariedade surge assim associada à reforma institucional e à luta contra o défice democrático europeu, em virtude da sua natureza eminentemente descentralizadora.

É contudo no art. 12º, § 2, do Projecto que encontramos a concretização do princípio da subsidiariedade em termos normativos:

> *"Quando o presente Tratado atribui uma competência concorrente à União, os Estados membros podem actuar em relação às matérias quanto às quais a União ainda não interveio. A União só intervém para prosseguir tarefas que podem ser realizadas em comum de maneira mais eficaz do que pelos Estados membros actuando isoladamente, em especial aquelas cuja realização exige a actuação da União pelo facto de a sua dimensão ou os seus efeitos ultrapassarem as fronteiras nacionais."* [46].

---

[44] In QUADROS, Fausto de, *O princípio ...*, op. cit., p. 28.

[45] Para TOTH, "The principle of subsidiarity ...", *op. cit.*, o princípio da subsidiariedade, tal como entendido aqui no Preâmbulo do Projecto de Tratado do Parlamento Europeu, seria um princípio regulador da alocação de poderes entre as instituições comunitárias e Estados-membros, à semelhança do que já se verificara no Relatório da Comissão de 1975.

[46] In QUADROS, Fausto de, *O princípio ...*, op. cit., p. 28.

A referência, nestes termos, ao princípio da subsidiariedade num artigo relacionado com as competências da União não deixa de ser significativa.

Este art. 12º do Projecto, referente às competências da União, distinguia assim de forma clara competências exclusivas da União e competências concorrentes[47]. Estando em causa competências exclusivas da União, só as instituições comunitárias poderiam actuar; já a classificação de uma competência como sendo concorrente, por seu turno, permitiria aos Estados actuarem na matéria em questão enquanto a Comunidade não decidisse intervir na matéria, regulamentando-a. Assim, enquanto que as competências exclusivas poderiam ser exercidas pela União logo após a entrada em vigor do Tratado, já o exercício das competências concorrentes estaria suspenso, condicionado à observância das condições substantivas e procedimentais consagradas no Tratado, designadamente às constantes do segundo parágrafo do art. 12º. Até à verificação de tais condições, os Estados-membros teriam o direito de legislar na área em questão. Com a decisão por parte da Comunidade de actuar nessa matéria, o direito de legislar dos Estados seria então afastado. A partir desse momento, tudo se passaria como se estivéssemos perante uma competência exclusiva comunitária.

O princípio da subsidiariedade só actuaria, por seu turno, quando estivessem em causa precisamente as competências concorrentes. Nesta medida, e como tivemos já oportunidade de referir, enquanto a União não exercesse uma determinada competência classificada como sendo concorrente, os Estados seriam livres de actuar na matéria em questão. Contudo, sempre que a actuação da União revelasse ser mais eficaz do que a acção dos Estados actuando isoladamente, designada-

---

[47] Esta distinção não constitui uma qualquer inovação no quadro do direito comunitário. De facto, o TJ havia já lançado mão desta classificação das competências comunitárias, designadamente no seu Parecer 1/75 – TJCE, Parecer de 11. Novembro.1975, relativo ao acordo OCDE sobre as despesas locais, *Recueil* 1975, pp. 1355 ss.-, no qual referia como sendo de competência comunitária exclusiva a política comercial comum e a política de pescas. Para mais desenvolvimentos, *vide*, entre outros, SOARES, A. Goucha, *A repartição de competências...*, *op. cit.*, pp. 137 ss., e ainda pp. 275 ss., com referência à política de pescas em particular.

mente em virtude dos efeitos ou dimensão transnacionais da acção em causa, competiria àquela actuar em detrimento dos Estados membros[48]. Pretendiam deste modo os autores do projecto alcançar um reforço da eficiência de cada acção desencadeada, pois *"(...) powers are only to be allocated according to wether tasks could be sucessfully completed (...)"*[49].

O princípio da subsidiariedade surge assim neste Projecto como critério regulador do exercício de competências concorrentes, e não como critério de alocação de competências entre a União e os Estados membros. O princípio da subsidiariedade assume-se deste modo como condição para a efectivação de uma competência que pertence *ab initio* à Comunidade, mas que é exercida provisoriamente pelos Estados. A intervenção comunitária está portanto dependente da demonstração por parte da Comunidade de que os critérios estipulados no Tratado para tanto se efectivaram. O princípio da subsidiariedade implicaria assim que a Comunidade demonstrasse que se verificavam *in concreto* as condições que determinariam o afastamento da prioridade de actuação consagrada nos Tratados a favor dos Estados. O princípio estava deste modo destinado a ocupar um papel de relevo na actuação diária das instituições comunitárias, muito embora o normativo em apreço se abstivesse de dar resposta a uma questão vital nesta sede: a quem competiria esta aplicação diária do princípio tendente a determinar qual a entidade competente para o exercício dos poderes em causa: Estados ou União?

Por outro lado, e contrariamente ao que sucede na generalidade das constituições federais, deste Projecto de Tratado não constam quaisquer elencos de competências concorrentes ou exclusivas, isto é, em momento algum do Projecto encontramos um artigo que especifique quais as matérias e políticas que se compreendem dentro dos dois tipos de competências. Esta ausência é contudo compensada pelo facto de, relativamente a cada matéria, o Projecto indicar de forma clara e

---

[48] Parece existir assim uma certa discrepância entre o consagrado no Preâmbulo em matéria de subsidiariedade e o disposto neste art. 12º. De facto, enquanto que ali o critério de actuação é o da necessidade, no art. 12º o critério eleito é o da eficácia.

[49] CASS, D. Z., "The word that ...", *op. cit*, p. 1116[43].

precisa qual o tipo de competência que estaria em causa[50]. Não existiria portanto qualquer dificuldade em identificar as matérias relativamente às quais o princípio da subsidiariedade teria aplicação.

Ao longo do Projecto é ainda possível encontrar outras referências, ainda que indirectas, ao princípio da subsidiariedade, nomeadamente nos seus arts. 4º[51] e 11º[52].

Já a aplicação do princípio da subsidiariedade, abstractamente definido no art. 12º, a concretas e específicas áreas de actuação, é exemplificada de modo bastante elucidativo pelos artigos 55º e 56º do projecto.

Relativamente à política social, o art. 55º estabelece uma vasta área de actuação concorrente, abrangendo matérias tão variadas como a protecção do consumidor e a higiene e saúde no trabalho. Por seu turno, no art. 56º encontramos uma listagem exemplificativa de questões de cariz social e de política de saúde, relativamente às quais se consagra

---

[50] Seriam de competência exclusiva comunitária, nos termos deste Projecto de tratado, as liberdades de circulação de pessoas, serviços, bens e capitais, a política comercial e de concorrência; a política monetária, tal como a política social, já seria uma política de competência concorrente.

[51] O artigo 4º do projecto refere-se aos direitos fundamentais. Nele é estipulada a obrigação para a União de, e isto – note-se – dentro dos limites das suas competências, assegurar o respeito e o desenvolvimento dos direitos económicos, sociais e culturais dos cidadãos, tal como eles resultavam das Constituições dos Estados-membros e da Carta Social Europeia. Este artigo consubstanciaria assim um compromisso entre Estados e União. De facto, ainda hoje, os direitos fundamentais são uma área onde a competência comunitária é bastante limitada, coexistindo assim a actuação dos dois níveis: comunitário e estadual. Mais uma vez encontramos aqui aquela ideia já referida de, através da promoção da cooperação entre entidades, promover e salvaguardar as diversidades e especificidades dos diferentes Estados. Ideia esta que, aliás, está também subjacente à organização estadual do tipo federal.

[52] O art. 11º é mais uma das soluções de compromisso consagradas neste Projecto, tendentes a assegurar que a União a criar fosse dotada de efectiva operatividade. Este artigo permitia ao Conselho, nas áreas de actuação conjunta, determinar se em causa estaria uma competência exclusiva ou concorrente da União, embora não indicasse qualquer critério para tanto. Contudo, o facto de imediatamente a seguir a este artigo encontrarmos o art. 12º, que consagra o princípio da subsidiariedade, parece indicar que, no espírito dos autores do Projecto, seria este princípio o critério a observar para determinar a natureza da competência em causa.

tratarem-se de questões de competência concorrente. É de salientar que, em consonância com o estabelecido no art. 12º, algumas das questões elencadas apresentam uma notória dimensão transfronteiriça, como é o caso, por exemplo, da coordenação da ajuda entre Estados no caso de epidemias ou catástrofes naturais.

As diversas referências ao princípio da subsidiariedade ao longo do Projecto revelam a preocupação do PE em consagrar, relativamente a cada matéria, o método de actuação mais adequado à problemática em causa e às suas particularidades.

Neste contexto, impõe-se ainda uma referência ao art. 66º do Projecto que consagrava a possibilidade de actuação da União no domínio das relações internacionais, mediante o método da cooperação, sempre que os Estados membros, agindo individualmente, não o fizessem de modo tão eficaz quanto a União[53]. A adopção de um método de intervenção tão pouco "incisivo", como é o da cooperação, explica-se pelo facto de estarmos num domínio particularmente delicado. A actuação no plano internacional é entendida como uma forma por excelência de exercício da soberania estadual. É assim óbvia a razão de ser da particular relutância demonstrada pelos Estados em condicionarem a sua liberdade de actuação nesta matéria.

Atento o *supra* exposto, podemos concluir que, tal como foi configurado neste Projecto, o princípio da subsidiariedade visava estabelecer um equilíbrio entre os diferentes planos – comunitário e estadual – ao nível dos quais as competências concorrentes poderiam ser exercidas. Procurava-se assim, através do princípio da subsidiariedade, garantir que a alocação de competências consagrada no Projecto fosse operativa e eficaz.

Para além da "eficácia da acção" como critério a observar na aplicação do princípio da subsidiariedade, podemos encontrar no art. 12º, § 2, um sub-critério que auxiliaria a determinar qual o nível de actuação mais eficaz, a saber, o carácter transfronteiriço dos efeitos ou da dimensão da acção em causa. Deste modo, estando em causa uma acção cujos

---

[53] Mais uma vez, a eficácia é eleita como o critério determinante da intervenção do princípio da subsidiariedade a favor da União.

efeitos ou dimensão atingissem o território de dois ou mais Estados membros, estaríamos perante uma acção que, presumivelmente, seria mais eficaz se desencadeada ao nível comunitário.

O Projecto Spinelli contudo, não conseguiu impor-se junto dos Estados membros e, como tal, nunca foi ratificado por estes.

Em França, as reacções a este texto primaram pela indiferença, bem caracterizada pela atitude *"Yes, but ..."* do presidente Mitterrand.

Do Reino Unido veio a reacção mais forte, tendo o Projecto do PE suscitado uma forte oposição por parte dos Conservadores, adeptos de uma evolução mais lenta e faseada do processo de integração. Paradoxalmente, o mesmo Reino Unido que posteriormente, com Maastricht, seria um dos mais acérrimos defensores do princípio da subsidiariedade, em 1984 opôs-se veementemente à sua introdução nos Tratados, por entender que o princípio, tal como configurado no Projecto, consubstanciava um instrumento de centralização de poderes a nível comunitário.

2.2. O Impulso Decisivo dado pelo Acto Único Europeu; Os desenvolvimentos posteriores ao AUE

Assim, só com o ACTO ÚNICO EUROPEU (1987), o princípio da subsidiariedade seria consagrado no texto dos Tratados, muito embora o tenha sido para um campo específico de actuação: o ambiente.

Esta consagração tardia do princípio, atentas as inúmeras tentativas já feitas, prende-se sobretudo com o facto de só com as alterações introduzidas pelo Acto Único Europeu os Estados-membros começarem a sentir que estavam a perder o controle sobre o processo decisório comunitário e, como tal, a considerarem a possibilidade de os seus poderes soberanos serem postos em causa pelo avançar do processo de integração europeia. Até então, a necessidade de unanimidade para a aprovação de propostas no Conselho sempre lhes havia garantido que nunca as suas opções de política interna seriam postas em causa por decisões comunitárias, desde logo pela possibilidade de veto de que dispunham. O AUE veio alterar esta situação, que estava na origem do estado de quase total paralisia das instituições comunitárias, instituições estas que viam assim a sua actuação ser sistematicamente boicotada pelos Estados-membros, sobretudo por aqueles mais reticentes ao avanço do processo de integração.

De facto, o AUE trouxe não só uma expansão da esfera de competências da Comunidade, mas também o recurso de uma forma mais sistemática ao voto por maioria, em detrimento da unanimidade. A Comunidade passou a partir de então a intervir em áreas tradicionalmente da competência dos Estados, como sejam a cultura e protecção do ambiente, gozando ainda da possibilidade de em alguns casos ultrapassar a oposição dos Estados[54]. Pela primeira vez na história comunitária, o medo de uma centralização a nível comunitário ganhava contornos reais, alimentando os receios dos Estados de que o processo de integração comunitário fizesse perigar a sua própria soberania.

Na perspectiva dos Estados membros, o problema assumia contornos tão mais graves na medida em que a Comunidade, à semelhança da generalidade das organizações internacionais, dispunha – como ainda hoje dispõe – de uma competência funcional, constando do Tratado provisões de carácter genérico, como era o caso dos então arts. 100º, 100º-A e 235º, que haviam possibilitado à Comunidade intervir em áreas relativamente às quais não lhe havia sido conferida uma competência expressa e formal de actuação. Havia ainda a considerar a importante actividade desenvolvida pelo Tribunal de Justiça das Comunidades Europeias que, com a sua jurisprudência nitidamente pró-integração, favorecia a intervenção crescente das instituições comunitárias nas mais diversas áreas[55]. De facto, desde a década de setenta que se

---

[54] Isto sucedeu designadamente em matéria de política social, com a introdução do art. 118º – A.

[55] É preciso não esquecer que alguns dos mais importantes princípios do direito comunitário devem-se à inovatória e importante actividade do Tribunal, como sejam o efeito directo e o primado do direito comunitário sobre o direito nacional dos Estados-membros. A este propósito, referiremos somente alguns dos mais significativos acórdãos do TJCE, designadamente, os seguintes: ac. de 5.Fevereiro.1963, *Van Gend en Loos*, Proc. 26/62, *Recueil* 1963, pp. 3 ss.; ac. de 15.Julho.1964, *Costa/ /ENEL*, Proc. 6/64, *Recueil* 1964, pp. 1141 ss.; e ac. de 15.Dezembro.1976, *Simmenthal*, Proc. 35/76, *Recueil* 1976, pp. 1871 ss.

vinha assistindo a uma crescente extensão das áreas de actividade comunitária, com a consequente diminuição dos poderes reguladores dos Estados membros.

Estava assim criado o terreno favorável à implementação da ideia de estabelecer limites claros e precisos à actividade comunitária, que granjeou rapidamente inúmeros defensores. Deste modo, não constituiu surpresa a introdução do princípio da subsidiariedade no texto dos Tratados, ainda que com um alcance limitado.

Como tivemos já oportunidade de referir, os Länder alemães desempenharam um papel decisivo na inclusão do princípio da subsidiariedade no texto dos Tratados. Certas áreas de actuação que o Acto Único Europeu veio atribuir à Comunidade, como era o caso do ambiente, nos termos da Lei Fundamental alemã eram da competência dos Estados Federados. Na iminência de se verem privados de competências, os Länder exerceram pressão junto do Governo Federal no sentido de serem ouvidos sempre que estivessem em causa áreas de actuação que dissessem respeito às suas competências. Nesse sentido, defendiam que um *Länderbeobachter* deveria ser constituído e integrar a delegação do Governo alemão junto do Conselho de Ministros. Por outro lado, lançaram mão do princípio da subsidiariedade, entendendo que a sua consagração no Tratado obstaria a uma forte e progressiva erosão das suas competências. Para os Estados alemães era vital assegurar que o processo de integração europeia não pusesse em causa as competências que a nível interno lhes eram constitucionalmente atribuídas e garantidas.

Podemos afirmar que o AUE deu, de certo modo, resposta aos anseios dos Länder, pois consagrou pela primeira vez, de forma explícita, o princípio da subsidiariedade no texto dos Tratados, muito embora esta consagração tivesse, como já tivemos oportunidade de referir, um âmbito limitado.

Assim, o art. 25º do AUE introduziu no Tratado o art. 130º – R, § 4, nos termos do qual

"(...)
A Comunidade intervirá em matéria de ambiente, na medida em que os objectivos referidos no n.º 1 possam ser melhor reali-

zados a nível comunitário do que a nível dos Estados-membros considerados isoladamente (...)".

O princípio obtinha assim consagração, não como princípio geral de direito comunitário, mas sim como princípio a aplicar numa política sectorial específica, a política de ambiente.
Entendia-se que, atenta a especificidade e complexidade dos problemas suscitados em matéria ambiental, o princípio da subsidiariedade constituiria a solução mais eficaz a adoptar no sentido da sua resolução.
Importa referir que a consagração do princípio da subsidiariedade no art. 130º-R, § 4, introduzido pelo AUE, não se tratou de modo algum de uma solução inovadora no que concerne à política de ambiente comunitária. De facto, já em 1973 se podia ler no PROGRAMA DE ACÇÃO COMUNITÁRIA DA COMISSÃO EM MATÉRIA DE AMBIENTE[56] que *"pour chaque catégorie différente de polluition, il convient de rechercher le niveau d'action (local,régional, national, communautaire, international) le mieux adapté à la nature de la polluition aussi qu'à la zonee géographique a protéger. Il convient de concentrer au niveau communaitaire les actions qui peuvent être les plus efficaces à ce niveau."*.
A referência explícita ao princípio da subsidiariedade em matéria de ambiente veio assim ao encontro daquela que era já a posição das instituições comunitárias que entendiam que, em matéria de política ambiental, era contraproducente implementar um esquema pré-definido e rígido de repartição de competências. A cooperação entre autoridades nacionais (englobando, logicamente, a actuação a nível local e regional) e comunitárias era já vista como necessária, senão mesmo imprescindível, para se alcançar uma interacção e articulação perfeitas entre os dois níveis de actuação, capaz de assegurar que uma resposta cabal e quasi-imediata fosse dada aos diferentes problemas ambientais. De facto, um esquema pouco flexível de repartição e exercício de competências, caracterizado por áreas de actuação estanques, é totalmente desadequado a um sector onde quase diariamente surgem novas e

---

[56] V. JOCE, C/112/1, de 20 de Dezembro de 1973.

complexas questões. O partenariado e a cooperação entre os diferentes níveis de actuação são assim importantes métodos de actuação nesta área.

Por outro lado, o ambiente é uma área onde, por excelência, algumas das questões e problemas com maior relevo revestem natureza global, impondo-se deste modo a adopção de medidas e projectos de dimensão transfronteiriça[57], cujos efeitos se propaguem a uma vasta área geográfica onde, não raras vezes, estão incorporados vários países. De facto, os problemas ambientais que revestem maior gravidade são usualmente de ordem global, não estando circunscritos a um país ou região determinados, *v.g.*, a rarefacção da camada de ozono ou a destruição das florestas tropicais. Assim, mais do que uma actuação individualizada e circunscrita a um país, faz sentido coordenar esforços e actuar no plano transnacional. O nível comunitário será assim, as mais das vezes, o mais adequado para se actuar, atendendo desde logo à maior amplitude dos efeitos das medidas adoptadas, bem como a uma maior disponibilidade e variedade de recursos, tanto humanos como financeiros e/ou técnico-científicos[58].

Contudo, por outro lado, questões ambientais existem que, pela sua especificidade, impõem uma intervenção mais próxima da fonte do problema, ou seja uma intervenção a nível local. Estando em causa problemas ambientais específicos de uma dada área ou região, são naturalmente as autoridades locais que conhecem mais pormenorizadamente as particularidades dos problemas em causa, bem como a área de inter-

---

[57] Esta associação entre o princípio da subsidiariedade e os efeitos ou dimensão transfronteiriça da acção estava já presente no Projecto de Tratado sobre a União Europeia do PE, de 1984, *vide supra*, pp. 47 ss., esp. p.52. Esta ideia transitará igualmente para o Tratado de Maastricht. *Vide infra*, Capítulo II, pp. 138 ss..

[58] Para mais desenvolvimentos sobre a aplicação do princípio da subsidiariedade em matéria de ambiente *vide*, entre outros, AA.VV., *Future Environmental Policy and Subsidiarity*, Bruxelas, 1994; BRINKHORST, Laurens J., "Subsidiarity and european Community environmental policie: a Panacea or a Pandora's box?", in EELR, v. 2, n.º 1, January 1993, pp. 8-15; CROSS, Gerry, "Subsidiarity and Environment", in YEL, 15, 1995, pp. 107-134; LONG, Antoinette, "The Single Market and the environmental and the European's Union dilemma. The example of the packaging directive", in EELR, n.ºs 6-7, July 1997, pp. 214-219.

venção, impondo-se assim assegurar que serão estas as escolhidas para dar resposta às questões suscitadas.
Isto ficou claramente demonstrado na decisão da *House of Lords* britânica em *R. vs London Boroughs Transport Comitee, ex p. Freight Transport Association and others*[59]. Nesta sua decisão, a *House of Lords* debruçou-se sobre o art. 130 R, § 4º, do Tratado. A recorrida, uma entidade reguladora de tráfego agindo em nome das autoridades locais londrinas, impôs uma proibição de circulação nocturna de camiões em Londres, alegando para o efeito objectivos de redução de poluição atmosférica e sonora. A fim de os camiões poderem circular à noite em Londres, os seus proprietários deveriam solicitar uma licença especial para o efeito, cuja concessão estava dependente de os veículos estarem equipados com um sistema especial de travagem, produzido somente por um único fabricante, e que assegurava uma travagem silenciosa com recurso aos travões hidráulicos. Na acção original, os recorrentes alegaram que esta era uma condição ilegal, violadora das duas directivas comunitárias que harmonizavam o fabrico de sistemas de travagem e os níveis de som para sistemas de exaustão; no seu entender, a imposição de tal condição violaria igualmente o art. 30º do TCEE[60]. No entender dos recorrentes, os camiões que observassem o disposto naquelas Directivas, não poderiam ser alvo de quaisquer outras restrições relativas aos níveis de ruído produzido ou a sistemas de travagem. Deste modo, a imposição de tais condições por parte daquela entidade reguladora violaria o direito comunitário, designadamente as duas Directivas referidas e o art. 30º do Tratado.
Referindo-se ao direito comunitário, Lord Templeman referiu que *"(...) London's environmental traffic problems cannot be solved, although they can be ameliorated by Council directives to control every vehicle at all times throughout the Community. The attainment of the Community object of preserving, protecting and improving the quality*

---

[59] In CMLR, n.º 1, 1992, pp. 5 ss..

[60] Inserido no capítulo do Tratado respeitante à eliminação das restrições quantitativas entre os Estados membros, o art. 30º TCEE dispunha que *"Sem prejuízo das disposições seguintes são proibidas, entre os Estados-membros, as restrições quantitativas à importação, bem como todas as medidas de efeito equivalente."*.

of the environment requires action at the level of individual member-States. A vehicle which complies with all the requirements and standards of directives issued by the Council pursuant to Article 100 and is therefore entitled to be driven on every road, on every day, at every hour throughout the Community is not thereby entitled to be driven on every road, on every day, at every hour throughout the Community. (...)." [61].

Ainda que Lord Templeman não se referisse de modo explícito ao princípio da subsidiariedade, é óbvio que este princípio se encontra na base da argumentação utilizada. Efectivamente, as autoridades locais são aquelas entidades que se encontram melhor colocadas e preparadas para lidarem com os problemas ambientais das áreas urbanas. Assim, será naturalmente da competência daquelas autoridades a protecção do ambiente nas áreas urbanas pois, de acordo com o estipulado no art. 130R, § 4º, TCEE, elas estão melhor preparadas para alcançarem os objectivos referidos no primeiro parágrafo do mesmo artigo.

De facto, nos termos deste normativo comunitário, a Comunidade só deveria intervir *quando, e na medida em que*, os objectivos consagrados no n.º 1 fossem **melhor alcançados (*"better attained"*)** por uma actuação ao nível comunitário. Para KAPTEYN, *"The better attainment test [do art. 130º-R, § 4º] adds to the consideration of policy makers a criterion that even without this admonition they should apply: in considering how objectives may best be attained, it must be clear that action at Community level is better than at the level of the individual States. It is a test with which much is left to discretion and which is ultimately a matter of political choice."* [62].

Importa ainda realçar que, contemporaneamente à entrada em vigor do Acto Único Europeu, mais precisamente a 9 de Dezembro de 1989, foi adoptada por 11 dos então 12 Estados membros (o Reino Unido optou por não se juntar aos seus parceiros europeus) a CARTA EUROPEIA DOS DIREITOS FUNDAMENTAIS DOS TRABALHA-

---

[61] *Apud* EMILIOU, Nicholas, "Subsidiarity: an effective...", *op. cit.*, p. 394.

[62] KAPTEYN, J. P. C., *Community law and the Principle of Subsidiarity*, discurso proferido no Centre for European Law, Kings College, Londres, a 2 de Novembro de 1990.

DORES, também conhecida por CARTA SOCIAL EUROPEIA, que muito embora não fosse um texto jurídico e, como tal, vinculativo para os Estados signatários, constituiu um passo decisivo no sentido de se construir uma Europa social. Por outro lado, a recusa do Reino Unido em assinar a Carta indiciava já qual era a sua posição nesta matéria. De facto, posteriormente, com Maastricht, o Reino Unido recusaria vincular-se ao Protocolo sobre política social anexo ao Tratado, dando deste modo origem a uma *"Europa social a duas velocidades"*.

No Preâmbulo da Carta é possível encontrar uma referência explícita ao princípio da subsidiariedade, nos seguintes termos: *"Considerando que, **em virtude do princípio da subsidiariedade**[63], as iniciativas a tomar relativamente à aplicação desses direitos sociais são da responsabilidade dos Estados membros e das entidades que os constituem e, no âmbito das suas competências, da responsabilidade da Comunidade Europeia;"*. Esta formulação contudo, suscitou alguma controvérsia, na medida em que aqui o princípio da subsidiariedade parece confundir-se com a divisão de competências entre a Comunidade e os Estados. Posteriormente, esta situação obteve clarificação com a adopção, a 29 de Novembro de 1989, do Programa de Implementação da Carta Social Europeia[64] que, no seu ponto 3, estipulava que *"Em aplicação do princípio da subsidiariedade, por força do qual a Comunidade só intervém quando os objectivos a prosseguir possam ser melhor alcançados pelo nível comunitário do que pelos Estados membros, a proposta da Comissão apenas incide sobre algumas das questões suscitadas por alguns dos artigos da Carta. Com efeito, a Comissão considera que as iniciativas a desencadear tendo em vista a implementação dos direitos sociais são da responsabilidade dos Estados membros ou das suas entidades constituintes ou ainda dos parceiros sociais."*. Assim, e no campo da política social, é afastada a harmonização de legislações como regra geral de actuação. O recurso à harmonização e, como tal, à actuação a nível comunitário, só terá lugar quando essa mesma harmonização seja necessária para garantir a livre

---

[63] O destaque é nosso.
[64] COM (89) 568, 29 de Novembro de 1989.

circulação de trabalhadores ou para assegurar a integral satisfação dos interesses de todos os parceiros sociais envolvidos na questão em causa.

Com o AUE o princípio da subsidiariedade fez assim a sua entrada formal na "Constituição" europeia, muito embora a sua aplicação se encontrasse ainda limitada ao âmbito restrito das questões ambientais.

Posteriormente, mas ainda em 1987, é possível encontrar referências ao princípio da subsidiariedade no RELATÓRIO PADOA--SCHIOPPA[65], no qual o princípio da subsidiariedade é utilizado não só como regra normativa, mas também como um conceito político. Debruçando-se sobre a questão de determinar quando a intervenção comunitária na área em questão seria necessária ou não, o Relatório apontava dois critérios a adoptar para esse efeito: a eventual natureza transfronteiriça dos efeitos das medidas em causa[66] e a necessidade de combater o desemprego.

Debruçando-se sobre aquele primeiro critério de actuação comunitária, o Relatório salientava as vantagens de se adoptar um critério que, como este, tem na sua base as externalidades transfronteiriças. Para os relatores, o cerne da questão nesta matéria consistiria assim em determinar qual o nível de autoridade pública mais adequado para desempenhar uma determinada tarefa de um modo eficiente, atenta desde logo a dimensão dos efeitos a produzir. O teste da natureza dos

---

[65] *Efficiency, Stability and Equity: a Strategy for the Evolution of the Economic System of the European Community*, Comissão das Comunidades Europeias, 1987. Este Relatório debruça-se sobre as questões de índole económica colocadas à Comunidade pela adesão dos países ibéricos, designadamente sobre o seu impacto sobre a realização do mercado comum europeu.

[66] A natureza transfronteiriça dos efeitos das medidas a adoptar assume-se como um critério óbvio para determinar uma intervenção comunitária, decorrendo desde logo de uma das mais básicas proposições da ciência económica, nos termos da qual os benefícios de uma dada actividade devem ser usufruídos por quem os criou, enquanto que os custos devem ser suportados por quem lhes deu origem. Sempre que este princípio básico seja violado ocorrem as chamadas externalidades ou efeitos de *spill-over*.

efeitos das medidas traduzir-se-ia deste modo, em última análise, num critério de eficiência da actuação.

Já no que diz respeito ao combate ao desemprego, que é configurado pelo Relatório como prioritário, resulta do teor deste documento que para os seus autores a política social devia ser entendida como uma política da competência dos governos nacionais. Deste modo, e no que diz respeito especificamente às políticas sociais, o Relatório salienta o facto de que, não obstante as responsabilidades de base incumbirem aos níveis inferiores da administração, a intervenção comunitária ser necessária sempre que as consequências das políticas ligadas à execução do mercado comum se repercutissem ao nível regional. Assim, aplicando este raciocínio ao caso concreto do combate ao desemprego, conclui-se que a intervenção comunitária nesta sede estaria dependente de o desemprego regional ser uma consequência da realização do mercado comum.

Por outro lado, o Relatório refere que, de acordo com o princípio da subsidiariedade, as políticas deveriam ser executadas ao mais baixo nível possível de actuação governativa. A responsabilidade pela execução das políticas governamentais só deveria ser transferida para níveis superiores de actuação quando a actuação do nível inferior revela-se ser ineficiente.

O *Relatório Padoa-Schioppa* adoptava deste modo uma posição que vinha na linha daquilo que até então era já o pensamento dominante em matéria de subsidiariedade no discurso comunitário.

O debate no seio da Comunidade relativamente ao princípio da subsidiariedade, como já tivemos oportunidade de referir, teve sempre como grandes impulsionadores os Länder alemães, para os quais o princípio era a garantia de que o progresso da integração comunitária não poria em causa as suas competências. De facto, para os Estados federados alemães, só o princípio da subsidiariedade possibilitaria uma repartição equitativa e adequada de poderes entre órgãos comunitários e instâncias nacionais. Com efeito, para os Länder, qualquer aprofundamento da integração europeia que tivesse incidência sobre as suas competências seria sinónimo de perda de soberania. Perante o inexorável avanço do processo integrativo comunitário, que não podiam suster, pretendiam os Länder com o princípio da subsidiariedade preservar a sua autonomia e competências exclusivas constitucionalmente reconhecidas. Para tanto, pretendiam ser ouvidos e participar activamente no debate europeu, nomeadamente estando presentes na representação alemã junto dos órgãos comunitários.

Assim, numa reunião que teve lugar em Munique a 27 de Outubro de 1987, e na qual estiveram presentes os Presidentes dos Länder, estes formularam um Programa de Acção relativo ao federalismo, em cujo ponto dois se definia a subsidiariedade no sentido de que a Comunidade só deveria ser dotada de mais competências quando tal fosse necessário para satisfazer os interesses dos cidadãos europeus, e na medida em que a plena eficácia das medidas a adoptar só fosse possível de alcançar mediante uma intervenção ao nível comunitário. Por outro lado, nesse mesmo Programa, os Länder advogavam a consagração no Tratado de critérios objectivos para a actuação do princípio e defendiam a sua justiciabilidade. Preocupados com o facto de não existir um qualquer controlo da aplicação do princípio pelos órgãos comunitários, os Länder arrogavam-se o papel de "guardiões" do princípio, exigindo que lhes fosse reconhecida legitimidade processual activa perante o Tribunal de Justiça das Comunidades sempre que estivessem em causa violações do princípio por parte das instituições comunitárias.

Determinados a obterem garantias de que no Tratado seriam consagrados limites à extensão das competências comunitárias, os representantes dos Länder alemães reuniram-se posteriormente, na Primavera de 1988, com Jacques Delors, então Presidente da Comissão Europeia, em Bona. Nessa Reunião, ambas as partes aludiram com frequência ao princípio, referindo-o como um elemento-chave do processo de integração europeu.

Definitivamente rendido ao princípio, Delors, no Discurso que proferiu na Sessão de Abertura do 40º ano académico no Colégio da Europa, em Bruges (17 de Outubro de 1989), defendeu a ideia de que o princípio da subsidiariedade constituiria um importante instrumento em prol da integração europeia, designadamente por possibilitar um reforço das competências comunitárias e, simultaneamente, não colocar em perigo as prerrogativas estaduais.

Para Jacques Delors, tanto o federalismo, como a subsidiariedade, tinham de estar necessariamente presentes nos futuros desenvolvimentos do fenómeno comunitário, pois só assim seria possível conciliar duas realidades que, aparentemente, seriam politicamente inconciliáveis: a construção de uma Europa Unida e a lealdade aos Estados soberanos. Inserir os princípios do federalismo, nomeadamente a subsidiariedade, na lógica da arquitectura europeia, possibilitaria um *"exercise en commun de la souverainité, tout en respectant nos diversités et donc les principes de pluralisme (...)"*. A subsidiariedade seria assim a garantia dada aos Estados de que as instituições comunitárias, designadamente a Comissão, não excederiam os poderes de que tinham sido imbuídas, actuando portanto o princípio como um limite ao exercício de poderes por parte da Comunidade.

No seguimento daquilo que havia já afirmado no seu RELATÓRIO SOBRE A POLÍTICA ECONÓMICA E MONETÁRIA DA UNIÃO[67], Delors referiu igualmente que, no campo específico das políticas monetária e económica, a actuação da subsidiariedade possibilitaria a necessária convergência entre os diferentes objectivos e instrumentos da política macro-económica, deixando simultaneamente substanciais margens de manobra aos Estados.

Para Delors, a subsidiariedade seria assim indispensável à evolução e consolidação do processo integrativo europeu[68], embora no seu discurso salientasse igualmente a necessidade de prudência por parte

---

[67] Neste Relatório do *Comité para a União Económica e Monetária* (Abril, 1989), in BULLETIN EC, 4-1989, Delors apresenta a subsidiariedade como o instrumento ideal para alcançar um equilíbrio entre poderes nacionais e comunitários no quadro da elaboração e execução por etapas das políticas monetária e macro-económica. De acordo com o § 20 do Relatório, *"The attribution of competences to the Community would have to be confined specifically to those areas in which collective decision-making was necessary. All policy functions which could be carried out at national (and regional and local) levels without adverse repercussions on the coehsion and functioning of the economic and monetary union would remain within the competence of the member countries."*

[68] Jacques Delors, posteriormente, no Colóquio de Maastricht sobre a subsidiariedade (*Colóquio Jacques Delors 1991*), haveria de referir que a subsidiariedade constituía *"la clé de voûte, sur le plan politique, de l'organisation de la vie en commun et, sur le plan institutionnel, de l'exercise partagé des souverainetés dans les domaines – et seulement dans les domaines – où un tel partage a été décide"*. Assim, vide DELORS, Jacques, "Le principe de subsidiarité...", *op. cit.*, p. 17.

das instituições comunitárias aquando da aplicação do princípio, bem como a necessidade de terem sempre presente que o princípio da subsidiariedade não constituía a solução para todos os problemas comunitários.

Importa igualmente realçar que, contemporaneamente a toda esta agitação em torno do princípio da subsidiariedade vivida no seio do debate comunitário, o Conselho da Europa formulou a sua própria noção do princípio, embora muito incipiente, e que consta da CARTA EUROPEIA DE AUTONOMIA LOCAL[69], aprovada a 15 de Outubro de 1988, por 12 Estados.

Assim, no seu art. 4º, § 3, dispõe-se que

> *"3. Regra geral, o exercício das responsabilidades públicas deve incumbir, de preferência, às autoridades mais próximas dos cidadãos. A atribuição de uma responsabilidade a uma outra autoridade deve ter em conta a amplitude e a natureza da tarefa e as exigências de eficácia e economia (...)".*

A subsidiariedade fazia assim a sua entrada, através de uma fonte de direito internacional, no direito administrativo das autarquias locais dos

---

[69] A *Carta Europeia da Autonomia Local* foi concebida *ab initio* como um instrumento flexível, passível de abarcar as diferentes formas de autonomia local existentes nos diversos países signatários. Uma das suas características mais peculiares é o facto de nem todas as suas normas serem igualmente vinculantes para todos os Estados. De facto, é permitido aos Estados, no momento do depósito do instrumento de ratificação, indicarem a quais dos trinta princípios consagrados na Carta se pretendem vincular. No âmbito deste acordo, o conceito de autonomia local aparece íntima e estreitamente ligado ao princípio democrático. As comunidades locais são consideradas uma componente essencial de uma qualquer estrutura estatal que se pretenda democrática. Para a Conferência Permanente, o princípio da subsidiariedade, nos termos em que se encontra consagrado na Carta, deveria ser respeitado nas relações entre a administração central e as colectividades locais. A inserção do princípio na Carta obedeceria assim a uma lógica de prossecução de objectivos de democracia e de descentralização, na medida em que a sua aplicação asseguraria uma maior proximidade entre os cidadãos e o nível de tomada da decisão.

Estados partes naquela Carta (entre os 12 Estados que aprovaram a Carta em 1988 encontrava-se Portugal).

2.3 1990: Um "ano-chave" em matéria de subsidiariedade.

O ano de 1990 viria a revelar-se um ano-chave no quadro do debate comunitário em torno do princípio da subsidiariedade.

Na sequência do Conselho Europeu de Dublin de 25 e 26 de Junho, no qual foi decidida a realização de uma Conferência Intergovernamental sobre a União Política, os Chefes de Estado e/ou de Governo dos diversos Estados-membros começaram a trabalhar na ideia, demonstrando serem detentores da vontade política necessária para levar tão ambicioso projecto avante[70]. Na base do debate que se gerou esteve todo o trabalho desenvolvido pelos Ministros dos Negócios Estrangeiros dos diferentes Estados-membros aquando da sua reunião em Maio e Junho desse mesmo ano. Então, no cerne das preocupações dos representantes governamentais esteve a questão de saber se a criação de uma união política implicaria necessariamente a transferência de mais competências para o nível comunitário, por só tal transferência ser capaz de assegurar o cabal desempenho das tarefas necessárias à realização dos objectivos comunitários. Por outro lado, transpirou igualmente dessa reunião dos Ministros dos Negócios Estrangeiros uma grande preocupação em elaborar uma definição o mais operativa e objectiva possível do princípio da subsidiariedade, a fim de garantir a sua efectiva aplicação.

Perante a perspectiva de um novo Tratado, o Parlamento Europeu intensificou os trabalhos no sentido de elaborar um projecto de Tratado de União Europeia, baseando-se para o efeito no já mencionado Projecto Spinelli de 1984.

---

[70] A este propósito, a *Resolução do PE sobre o Conselho Europeu de Dublin*, de 17.Maio.1990, refere no seu ponto 4 a necessidade de construir uma Europa do tipo federal, assente numa atribuição de competências realizada de acordo com o princípio da subsidiariedade, no sentido de se alcançar um desenvolvimento dinâmico da União. *Vide* JOCE, C/149, de 18.Junho.1990.

Inevitavelmente, a questão da subsidiariedade esteve no centro do debate das diversas comissões institucionais que se debruçaram sobre a matéria e cujas Resoluções[71] foram submetidas a votação no Parlamento durante o mês de Julho de 1990.

Dessas Resoluções, que são várias e de vital importância para este estudo, importa referir desde logo a *Resolução de 11 de Julho de 1990*[72], relativa às orientações do Parlamento Europeu quanto à elaboração de um projecto de Constituição para a União Europeia, vulgo RELATÓRIO COLOMBO[73].

Em Junho de 1990, Colombo havia apresentado um relatório provisório, no qual referia que havia tomado por modelo o Projecto de Spinelli de 1984. Naquele relatório provisório, o eurodeputado referia que, de acordo com o princípio da subsidiariedade, a União só deveria assumir as competências relacionadas com as políticas de maior envergadura e repercussão, e isto, desde logo, por questões de eficácia. É de realçar o facto de Colombo salientar a necessidade de o Tribunal de Justiça, ao apreciar questões relacionadas com o esquema de competências definido nos Tratados, ponderar o princípio da subsidiariedade, designadamente se este havia sido ou não observado.

A influência do Projecto Spinelli no trabalho de Colombo – e que o eurodeputado fez, aliás, questão de referir – é notória no seu relatório final aprovado pelo Parlamento Europeu. De facto, o considerando H

---

[71] *Vide* JOCE C/231, de 16.Julho.1990.

[72] Contemporaneamente à indigitação de Colombo para elaborar um relatório relativo à Constituição Europeia, o eurodeputado Martin foi designado como responsável pela elaboração de um Relatório sobre a Conferência Intergovernamental, no contexto da estratégia do PE para a realização da União Europeia. Previamente à Resolução de 11 de Julho de 1990, e tendo por base um anterior Relatório de MARTIN (vulgo, 1º Relatório Martin), de 14.Março.1990, o PE havia já afirmado que, no contexto da Conferência Intergovernamental, as decisões haveriam de ser tomadas tendo como critérios essenciais o princípio da subsidiariedade e o das competências de atribuição; neste sentido, todos aqueles poderes não conferidos especificamente à União Europeia, permaneceriam nas mãos dos Estados-membros. *Vide* JOCE, C/96, de 17.Abril.1990.

[73] Como é usual, a Resolução recebeu o nome do deputado europeu incumbido de redigir o documento.

da Resolução retoma a abordagem de Spinelli, ao referir que *"(...) a determinação das competências futuras da União deverá inspirar-se no princípio das competências por atribuição e no princípio da subsidiariedade, por força do qual a União deverá executar apenas aquelas tarefas que, em virtude da sua dimensão ou efeitos ou que por motivos de eficácia na sua execução, são susceptíveis de serem melhor executadas pelas instituições da União que pelos Estados actuando individualmente."*.

Para Colombo, o princípio da subsidiariedade constituiria assim um elemento indispensável no processo de construção de uma União assente num ordenamento constitucional inspirado no princípio democrático, e onde exista um equilíbrio estável entre Estados e instituições comunitárias[74].

O princípio da subsidiariedade foi igualmente alvo, por parte do Parlamento Europeu, de uma resolução específica, adoptada a 12 de Julho de 1990 (vulgo, RELATÓRIO VALERY GISCARD D'ESTAING[75]).

---

[74] Posteriormente, uma segunda *Resolução do PE sobre os fundamentos constitucionais da União Europeia*, de 12 de Dezembro de 1990, cujo relator foi igualmente Colombo, referia-se à subsidiariedade nos seus considerandos 11, 64, 66 e 68, em termos análogos aos desta Resolução. De salientar aquele último considerando 68, nos termos do qual, sempre que a realização dos objectivos da União impusesse o exercício por parte da mesma de uma competência que não lhe tivesse sido expressamente atribuída, de acordo com o princípio da subsidiariedade, poderiam ser legalmente atribuídos à União poderes para exercer tal competência. Nesse caso, seria sempre necessária a autorização do PE – onde a votação obedeceria à regra da maioria –, bem como aprovação, por maioria qualificada, do Conselho. Ao mencionar o princípio da subsidiariedade, esta Resolução associava-o ao exercício de competências concorrentes por parte da União, referindo como critérios de aplicação do princípio a natureza transfronteiriça da medida ou dos seus efeitos e a maior eficácia da actuação comunitária. Nos pontos 60 e seguintes, por seu turno, era feito um esforço em definir as competências comunitárias. *Vide* JOCE C/19, de 28.Janeiro.1990.

[75] PE. Doc. A3-163/90, 22. Julho.1990, in JOCE, C/231, de 17. Setembro. 1990.

A moção submetida à apreciação do PE pelo Comité dos Assuntos Institucionais[76], cujo relator foi Giscard d'Estaing, e que esteve na base desta Resolução, caracterizava-se por uma clara intenção de expandir a aplicação do princípio da subsidiariedade. O Comité reconhecia no próprio Preâmbulo da moção a importância do princípio, ao associar a subsidiariedade ao desenvolvimento constitucional da União e à necessidade de proceder a uma demarcação rigorosa entre competências da União e competências dos Estados membros. Tal como Colombo, o Comité entendia que a dinâmica da integração dependia ela mesma de uma correcta e efectiva aplicação do princípio.

Ao reconhecer de modo explícito a existência de relações entre o princípio da subsidiariedade e outros princípios comunitários, como é o caso do princípio do primado e do art. 235º do TCEE, o Comité integrava o princípio da subsidiariedade na complexa "rede" de princípios comunitários que evoluem no sentido de uma verdadeira Constituição europeia.

Por outro lado, nesta moção, o Comité associava a adopção do princípio à prossecução de uma democrática reforma institucional. Afirmava-se que a luta contra o défice democrático passaria igualmente por um reforço dos poderes do PE, na medida em que os Estados membros não estariam dispostos a dar o seu aval a um princípio que, na sua óptica, os faria perder poderes, sem uma qualquer contrapartida, designadamente um reforço dos poderes do órgão parlamentar comunitário.

Finalmente, no entender do Comité, competiria ao Conselho Europeu o papel de "co-guardião" do princípio, em virtude de esta instituição, nos termos do art. 235º, deter os poderes para expandir as competências comunitárias.

É de salientar esta preocupação do Comité Interinstitucional em associar o princípio da subsidiariedade à estrutura institucional da União. Com esta associação, o Comité procurava garantir que a subsidiariedade fosse alvo de interpretação por parte do TJ e do executivo

---

[76] O Comité foi criado em 9 de Julho de 1981, e tinha como objectivo modificar os Tratados no sentido de se alcançar o tão almejado "salto qualitativo" no processo de integração europeu.

comunitário, cimentando deste modo a sua evolução de princípio político para instrumento jurídico com aplicação prática.

Uma vez aprovada, a Resolução do PE era acompanhada por uma Declaração de Giscard d'Estaing[77], na qual o autor procedia a uma análise detalhada do princípio e das obrigações dele decorrentes para as várias instituições comunitárias.

Para o eurodeputado, o princípio implicava uma obrigação positiva para os Estados-membros, no sentido de estes transferirem poderes para as instituições comunitárias, pois, à partida, seriam estas que realizariam a generalidade das tarefas do modo mais eficaz. Aos Estados competiria somente executar aquelas tarefas na realização das quais fossem mais eficazes. Esta sua interpretação do princípio veio explicitar assim o que há muito se subentendia dos textos comunitários, estando deste modo em perfeita consonância com o conteúdo da Resolução do PE. De facto, neste seu documento, o Parlamento referia que a subsidiariedade poderia, eventualmente, implicar uma cedência de poderes por parte dos Estados a favor da União. Esta sua posição é consentânea com o facto de, no seu entender, recair sobre os Estados membros uma obrigação de se absterem de adoptarem medidas ou legislação contrárias ou prejudiciais ao mercado interno.

Contudo, a parte mais interessante do texto do relator é a referente aos critérios a adoptar para aplicação do princípio da subsidiariedade. Giscard d'Estaing salientava que a adopção de uma interpretação do princípio que fosse, exclusivamente, no sentido de que só as tarefas com dimensão ou efeitos transfronteiriços deveriam ser atribuídas à União, acabaria por ter um efeito contraproducente no que toca à evolução da União num sentido federal. Por outro lado, no seu entender, uma interpretação nos termos da qual os Estados deveriam transferir para a União a execução de todas as tarefas cuja realização ao nível comunitário se revelasse mais eficaz, acabaria por desencadear um processo de centralização que, por seu turno, seria certamente alvo da oposição dos Estados. Assim, para Giscard d'Estaing, era necessário encontrar uma solução que conciliasse estas duas opções, ou seja, uma solução que respeitasse o princípio da subsidiariedade e, como tal,

---

[77] PE, Doc. A3-163/90, Parte B, de 4. Julho.1990.

traduzisse a sua natureza descentralizadora, sem contudo descurar as exigências decorrentes da natureza específica do processo de integração comunitária.
Esta preocupação em conciliar a necessidade de descentralização com a ideia de uma União forte e interventiva é uma constante do Relatório de d'Estaing. O eurodeputado distinguia a Comunidade dos sistemas federais existentes, referindo-se à subsidiariedade como uma abordagem imaginativa e criativa à questão de determinar um novo método de alocação de poderes. Impunha-se, no seu entender, que tal método fosse eficaz em conciliar a actuação conjunta de Estados e União – ela mesma respeitadora das especificidades dos Estados – com a necessidade de não fazer perigar a efectividade da acção comunitária. Ressalta assim da análise efectuada por Giscard d'Estaing que a adopção do princípio da subsidiariedade, na sua óptica, poderia conduzir a uma redistribuição de poderes entre Estados e União. Assim, para o relator, o princípio não deveria servir somente para delimitar as esferas de competência dos Estados e da União, mas deveria ser igualmente considerado como critério aferidor do modo de actuação da Comunidade no âmbito das competências concorrentes. No seu entender, o sistema de repartição de competências entre Comunidade e União não deveria descurar os interesses dos cidadãos e a especificidade das regiões, impondo-se cautela na aplicação do princípio, tanto mais que este poderia conduzir a resultados diferentes consoante a interpretação adoptada.
De referir igualmente que, para o antigo Presidente da República francês, a subsidiariedade não seria um dado novo na vivência comunitária, estando há muito presente nas práticas e políticas comunitárias. A título de exemplo, referia que a consagração no Tratado da directiva como instrumento legislativo comunitário privilegiado apontava precisamente no sentido da subsidiariedade[78], reflectindo inequivocamente o espírito de descentralização que lhe é subjacente.
Por último, salientava a necessidade de serem consagradas garantias políticas e jurisdicionais de que o esquema comunitário de repartição de competências seria respeitado por todas as partes envolvidas.

---

[78] Sobre este aspecto, *vide supra,* p. 40[28].

Para tanto, propunha que o TJ fosse dotado das competências adequadas para o efeito. A este propósito, referia que o TJ deveria ser considerado como um órgão jurisdicional constitucional, cuja missão principal consistiria assim em garantir o respeito pelo esquema de repartição de competências definido nos Tratados. Deste modo, deveria ser assegurada, tanto às instituições comunitárias como aos Estados-membros e tribunais nacionais, a possibilidade de, relativamente a cada acto proposto por qualquer instituição comunitária com direito de iniciativa, designadamente a Comissão, consultar previamente o TJ sobre a conformidade do acto em causa com o princípio da subsidiariedade; e isto, obviamente, sem prejuízo de se consagrar igualmente a possibilidade de uma intervenção do TJ *a posteriori*, ou seja, quando o acto estivesse já em vigor[79].

Podemos afirmar com segurança que a posição manifestada por Giscard d'Estaing é acompanhada, na sua generalidade, pela Resolução do Parlamento Europeu em apreço. De facto, neste documento, o Parlamento Europeu referia que,

> "1. *Verifica que o princípio da subsidiariedade se encontra já implicitamente nos Tratados, que, a partir do Acto Único Europeu, é referido de forma explícita, e que o Parlamento Europeu, no seu projecto de Tratado que institui a União Europeia, lhe quis dar uma consagração política eminente e incontestável;*

---

[79] Esta proposta seria concretizada numa segunda Resolução do PE, de 21. Novembro.1990, in JOCE, C/324, de 24.Dezembro.1990, da qual Giscard d'Estaing foi igualmente relator, e onde se propunha a inclusão no texto dos Tratados de um novo artigo, o art. 172 bis, nos termos do qual o Conselho, a Comissão, o PE ou um qualquer Estado-membro poderiam solicitar ao TJ a apreciação de um acto comunitário, antes da sua entrada em vigor, no sentido de determinar da sua (in)observância dos limites impostos às competências comunitárias. Tal solicitação provocaria o desencadear de um processo urgente, que implicaria a suspensão imediata da entrada em vigor do acto. Caso a sentença do TJ fosse no sentido da violação do direito comunitário, seria aplicado ao acto o procedimento de revisão do tratado previsto no art. 236º. Paralelamente, o PE propunha igualmente a inclusão de um art. 3 bis, onde ficasse consagrada uma fórmula idêntica à constante do § 2, do art. 12º, do Projecto Spinelli. Qualquer uma destas propostas está muito próxima das soluções apontadas por Martin no seu segundo Relatório, de 22.Novembro.1990. *Vide infra*, pp. 80 ss..

(...)
3. *Observa que o Tribunal de Justiça das Comunidades Europeias, encarregado de garantir o respeito pelo direito, se encontra investido da função de guardião da repartição de competências entre a Comunidade e os Estados membros;*
4. *Está consciente da importância do princípio da subsidiariedade na perspectiva da União Europeia; é a favor do respeito do acervo comunitário, mas afirma que a repartição de tarefas, domínios de actividade e competências tem de atender, tanto ao estádio actual como à evolução inevitável da União, por forma a promover e garantir os interesses de todos os cidadãos da União e da especificidade das regiões;*
5. *Considera que a transferência de competências legislativas dos Estados membros para a Comunidade Europeia, com base no princípio da subsidiariedade, agravaria o défice democrático da Comunidade, se o Parlamento Europeu não obtivesse os poderes legislativos e de controlo democrático perdidos pelos Parlamentos dos Estados membros; a supressão do défice democrático, nomeadamente através do reforço dos poderes do Parlamento Europeu, é o complemento indispensável da aplicação do princípio da subsidiariedade;*

(...)

11. *Considera que o princípio da subsidiariedade não só é importante para a demarcação de competências entre a Comunidade e os Estados membros, como é também relevante para o modo como essas competências são exercidas;*
12. *Considera que é necessário dar garantias, tanto de carácter político como jurisdicional, do respeito pelo princípio da subsidiariedade, mas há que prever processos eficazes e democráticos para permitir à União exercer as competências necessárias à realização das suas tarefas, sem o risco de um bloqueio institucional que poderia pôr em perigo o interesse europeu;*
13. *Confirma que, devido à exigência de unanimidade no âmbito dos artigos 235º do Tratado CEE, 95º do Tratado CECA e 203º do Tratado CEEA, o Conselho (Câmara dos Estados) continua a ser o co-garante do respeito pelo princípio da subsidiariedade.*

14. *Considera que o Tribunal de Justiça deveria ser consagrado como jurisdição constitucional com a missão, designadamente, de fazer respeitar a repartição das competências entre a Comunidade Europeia e os Estados membros; no âmbito do respeito pelo princípio da subsidiariedade, poderiam recorrer ao Tribunal, tanto a título consultivo, aquando da apresentação da primeira proposta da Comissão ou das outras instituições que tenham o direito de iniciativa, como a posteriori, os Estados membros, as Instituições comunitárias e os órgãos jurisdicionais supremos dos Estados-membros; (...)".*

Por seu turno, a Comissão, no seu *Parecer sobre a União Política*[80], de 21 de Outubro de 1990, associaria o princípio da subsidiariedade à nova hierarquia de normas comunitária por si proposta[81], na qual se destacava a inserção no Tratado de um novo tipo de acto legislativo comunitário, a lei, destinado a substituir a directiva.

Na base desta proposta da Comissão, encontrava-se o facto de que para esta instituição comunitária, a prática comunitária teria desvirtuado a própria natureza e razão de ser da directiva. De facto, a crescente complexidade das questões regulamentadas pela Comunidade, bem como o seu crescente pendor político, haviam determinado que a regulamentação comunitária se tornasse cada vez mais complexa, densa e obscura, a fim de se consagrarem legislativamente os difíceis consensos e "arranjos" políticos arquitectados pelos Estados no decurso das negociações.

Assim, a directiva – que, na sua origem, se caracterizava por impor aos Estados somente obrigações de resultado e não de meios, deixando--lhes portanto liberdade de opção quanto aos meios para prossecução dos objectivos visados pela regulamentação comunitária – cada vez mais se assemelhava ao regulamento, pelo carácter tendencialmente

---

[80] In BOLETIM CE, 10-1990.

[81] Esta proposta da Comissão, relativa a uma nova hierarquia das normas comunitárias, não obteve consagração no Tratado da União Europeia.

exaustivo dos aspectos abrangidos. Por outro lado, no entender da Comissão, esta situação contribuía, não só para o agravar do défice democrático comunitário, mas também para uma crescente perda de eficiência por parte da regulamentação comunitária, designadamente no que concerne à sua execução.

De acordo com a proposta comunitária, a lei caracterizar-se-ia por um procedimento de adopção co-decisional, sendo adoptada pelo PE e pelo Conselho, e seria utilizada na definição dos princípios gerais aplicáveis às diversas políticas e áreas de actuação comunitária.

Por outro lado, a Comissão concebia a lei como um instrumento de subsidiariedade, desde logo por este instrumento legislativo ser, em regra, directamente aplicável pelos Estados. A intervenção comunitária só se verificaria quando fosse necessário regulamentar certos aspectos específicos, designadamente aspectos técnicos.

Com esta proposta, a Comissão propunha-se restituir às autoridades nacionais, governos e parlamentos, a margem de manobra necessária à adaptação da regulamentação comunitária às exigências e particularidades locais e regionais, dando assim resposta directa às inúmeras exigências dos seus cidadãos.

A Comissão fazia igualmente questão de referir de forma expressa, antevendo assim já as reacções negativas à sua proposta, que não era sua pretensão reforçar o seu papel no processo decisório comunitário, mas tão somente clarificar e simplificar os processos legislativo e executório comunitários, operando assim uma descentralização ao nível dos procedimentos de execução legislativa. Procurava deste modo a Comissão proceder a uma redistribuição da função normativa, que conduziria inevitavelmente a uma perda de poderes por parte dos órgãos legislativos (v.g., PE), em favor dos órgãos executivos (Comissão e órgãos nacionais, consoante os casos). De facto, para a Comissão, impunha-se que o Parlamento Europeu, em prol de um reforço do seu papel no procedimento legislativo, concordasse em ver o seu campo de intervenção reduzido.

Por outro lado, para a Comissão, o princípio da subsidiariedade deveria assumir o papel de princípio director da actuação das instituições, no contexto da aplicação de um art. 235º renovado, nos termos do qual se decidiria, por unanimidade, da realização de novas acções comunitárias necessárias à prossecução dos objectivos gerais do Tratado. O controle da aplicação do princípio, em princípio, deveria ser um controlo *a posteriori*, incidindo assim sobre os actos adoptados pelas instituições comunitárias a fim de assegurar que o exercício de competências por parte daquelas não consubstanciaria uma qualquer situação de excesso de poder.

O Conselho Europeu reunido em Roma, a 27 e 28 de Outubro de 1990, por seu turno, insistiu na questão do princípio da subsidiariedade, alegando que só este princípio permitiria distinguir entre competências da União e competências dos Estados membros.

Esta ideia foi retomada no Conselho Europeu seguinte, também ele realizado em Roma, a 14 e 15 de Dezembro.

Aí, por seu turno, foi formalmente reconhecida a importância do princípio da subsidiariedade, *"(...) não só para o desenvolvimento das competências comunitárias, mas também em sede de aplicação das políticas e decisões da União."*.

Até então nenhum outro documento político havia ido tão longe quanto a definir quais os fins que se pretendiam alcançar com a consagração do princípio da subsidiariedade nos Tratados. De facto, o Conselho Europeu, no seu documento sobre a União Europeia, considera o princípio um instrumento ao serviço da Comunidade e não dos Estados, pretendendo assim pôr cobro à tão criticada ambiguidade de efeitos a que a aplicação do princípio poderia conduzir. Por outro lado, o Conselho Europeu reconhecia ao princípio capacidade legitimadora das políticas e decisões adoptadas a nível comunitário, e isto mesmo que aquelas não se inserissem no quadro do exercício de competências comunitárias explicitamente reconhecidas no Tratado.

Muito embora do documento do Conselho Europeu não conste qualquer definição do princípio, o certo é que dele transparece a concepção que o Conselho Europeu possuía de tal princípio, designadamente quando estipulava que a União Europeia deveria dispor de toda a cobertura jurídica necessária à realização dos seus objectivos e desenvolvimento das suas políticas. O princípio da subsidiariedade aparece assim configurado pelo Conselho Europeu como a fórmula "mágica" que garantiria a legitimidade jurídica de todos os actos necessários à realização dos fins comunitários, assemelhando-se deste modo, neste ponto, à *necessary and proper clause*[82] do federalismo norte-americano.

Contudo, esta concepção do princípio da subsidiariedade, defendida pelo Conselho Europeu, não vingaria no seio do debate comunitário. De facto, e como teremos oportunidade de constatar neste trabalho, a consagração do princípio da subsidiariedade nos Tratados, por parte dos Estados membros, não teve de modo algum como objectivo uma expansão das competências comunitárias. De facto, o princípio da subsidiariedade é consagrado como princípio regulador do exercício dessas competências, apontando precisamente no sentido oposto, ou seja, apontando no sentido de que a intervenção comunitária deveria revestir um carácter subsidiário face à actuação estadual, operando-se assim uma descentralização ao nível dos procedimentos decisórios e de execução comunitários.

Em simultâneo com a realização do Conselho Europeu de 14/15 de Dezembro, decorriam em Roma as duas Conferências Intergovernamentais, uma sobre a União Política, a outra sobre a União Económica e Monetária, sendo que – e isto em especial naquela primeira Conferência – o princípio da subsidiariedade ocupou um papel de destaque no debate.
Naquela Conferência sobre a União Política confrontaram-se duas posições diferentes: uma favorável à inserção de um artigo consagrando o princípio da subsidiariedade como um princípio geral, e outra que defendia que do Tratado deveriam constar listas enumerativas das competências dos dois níveis de intervenção legislativa, Estados e Comunidade. Será contudo a primeira posição que prevalecerá no

---

[82] A *necessary and proper clause* consta do art. I, Secção VIII, do texto constitucional norte-americano. De acordo com esta cláusula compete ao Congresso elaborar todas as leis que sejam necessárias e convenientes ao exercício dos poderes que lhe foram constitucionalmente atribuídos. Esta cláusula não vem assim atribuir novas competências ao governo federal, destinando-se sim a assegurar a supremacia deste no seu campo de actuação, dando deste modo corpo à ideia de que quem quer os fins quer os meios.

quadro das negociações sobre o Tratado da União Europeia[83]. Assim, posteriormente, o Projecto de Tratado da Presidência Luxemburguesa[84] incluirá um artigo nos termos do qual *"La Communauté agit dans les limites des compétences qui lui sont conférées et des objectifs qui lui sont assignés par le présent Traité. Dans les domaines qui ne relèvent pas de sa compétence exclusive, la Communauté n'intervient, conformément au principe de subsidiarité, que si et dans la mesure où les objectifs qui lui sont assignés peuvent être mieux réalisés au niveau communautaire qu'au niveau des États membres oeuvrant isolément, en raison des dimensions ou des effets de l'action envisagée."*. O Projecto apresentado pela Presidência holandesa retomaria este ponto do texto luxemburguês.

Por outro lado, a Conferência sobre a União Política foi igualmente marcada pela ausência de unanimidade quanto à interpretação a adoptar relativamente ao princípio da subsidiariedade, designadamente quanto aos fins por ele prosseguidos[85]. Contudo, num dos documentos de trabalho da Conferência é possível encontrar uma tentativa de definição do princípio, nos termos da qual *"La Communauté n'agit que pour mener les actions que lui sont confiées par le présent Traité et pour réaliser les objectifs définis par celui-ci. Elle agit dans la mesure oú les actions à mener exigent, en raison de leur portée ou de leurs incidences, des solutions dépassant les frontières d'un État membre et où son action sera plus efficace que des mesures prises au niveau des États membres"*. Esta definição aproximava-se da defendida pelo Parlamento Europeu[86], com a diferença de que, enquanto que a defini-

---

[83] O Relatório de Giscard d'Estaing havia-se pronunciado precisamente neste sentido.

[84] In EUROPE DOCUMENTS, n.º 1722/1723, de 5 de Julho de 1991.

[85] Como refere QUADROS, Fausto de, *O princípio...*, op. cit., p. 32, *"Nalguns casos chegou-se mesmo a conceber a subsidiariedade, não como um movimento ascendente, portanto, um movimento descentralizador, mas como um movimento descendente, isto é, um movimento centralizador, o que (...) contraria frontalmente, e sem desculpa, a própria essência da ideia de subsidiariedade, tal como ela nasceu e se tem desenvolvido ao longo da História."*.

[86] É possível encontrar a definição do princípio da subsidiariedade, adoptada pelo PE, no Relatório de Giscard d'Estaing, de 31.Outubro.1990, no qual se propunha

ção parlamentar referia que o princípio se aplicaria somente às competências concorrentes, esta nova definição aplicava o referido princípio a toda e qualquer acção comunitária. De resto, ambas consagravam os critérios da necessidade e da maior eficácia como critérios a utilizar no quadro da aplicação do princípio.

De referir igualmente que, no contexto daquela Conferência Intergovernamental sobre a União Política, a Alemanha e o Reino Unido foram os Estados que mais acerrimamente defenderam a inclusão do princípio da subsidiariedade no texto dos Tratados, sendo de salientar que no caso alemão tal tomada de posição se ficou a dever, uma vez mais, e no essencial, à postura dos Länder, receosos de que, de outro modo, a integração europeia pusesse em risco as suas já fragilizadas competências legislativas.

Foi igualmente alvo da análise desta Conferência Intergovernamental o art. 235º do TCEE. Pretendia-se, não suprimir a cláusula da unanimidade, mas sim atribuir ao Parlamento Europeu uma participação mais activa no processo decisório e, sobretudo, incluir uma referência expressa ao princípio da subsidiariedade no âmbito daquele normativo[87].

---

a inclusão de um artigo 3 bis no Tratado com a seguinte formulação: *"A Comunidade intervém apenas para realização das tarefas que lhe são acometidas pelo Tratado e para prossecução dos objectivos nele definidos. Nos domínios em que as competências não sejam atribuídas de forma exclusiva ou completa à Comunidade, esta, na execução das suas acções, actuará apenas na medida em que a realização desses objectivos, em virtude da sua dimensão ou efeitos, transcenda as fronteiras dos Estados-membros, ou quando tais objectivos possam ser realizados de forma mais eficiente pela Comunidade do que pelos Estados actuando individualmente."*. Esta posição de Giscard d'Estaing seria posteriormente alvo de críticas por parte de Lord Mackenzie-Stuart que lhe apontava uma certa ambiguidade quanto ao critério a seguir na aplicação do princípio. *Vide* STUART, Lord Mackenzie, "Evaluation des vues exprimées et introduction à une discussion-débat", in *Subsidiarity: The Challenge of change – Proceedings of the Jacques Delors Colloquium 1991*, Maastricht, 1991, pp. 49 ss..

[87] Pretendia-se dar a este artigo uma redacção próxima da seguinte: *"Se uma acção da Comunidade for considerada necessária para atingir um dos objectivos do Tratado, sem que o presente Tratado tenha previsto os poderes de acção necessários para o efeito, o Conselho, deliberando por unanimidade, sob proposta da Comissão,*

Ainda nesse mesmo ano de 1990, o Parlamento Europeu, ao definir a sua estratégia para a União Europeia, aprovou, através da sua resolução de 22 de Novembro, o segundo RELATÓRIO MARTIN[88]. Neste Relatório são retomados os aspectos essenciais do Relatório Giscard d'Estaing, *supra* referido, aprovado pela Resolução do PE de 12 de Julho desse mesmo ano.

Martin, na sequência daquele seu 1º relatório de 14 de Março, havia posteriormente preparado um outro documento (25.Junho.1990), no qual atribuía à União um vasto leque de novas competências (na área da política social, política externa, cidadania comunitária, etc.) a serem exercidas de acordo com o princípio da subsidiariedade. Tal princípio, na opinião de Martin, deveria constar dos Tratados a fim de ser passível de sindicância jurisdicional por parte do TJ, tanto *a priori* como *a posteriori*.

Num outro relatório provisório apresentado a 31 de Outubro, Martin apresentava toda uma série de propostas concretas de alteração do texto do Tratado. Uma destas propostas referia-se à inclusão de um artigo 3 *bis* no Tratado onde fosse incorporada a definição de subsidiariedade constante do Relatório de Giscard d'Estaing, aprovado pelo PE em 12 de Julho de 1990.

Este segundo Relatório Martin deve ser entendido como o produto final de todo o trabalho levado a cabo nos documentos anteriores da sua autoria. As propostas de alteração do Tratado nele incluídas, referentes à subsidiariedade, consistiram essencialmente no seguinte: a) introdução de um artigo 3 *bis*, reproduzindo a primeira parte do § 2, do art. 12º, do Projecto Spinelli[89]; b) modificação do art. 171º do TCEE, de modo

---

e após parecer/consulta do Parlamento Europeu, adoptará as disposições adequadas, em conformidade com o princípio da subsidiariedade, tal como enunciado no art. ... do presente Tratado.".

[88] JOCE, C/234, de 24.Dezembro.1990.

[89] Deste novo artigo constaria assim a seguinte definição do princípio da subsidiariedade: *"A Comunidade actua apenas para realização das atribuições que lhe são confiadas pelos Tratados e para realização dos objectivos nele definidos. Nos domínios em que as competências não sejam atribuídas de forma exclusiva ou completa à Comunidade, esta actuará apenas na medida em que a realização dos objec-*

a facultar ao Tribunal de Justiça a possibilidade de aplicar sanções aos Estados infractores em matéria de subsidiariedade; c) introdução de um artigo 172 *bis*, permitindo ao Conselho, Comissão, Parlamento e Estados-membros recorrerem ao TJ para apreciação prévia (i.e., após a adopção do acto, mas antes da sua entrada em vigor) da conformidade de um acto comunitário com o princípio; d) modificação do art. 173º, no sentido de nele passar a constar o PE, tanto como recorrente como recorrido, e introduzindo um novo número nos termos do qual os recursos relativos à violação do princípio da subsidiariedade só poderiam ser interpostos após a conclusão do procedimento legislativo do acto em causa; e) introdução de três novos artigos – arts. 198 *bis*, 198 *ter*, 198 *quater* – criando e regulamentando um Comité das Regiões e das entidades locais comunitárias, a ser consultado pelo Conselho, Parlamento ou Comissão, sobre as propostas de medidas que tivessem repercussão nos assuntos regionais ou que interferissem no seu âmbito de competências.
Martin considerava ainda que o princípio da subsidiariedade era um conceito pragmático, flexível e evolutivo, cujo verdadeiro sentido e alcance só poderia ser conhecido pelas gerações futuras, ainda que não se pudesse deixar de reconhecer que se tratava de um instrumento útil no fomentar de uma maior união e coesão europeias, realçando igualmente a necessidade de se ir para além das propostas consagradas no Projecto Spinelli de 1984.

De 27 a 30 de Novembro de 1990, reuniram-se em Roma os representantes dos Parlamentos comunitários. Nessa Conferência, para além de representantes dos diversos parlamentos nacionais, esteve igualmente presente uma representação do Parlamento Europeu. Na Declaração Final foi sublinhada a importância do princípio da subsidiariedade como princípio orientador de toda e qualquer nova atribuição de competências à Comunidade, bem como do exercício dessas mesmas

---

tivos em causa exija a sua intervenção, em virtude dos efeitos ou dimensões da acção visada ultrapassarem as fronteiras dos Estados membros, ou quando tais objectivos possam ser realizados de forma mais eficaz pela Comunidade do que pelos Estados membros actuando individualmente.".

competências. Tendo consagrado no ponto 23 da Declaração Final[90] a definição de subsidiariedade dada por Giscard d'Estaing[91], os representantes dos parlamentos nacionais consideraram que o princípio deveria ser incorporado no Preâmbulo do futuro Tratado, possibilitando-se deste modo que fosse alvo de uma apreciação política *a priori*, mas igualmente consagrando-se a possibilidade de um controlo *a posteriori* por parte TJ, no quadro do qual se daria um particular ênfase à questão da observância por parte das instituições comunitárias do esquema de competências definido no Tratado.

Atento o *supra* exposto, é assim possível concluir que a aplicação do princípio da subsidiariedade no direito comunitário tem ela mesma acompanhado a evolução do processo de integração europeia.
Contudo, e não obstante essa evolução, é igualmente claro que ao longo da "vivência comunitária" do princípio da subsidiariedade há um elemento que se mantém constante: a concepção do princípio como o instrumento ideal para alcançar um equilíbrio de poderes entre a Comunidade e os Estados, garantindo que nenhum dos níveis desequilibre a balança a seu favor.
Nos primeiros tempos da sua existência comunitária, o princípio era visto, essencialmente, como o princípio orientador de uma justa e equilibrada alocação de competências entre os dois planos, comunitário e estatal. Então, o acento tónico era colocado nas capacidades de cada nível para a execução das políticas comunitárias, dando-se um especial relevo neste contexto à cooperação entre Comunidade e Estados membros.
Num momento posterior da sua aplicação, designadamente com o Projecto Spinelli de 1984, no qual o princípio granjeia consagração explícita, está-lhe implícita uma crescente preocupação em assegurar um grau óptimo de eficiência à actuação comunitária. Surge então como princípio regulador do exercício de competências concorrentes por parte da Comunidade, na medida em que é visto como o meio ideal para

---

[90] In BOLETIM CE 11-1990.
[91] *Vide supra*, pp. 78[86].

assegurar a efectividade e eficácia da actuação comunitária. O facto de se consagrar, como critério da intervenção comunitária, a dimensão transfronteiriça da medida a adoptar demonstra claramente a preocupação sentida pelas instituições comunitárias em salientar o papel de coordenação e regulação que deve ser atribuído à futura União, desde logo por assim se garantir a tão desejada efectividade de actuação.

A evolução a partir de então sofrida na aplicação do princípio, bem como os desenvolvimentos e contributos proporcionados pelo aceso debate que se gerou em seu torno, conduziram ao reconhecimento de que a Comunidade não podia permanecer indiferente ao facto de, não obstante autoridades nacionais e instituições comunitárias terem capacidades diferentes de actuação, ambos os níveis de actuação, actuando isoladamente, poderem assegurar uma efectiva realização dos objectivos comunitários, tudo dependendo obviamente das medidas em causa e das respectivas capacidades de actuação. A escolha do nível interventor deverá ser assim determinada mediante a ponderação dessas mesmas capacidades e observando critérios de efectividade e eficácia. Será precisamente neste ponto que o princípio terá a sua mais importante intervenção, por permitir determinar qual o nível ao qual competirá o exercício das competências em questão, por ser o nível mais eficiente de intervenção.

Todo este processo, como o reconhecem as diferentes entidades e autoridades envolvidas no debate em torno da subsidiariedade, pôde assim conduzir a uma reavaliação da alocação de competências realizada no Tratado, bem como determinar diferentes condições de exercício daquelas. Estariam assim em causa, precisamente, novos *"power-sharing arrangements"*[92] comunitários. É deste modo que subsidiariedade e reforma institucional comunitária se associam, assumindo a primeira o papel de instrumento na realização da segunda.

O princípio da subsidiariedade surge assim como uma ferramenta ao serviço do processo de criação de uma verdadeira União Europeia, entendida como fase intermédia na evolução no sentido da tão desejada, mas simultaneamente contestada, "Federação de Estados Europeus".

---

[92] A expressão é de CASS, D. Z., "The word that ...", *op. cit.*, p. 1114, que a usa contudo num outro contexto.

As ambiguidades contudo permanecem, desde logo pela diversidade de interpretações a que o princípio se presta[93]. Esta ambiguidade é igualmente revelada, de modo gritante, pelo facto de encontrarmos tanto os federalistas mais convictos como os comunitaristas mais reticentes a lançarem mão do princípio, invocando-o em defesa das suas tão antagónicas e conflituantes posições. É igualmente significativo que o Reino Unido, famoso pelas suas reticências quanto ao aprofundar do processo de integração, tenha sido um dos mais acérrimos defensores da inclusão do princípio no Tratado da União Europeia quando, anos antes, se havia fortemente oposto a tal[94].

Será assim, rodeado de polémicas e questionado por um vasto sector da doutrina – para o qual se trataria de um princípio com carácter marcadamente político, devendo nessa medida manter-se afastado dos Tratados –, que o princípio da subsidiariedade obterá consagração no Tratado da União Europeia como princípio geral de direito comunitário, no seu art. 3º-B, § 2.

"A Comunidade actuará nos limites das atribuições que lhe são conferidas e dos objectivos que lhe são cometidos pelo Tratado.

Nos domínios que não sejam das suas atribuições exclusivas, a Comunidade intervém apenas, de acordo com o princípio da subsidiariedade, se e na medida em que os objectivos

---

[93] Efectivamente, o princípio da subsidiariedade tem-se prestado, ao longo da sua "vida comunitária", às mais variadas, senão mesmo díspares, interpretações. Como refere TSCHOFEN, Franzisca, "Article 235 of the Treaty Establishing the European Economic Community: potencial conflicts between the dynamics of lawmaking in the Community and National Constitutional Principles", in MJIL, v. 12, n. 13, Spring 1991, pp. 471-509, *"Originally invoked by Member States in order to guard their spheres of retained sovereign decision making against interference by Community regulations, the Community itself has increasingly turned the principle of subsidiarity in an effort to cope with its burgeoning responsabilities."*.

[94] *Vide supra*, p. 53.

da acção encarada não possam ser suficientemente realizados pelos Estados-membros, e possam, pois, devido à dimensão ou aos efeitos da acção prevista, ser melhor alcançados ao nível comunitário.[95]

A acção da Comunidade não deve exceder o necessário para atingir os objectivos do presente Tratado."

---

[95] Como é bom de ver, o destaque é nosso.

Capítulo II
O PRINCÍPIO DA SUBSIDIARIEDADE NO TRATADO DA UNIÃO EUROPEIA

1. CONSIDERAÇÕES PRELIMINARES

A celebração do Tratado da União Europeia constituiu efectivamente um dos momentos mais marcantes na evolução do processo integrativo europeu. Com a sua assinatura em Maastricht, a 7 de Fevereiro de 1992[1], era intenção dos Estados membros dar um impulso decisivo na construção de uma Europa verdadeiramente unida, ultrapassando assim o estádio de uma união somente económica, no sentido de se progredir para algo de muito mais ambicioso: uma união política[2].

---

[1] O Tratado de Maastricht, contudo, só viria a entrar em vigor a 1 de Novembro de 1993, fruto desde logo da polémica que o rodeou. De facto, não só a Dinamarca o rejeitou por referendo popular (2 de Junho de 1992), como no referendo a que foi sujeito em França o "Sim" obteve uma vitória tangencial. Estes dois momentos estiveram assim no cerne da crise que atravessou então o processo de construção europeia. Contudo, e não obstante os enormes progressos que a sua adopção acarretou, o certo é que o Tratado de Maastricht acabou por, em determinados aspectos, ficar muito aquém das expectativas geradas em seu torno. Para tanto, basta pensar na ausência de conteúdo da cidadania europeia, ou na consagração jurídica, a nível "constitucional", de uma Europa a "duas velocidades" no plano social. Por outro lado, também a tão desejada e necessária reforma institucional ficou por realizar.

[2] Muito embora não seja possível encontrar referências expressas a uma união política no TUE, o certo é que esta é uma ideia que está subjacente à consagração dos dois novos pilares: Política Externa e de Segurança Comum (PESC) e Justiça e Assuntos Internos (JAI). Por outro lado, é igualmente esta ideia de uma união política que justifica e dá sentido a outras disposições do Tratado, designadamente ao seu art. C; este normativo faz impender sobre a União a obrigação de assegurar *"a coerência da sua acção externa no âmbito das políticas por si adoptadas em matéria de relações externas, de segurança, de economia e de desenvolvimento."*. É igualmente reflexo desta vontade de estender o processo integrativo ao domínio do político, a referência feita no art. F de que a União se funda no princípio democrático e no respeito dos direitos fundamentais dos nacionais dos Estados membros. Cumpre igualmente referir que, dentro deste mesmo espírito de construção de uma união

De facto, é o próprio Tratado que se assume como uma *"nova etapa no processo de criação de uma união cada vez mais estreita entre os povos da Europa"*, união essa que, por seu turno, se funda *"nas Comunidades Europeias, completadas pelas políticas e formas de cooperação instituídas pelo presente Tratado"* (artigo A, 2º e 3º parágrafos). Assim, e lançando mão da imagem criada por JEAN-VICTOR LOUIS, a União Europeia surge como *"um templo de três colunas cuja unidade é realizada graças às disposições comuns (a fronte) e às disposições finais (os alicerces)."*[3].

Deste modo, podemos distinguir três pilares no seio da União: o pilar comunitário – constituído pela Comunidade Europeia, Comunidade Europeia do Carvão e Aço e a Comunidade Europeia da Energia Atómica –, a Política Externa e de Segurança Comum e a Justiça e Assuntos Interno. Estamos aqui na presença de duas áreas de actuação típicas dos Estados soberanos, cuja inclusão no Tratado suscitou bastante celeuma e controvérsia entre os Estados membros, o que determinou, consequentemente, a opção por uma solução de consenso, a saber, a consagração destes dois pilares como pilares intergovernamentais, e não como pilares comunitários vinculados a processos decisórios típicos de domínios de integração[4].

---

política, o TUE instituiu no seu art. 8º, n.º 1, a cidadania da União, da qual gozam todos os nacionais dos Estados membros. Assim, todas estas expressões normativas da ideia de uma união política, a par da preocupação em assegurar a existência de uma estrutura institucional única e coesa para os três pilares, denota bem a vontade dos Estados de caminharem para um estádio de integração que ultrapassasse o plano meramente económico.

[3] LOUIS, Jean-Victor, *A ordem jurídica comunitária*, Bruxelas, 1995, p. 92.

[4] O funcionamento posterior destas duas políticas, nos termos consagrados pelo TUE (v.g., parca intervenção das instituições comunitárias, a unanimidade como regra de votação, o reduzido papel desempenhado pelo Tribunal de Justiça no controlo da sua aplicação), veio revelar as contradições e insuficiências destes dois pilares intragovernamentais. Amesterdão procurou ultrapassar as contradições existentes entre os objectivos comuns – que no âmbito da PESC se revelaram particularmente ambiciosos – e os meios de que a União se dotou para os alcançar, os quais não se afiguravam à altura das expectativas e dos desafios em causa. Procurou-se assim reforçar o carácter operacional das políticas em causa, designadamente mediante a introdução de novos instrumentos jurídicos de actuação e de processos de decisão

Assim, o Tratado da União Europeia *"não realiza a fusão das Comunidades nem integra nestas domínios de cooperação. Agrupa estes elementos distintos numa superestrutura, [cuja principal finalidade] é exprimir a unicidade do aparelho institucional e o objectivo da unificação progressiva, no quadro comunitário, de processos heterogéneos, actualmente justapostos e frouxamente interligados"*[5].

O certo é que, não obstante as críticas de que foi alvo, bem como as insuficiências que revelou, o Tratado da União Europeia constitui inegavelmente um passo importante na evolução e fortalecimento do processo de integração europeia. Com Maastricht não mais a "agenda de actuação" comunitária está circunscrita ao âmbito puramente comercial e económico, passando agora a incorporar questões tão vitais e próprias dos Estados soberanos, como sejam a política monetária, a política externa e a justiça.

Este acentuar e fortalecer do processo integrativo europeu, como teremos oportunidade de demonstrar, está intimamente relacionado com a incorporação do princípio da subsidiariedade no texto dos tratados. De facto, o Tratado da União Europeia consagrou o princípio da subsidiariedade como um dos princípios constitucionais[6] comunitários, que passou assim a figurar no seu art. 3º-B, § 2º.

Contudo, para além da cláusula geral consagrada neste art. 3-B, § 2, é possível encontrar referências ao princípio em outros pontos do Tratado[7], a começar desde logo pelo Preâmbulo.

---

mais eficazes. Para mais pormenores sobre estas questões, designadamente sobre a evolução destas políticas no âmbito comunitário e as alterações introduzidas por Amesterdão, vide AA.VV., *A União Europeia na Encruzilhada*, Almedina, 1996; GABINETE DA COMISSÃO DAS COMUNIDADES EUROPEIAS, *O Tratado da União Europeia*, Bruxelas, 1992; e ainda VIGNES, Daniel, "Construction Européenne et Différenciation: la Flexibilité", in *Héctor Gros Espiell Amicorum Liber*, vol. 2, 1997, pp. 1741-1764.

[5] LOUIS, Jean-Victor, *A ordem jurídica ...*, op. cit., p. 93.

[6] Obviamente que quando nos referimos aqui a "princípio constitucional" o fazemos tendo em mente um conceito lato de Constituição, ou seja, «Constituição» no sentido de documento que contém os princípios estruturantes e informadores de uma Organização, e não no sentido específico de produto do poder constituinte.

[7] A opção por uma cláusula geral de subsidiariedade, em detrimento da formulação de cláusulas específicas para os diferentes sectores de intervenção comunitária,

De facto, é possível encontrar uma primeira referência directa ao princípio da subsidiariedade na penúltima frase do Preâmbulo, nos termos da qual os Estados membros manifestam a sua intenção e vontade em *"continuar o processo de criação de uma união cada vez mais estreita entre os povos da Europa, em que as decisões sejam tomadas ao nível mais próximo possível dos cidadãos, de acordo com o princípio da subsidiariedade"*[8].

Este excerto do Preâmbulo do Tratado é bastante significativo, desde logo porque é sintomático do ambiente que rodeou as negociações e a ratificação do Tratado da União Europeia pelos diversos Estados membros. De facto, o Tratado de Maastricht surge num momento de crise do processo integrativo europeu[9], no contexto do qual sobres-

---

resultou desde logo das divergências existentes entre os Estados quanto à redacção a dar a essas cláusulas específicas. O segundo parágrafo do art. 3º-B surge assim, também neste aspecto, como uma solução de compromisso. Contudo, como referimos no texto, não deixa de ser possível encontrar concretizações do princípio da subsidiariedade em vários preceitos reguladores da intervenção da Comunidade nos mais variados domínios, designadamente, nos arts. 118º-A, 126º, 128º, 129º, 129º-A, 129º-B, 130º, 130º-G, bem como no art. 2º do Acordo relativo à Política Social anexo ao TUE. Com a inclusão do art. 3º-B, § 2, no Tratado, o art. 130º-R, § 4, – a referência específica à subsidiariedade no domínio do ambiente introduzida pelo AUE – foi eliminado.

[8] De igual modo, a quarta frase do Preâmbulo também deve ser interpretada como uma expressão do princípio da subsidiariedade: *"Desejando aprofundar a solidariedade entre os povos, respeitando a sua História, cultura e tradições"*. Esta dicotomia entre um aprofundar dos laços entre os Estados membros, por um lado, e o ênfase conferido à necessidade de assegurar as identidades culturais e prerrogativas estaduais dos Estados membros, por outro, constitui uma constante do Preâmbulo, e mesmo do próprio Tratado. Outro exemplo claro desta realidade é a consagração de uma "Europa a duas velocidades" no campo social, bem como a coexistência de um pilar comunitário (a Comunidade Europeia), com outros dois pilares, estes de carácter tipicamente intergovernamental (a JAI e a PESC).

[9] Como já tivemos ocasião de referir, foram reflexo deste momento de crise, bem como do distanciamento sentido pelos cidadãos europeus face à Europa comunitária, o "não" dinamarquês no referendo relativo à ratificação do Tratado, bem como a vitória tangencial do "sim" num referendo de igual sentido realizado em França. Esta última situação é tanto mais sintomática, quanto a França sempre se assumiu como um dos mais acérrimos defensores de uma Europa comunitária. Neste caso, é nosso entendimento que, mais do que uma crítica ou oposição ao Tratado de

saíam as críticas ao aparelho burocrático de Bruxelas e se apontava o dedo às tentações centralizadoras da Europa comunitária. Na sequência do AUE, efectivamente, os poderes e âmbitos de intervenção comunitários haviam sido reforçados e alargados, aumentando consequentemente os temores dos Estados de perdas de soberania.

Após o Acto Único Europeu, a criação de uma União Europeia surgia como o passo seguinte e óbvio para um processo integrativo cada vez mais aprofundado. Contudo, para se obter o acordo dos Estados relativamente a um reforço da integração tornava-se necessário pôr fim aos seus temores de perda de soberania e de competências, dando-lhes garantias de que os seus poderes soberanos não seriam postos em causa e de que a estrutura institucional comunitária não usurparia aos governos nacionais os seus poderes de última instância decisória. É precisamente neste contexto que surge e se compreende a inclusão do princípio da subsidiariedade nos Tratados, a par de um reforço do papel das regiões no processo decisório comunitário.

Assim, facilmente se compreende que no art. B do TUE, após se enumerarem os objectivos a prosseguir pela União Europeia, encontremos uma disposição final nos termos da qual *"Os objectivos da União serão alcançados de acordo com as disposições do presente Tratado e nas condições e segundo o calendário nele previstos, respeitando o princípio da subsidiariedade"*; as diferentes delegações estaduais haviam conseguido assim impor a sua vontade no sentido da consagração do princípio da subsidiariedade como um princípio geral da União, contra a posição daqueles para quem a referência ao princípio se deveria restringir ao Preâmbulo, por entenderem que a subsidiariedade constituiria um princípio político e não jurídico. A subsidiariedade é

Maastricht, se deve entender a posição do povo francês como uma manifestação do seu descontentamento face a uma Europa cada vez mais distante e burocratizada. Por outro lado, este resultado negativo obtido no referendo francês deveu-se igualmente à falta de informação existente na sociedade francesa sobre o conteúdo das alterações introduzidas pelo Tratado de Maastricht. De facto, muitos franceses votaram "não" por estarem convictos de que Maastricht iria introduzir alterações em matéria de Política Agrícola Comum (PAC) que seriam prejudiciais à economia francesa, o que, como se sabe, não iria suceder. De facto, em matéria de PAC, Maastricht não introduziu qualquer alteração ao Tratado.

então consagrada em Maastricht, não só como um meio de salvaguarda das competências e prerrogativas estaduais, mas também enquanto solução para combater o déficit democrático comunitário e aproximar o comum dos cidadãos europeus de Bruxelas.

Contudo, o certo é que, não obstante o princípio da subsidiariedade nos termos deste artigo B se aplicar a toda a União, a cláusula geral do art. 3-B, § 2, encontra-se situada no Título II do TUE, que instituiu a Comunidade Europeia, sugerindo assim que o âmbito da sua aplicação estaria circunscrito à Comunidade Europeia[10].
A generalidade da doutrina é unânime em afirmar que uma interpretação deste tipo não deve ser de modo algum sufragada. De facto, não se encontra qualquer motivo para que o princípio da subsidiariedade só vigore no âmbito do pilar comunitário e não na generalidade da União. Esta aparente contradição dos tratados deve ser assim única e exclusivamente entendida como um caso de falta de rigor formal por parte dos redactores do Tratado da União Europeia. De facto, o lugar adequado para a inclusão desta cláusula geral do art. 3º-B, § 2, seria o Título I do Tratado, de modo a *"sublinhar que a subsidiariedade era um princípio fundamental de toda a União Europeia e não de apenas uma das Comunidades."*[11]. Deste modo, deve entender-se que o princípio da subsidiariedade se aplica a todo o Tratado, não se restringindo o seu campo de aplicação à Comunidade Europeia, mas abrangendo igualmente a Política Externa e de Segurança Comum e a Justiça e Assuntos Internos – os pilares intergovernamentais da União[12].

---

[10] Para TOTH, A. G., "The principle...", *op. cit.*, pp. 1091 ss., o princípio da subsidiariedade não se poderia aplicar no âmbito do TCE, na medida em que nesta sede a competência comunitária seria necessariamente exclusiva. Refutando esta posição de modo convincente, *vide* DEHOUSSE, Renaud, "La subsidiarité et ses limites", in AE/EY, vol. XL, 1994, pp. 27-46, esp. p. 30[14].

[11] QUADROS, Fausto de, *O princípio* ..., *op. cit.*, p. 33.

[12] Contudo, não deixa de ser importante especificar que a aplicação do princípio aos dois pilares intergovernamentais, em virtude do disposto no art. L do TUE, não pode ser alvo de revisão judicial por parte do Tribunal de Justiça.

O princípio da subsidiariedade, enquanto princípio geral de direito comunitário, encontra-se então consagrado no § 2, do art. 3º-B, e não isoladamente num artigo autónomo do Tratado. De facto, o art. 3º-B reveste um conteúdo amplo, consagrando, para além do princípio da subsidiariedade, dois outros princípios gerais de direito comunitário, também eles aplicáveis a toda a União Europeia, e não somente no quadro restrito da Comunidade Europeia.

Assim, no § 1, do art. 3º-B, podemos encontrar o **princípio das competências por atribuição**, nos termos do qual a Comunidade só pode actuar nos limites das competências que lhe foram conferidas pelo Tratado para prossecução dos objectivos que por ele foram fixados.

A consagração no segundo parágrafo, do mesmo artigo, do princípio da subsidiariedade vem reforçar a restrição às competências comunitárias imposta por aquele princípio das competências por atribuição, ao estipular que a União, ainda que actue dentro das competências que lhe foram atribuídas pelo Tratado – sendo certo contudo que, como teremos oportunidade de demonstrar, esta segunda restrição só diz respeito ao exercício das competências concorrentes –, deverá observar o princípio da subsidiariedade nos termos em que este foi consagrado pelo Tratado.

Por último, o terceiro parágrafo do art. 3º-B consubstancia uma outra restrição ao exercício das competências comunitárias, ao consagrar o **princípio da proporcionalidade**. Nestes termos, ainda que a União seja competente para actuar, a sua acção estará sempre dependente da observância deste terceiro princípio que, por seu turno, não vê o seu campo de aplicação circunscrito ao exercício de competências concorrentes, como é o caso do princípio da subsidiariedade, aplicando-se sim ao exercício de todo e qualquer tipo de competência comunitária.

Deste modo, impõe-se concluir que, atendendo à estreita relação existente entre estes três princípios de direito comunitário, só se poderá alcançar o verdadeiro significado de qualquer um deles ponderando igualmente os demais.

Vamos agora debruçar-nos sobre aquele que entendemos constituir o núcleo essencial deste trabalho, ou seja, vamos agora analisar a cláusula geral constante do art. 3º-B, § 2, do Tratado da União Europeia. Contudo, e previamente a essa análise, teceremos algumas parcas considerações sobre o princípio das competências por atribuição constante do primeiro parágrafo daquele artigo. Posteriormente à análise do princípio da subsidiariedade, tal como consagrado pelo art. 3º-B, § 2, dedicaremos ainda algum espaço deste capítulo do nosso estudo ao princípio da proporcionalidade, com incidência particular nas suas relações com o princípio da subsidiariedade.

2. O ART. 3º-B DO TRATADO DA UNIÃO EUROPEIA

2.1. O Princípio das Competências por Atribuição

As Comunidades Europeias, na sua génese, são organizações internacionais[13], muito embora revistam algumas características específicas que as diferenciam das demais organizações internacionais existentes à data da sua criação.
Assim, tendo sido criadas por tratado, as Comunidades Europeias, tal como a União Europeia, têm por membros Estados, estão dotadas de órgãos próprios que, por seu turno, produzem normas jurídicas que se aplicam aos seus membros, e visam a prossecução de um acervo de fins

---

[13] Torna-se bastante difícil formular uma definição de organização internacional passível de abranger todos os casos, desde logo pelas diferenças de estrutura e natureza existentes entre as diversas organizações internacionais existentes. Uma definição possível será a proposta por SERENI, nos termos da qual, uma organização internacional será *"uma associação voluntária de sujeitos de Direito Internacional, constituída mediante actos internacionais e regulamentada nas relações entre as partes por normas de Direito Internacional, e que se concretiza numa entidade de carácter estável, dotada de um ordenamento jurídico interno próprio, e de órgãos e instituições próprias através dos quais prossegue fins comuns aos membros da Organização, mediante a realização de certas funções e o exercício dos poderes necessários que lhe tenham sido conferidos."*, in SERENI, Angelo Pieri, *Diritto Internazionale*, Vol. II, *Organizzazione Internazionale*, Milão, 1960, p. 804, *apud* MARTINS, Ana Maria Guerra, *O Art. 235º do TCE*, Lisboa, 1995, p. 23[3].

e objectivos definidos por aqueles, devendo orientar a sua actividade nesse sentido[14].

Por outro lado, de modo algum se pode entender que as organizações internacionais em geral, e a União Europeia em particular, se encontram dotadas de um leque de poderes e competências idêntico aos dos Estados e, como tal, tendencialmente plenos[15] e exclusivos. Deste modo, as organizações internacionais só se encontram dotadas das competências necessárias à prossecução dos seus fins, nos termos do princípio da especialidade que lhes é aplicável. De facto, na

---

[14] Contudo, e contrariamente ao que sucede com relação às Comunidades Europeias, a União não possui personalidade jurídica internacional. Deste modo, e não obstante a União se afirmar como um sujeito de direito autónomo relativamente aos Estados membros e às Comunidades Europeias e, como tal, possuir interesses e posições próprias, estes mesmos interesses e posições só podem ser defendidos face a Estados terceiros mediante a actuação conjunta dos Estados membros. De facto, somente às Comunidades Europeias é possível estabelecer relações de direito internacional público com Estados terceiros ou com as demais organizações internacionais, designadamente através da acreditação de representantes junto desses Estados e organizações, bem como através da conclusão de acordos externos. Neste sentido, vide, entre outros, LOUIS, Jean-Victor, *A ordem jurídica ..., op. cit.*, Bruxelas, 1995, pp. 76 ss.. Por outro lado, podemos encontrar uma interessante análise crítica da estrutura e características jurídicas da União, do ponto de vista das suas analogias com os sistemas federais e confederais, in STEPHANOU, Constantin, "L'Union européenne et les analogies fédérale et confédérale – Réflexions dans la perspective de la Conference Intergouvernementale de 1996", in RAE, n. 1, 1995, pp. 83-89.

[15] *«A ideia da "plenitude das competências do Estado" na ordem jurídica interna deve ser entendida com algumas reservas, porquanto o Estado na sua relação com a sociedade civil deve respeitar domínios de autonomia privada e ter em conta o espaço de liberdade que, nas sociedades modernas, deve ser garantido às entidades infra-estaduais (...)»*, in DUARTE, Maria Luísa, *A teoria dos poderes implícitos e a delimitação de competências entre a União e os Estados membros*, Lisboa, 1997, p. 33. Por outro lado, a generalidade da doutrina tende a afirmar que também no plano internacional se deve entender com algumas reservas esta ideia de plenitude das competências do Estado. De facto, atendendo ao crescente número de matérias que têm sido alvo de uma "internacionalização" do seu regime, bem como à proliferação de organizações internacionais de integração, verifica-se que, cada vez mais, os órgãos públicos internos dos Estados vêem a sua actuação condicionada e restringida pela regulamentação internacional.

medida em que as organizações internacionais não estão destinadas à prossecução de uma universalidade não específica de fins, deve-se entender que, ao contrário dos Estados, elas vêem as suas competências definidas de acordo com o princípio da especialidade, o que implica que disponhem somente das competências que lhes foram atribuídas pelos Estados nos seus actos constitutivos, as quais serão assim necessariamente limitadas.

Ora, na medida em que o princípio da especialidade se aplica igualmente no quadro específico da União Europeia, logicamente a definição do âmbito e conteúdo das suas competências encontra-se igualmente subordinada ao princípio das competências por atribuição, estando como tal a actuação desta organização internacional limitada à prossecução dos fins previstos nas disposições do Tratado[16] e aos poderes necessários para tanto.

Deste modo, e contrariamente ao que sucede no seio dos sistemas federais, a atribuição de competências à União não se faz mediante a elaboração de listas dessas mesmas competências[17], isto é, dos Tratados não constam quaisquer listas enumerando as competências que os Estados membros decidiram atribuir à União. De facto, a definição de quais são as competências comunitárias é feita com base num método funcional: o Tratado define as finalidades a prosseguir pela União, tal

---

[16] Como refere CONSTANTINESCO, Vlad, "Le principe de subsidiarité: ...", *op. cit.*, p. 21. *"(...) l'attribuition des compétences a la Communauté s'est faite selon la technique de la détermination des objectifs communs à atteindre, pour lesquels ont été définies des procédures associant les institutions en fonction des intérêts respectifs qu'elles représentent."*.

[17] Atente-se no caso da Constituição norte-americana que, muito embora funde as competências do poder federal no princípio das competências por atribuição, no seu art. I, Secção 8ª, enuncia a lista das competências que os Estados entenderam atribuir ao legislador federal. Já a Lei Fundamental alemã, contrariamente ao que sucede com a constituição norte-americana, refere-se expressamente às constituições dos Estados, especificando quais os seus limites materiais. Tanto a Bund como os Länder, dispõem de competências legislativas que, por seu turno, estão repartidas com base nas matérias a tratar. As matérias legislativas enumeradas na *Grundgesetz* são atribuídas à Federação nos termos do princípio da enumeração (*Enumerationsprinzip*).

como havia feito relativamente às Comunidades Europeias, decorrendo daí que aquela entidade dispõe apenas das competências necessárias à prossecução dessas mesmas finalidades[18]. Ao optarem por um sistema com estas características, os Estados membros asseguraram assim uma certa flexibilidade ao esquema de competências comunitário, indispensável aliás para uma eficaz prossecução dos objectivos definidos De

---

[18] No quadro do Tratado de Roma, as competências comunitárias resultavam da leitura conjugada dos arts. 2º e 3º, sendo que daquele artigo 2º constavam as finalidades a prosseguir pela Comunidade, as quais seriam prosseguidas com recurso aos meios consagrados no referido art. 3º. Contudo, as alterações introduzidas pelo Acto Único Europeu, bem como os progressos entretanto alcançados no processo integrativo, determinaram que com o Tratado da União Europeia se procedesse a uma actualização dos objectivos a prosseguir. Por outro lado, e como é óbvio, tal necessidade de alteração dos objectivos comunitários resultou igualmente da necessidade da sua adequação às alterações produzidas no texto dos Tratados pela revisão de Masstricht. Assim, no art. B do TUE podemos encontrar os objectivos a prosseguir pela União. A redacção deste artigo é complexa, tanto mais que nele são consagrados objectivos que se prendem com os três distintos pilares da União. Mais uma vez, a necessidade de assegurar uma imagem de unidade e interligação entre domínios de actuação determinou a redacção e organização do tratado. Contudo, as principais dificuldades de interpretação surgem quando constatamos que, em cada travessão deste artigo, a par dos objectivos a prosseguir, podemos encontrar aquilo a que chamaremos de "objectivos-meio"; ou seja, a cada um dos objectivos enunciados nos diferentes travessões do art. B, os redactores do Tratado associaram outras metas a atingir, cuja realização se configura deste modo como uma etapa, um meio de realização daquele outro objectivo enunciado a título principal. Assistimos assim como que a uma hierarquização de objectivos, no quadro da qual alguns deles assumem uma função instrumental em relação à realização dos demais. Este artigo B deve ser igualmente lido em conjugação com o art. 2º do Tratado da Comunidade Europeia, no qual se enunciam os objectivos a prosseguir pelo pilar comunitário da União. Deste modo, será da leitura conjugada destes normativos que se depreenderá o âmbito das competências da União Europeia, tarefa esta que exige assim um elaborado e complexo esforço de interpretação das diversas disposições do Tratado. Como afirmou o próprio Juiz Comunitário, *"(...) no sistema de competências comunitárias, os poderes dos órgãos e as condições do seu exercício decorrem das diversas disposições específicas do Tratado, cujas divergências (...) nem sempre se fundam em critérios sistemáticos."*, in TJCE, acs. de 30.5.1989, *Comissão vs. Conselho*, proc. 242/87, *Colectânea* 1989, pp. 1425 ss., e *Reino Unido vs. Conselho*, proc. 56/88, *Colectânea* 1989, pp. 1615 ss..

facto, só um esquema competencial flexível e ajustável é o mais adequado a um processo integrativo, por natureza, dinâmico e evolutivo.

Contudo, impõe-se precisar que, contrariamente ao que se possa pensar, as competências comunitárias não se limitam àquelas competências que constam expressamente dos Tratados. De facto, nem todas as competências comunitárias foram conferidas de modo expresso e explícito pelos Estados à União. Assim, sendo necessário que a Comunidade, à semelhança das demais organizações internacionais[19], disponha de todos os poderes necessários à prossecução dos seus objectivos, constatamos que ela se encontra igualmente dotada das denominadas competências implícitas, ou seja, que a União dispõe de todas aquelas competências que, para além das que lhe são expressamente atribuídas pelo Tratado, e que por motivos de ordem funcional e como resultado do princípio do efeito útil, são necessárias à eficaz e plena realização dos seus objectivos, encontrado-se assim perfeitamente justificadas. Observe-se contudo que não se trata de novas competências, mas sim de competências já existentes, muito embora sejam implícitas, e que são necessárias para a cabal prossecução dos objectivos da organização em causa, neste caso, da União Europeia[20].

---

[19] Com referência à aplicação desta doutrina dos poderes implícitos às demais organizações internacionais, à laia de exemplo, podemos referir o Parecer do Tribunal Internacional de Justiça, de 11.Abril.1949, relativo à reparação de danos sofridos pelos indivíduos ao serviço das Nações Unidas, no qual aquele órgão jurisdicional internacional referia que *"On doit admettre que ses Membres, en lui assignant certaines fonctions avec les responsabilités qui les accompagnent, l'ont revêtue de la compétence nécessaire pour lui permettre de s'acquitter effectivement de ses fonctions ... Les droits et les devoirs d'une entité telle que l'organisation doivent dépendre des buts et des fonctions de celle-ci énoncés ou impliqués par son acte constitutif, et développés dans la pratique."*, apud OLMI, Giancarlo, "La place de l'article 235 CEE dans le systeme des attribuitions de compétence de la Communauté", in *Mélanges Fernand Dehousse, vol. 2, La Construction Européenne*, vol. III, 1979, pp. 279--295, esp. p. 280[3].

[20] A primeira enunciação da teoria dos poderes implícitos pode ser encontrada na Constituição dos Estados Unidos da América de 1787, no seu artigo I, secção VIII, último parágrafo. Esta doutrina viria a ser amplamente desenvolvida pelo Supremo Tribunal, constituindo o acórdão ***McCulloch vs. Maryland***, de 1819, um marco na sua jurisprudência nesta matéria. Este acórdão é apontado como o primeiro exemplo da

A questão relativa ao âmbito das competências comunitárias reconduz-nos necessariamente àquela outra questão da origem dessas mesmas competências, ou seja, à questão da qualificação do acto atributivo de competência.

É certo que, por vontade expressa dos Estados, estes limitaram as suas próprias competências e atribuições no momento em que decidiram atribuir poderes, num primeiro momento às Comunidades e, numa fase posterior, com o TUE, à União. A questão que é discutida pela doutrina é assim a de saber como qualificar o acto que produziu esta limitação.

Em confronto encontramos duas teses. Por um lado, temos aqueles autores que defendem que os Estados membros haveriam transferido

---

aplicação prática desta doutrina a um conflito sobre o âmbito da competência do legislador federal, limitado pela enumeração constitucional das respectivas competências. Esta teoria viria a ser aplicada às Organizações Internacionais pelos tribunais internacionais, cuja jurisprudência a afirmaria como título jurídico da competência daquelas entidades. Nesta sede, cumpre destacar o papel do Tribunal Internacional de Justiça, designadamente o seu Parecer de 11 de Abril de 1949, no qual procedeu à enunciação dos *"pressupostos fundamentais de identificação de poderes implícitos na capacidade jurídica das OI"*. Em sede do direito comunitário, a doutrina dos poderes implícitos tem sido alvo de intensa e profícua discussão doutrinal. Por outro lado, também no contexto comunitário, o desenvolvimento e aplicação desta teoria se devem à actividade pretoriana dos órgãos jurisdicionais, designadamente do Tribunal de Justiça das Comunidades Europeias. São marcos da jurisprudência comunitária na matéria, o célebre acórdão *AETR*, de 1971, de 31.Março.1971, *Recueil* 1971, pp. 69 ss., e o Parecer 1/76, de 26.Abril.1977, sobre o projecto de acordo relativo à criação de um Fundo de Imobilização da Navegação interior, *Recueil* 1977, pp. 741 ss.. Para a generalidade dos autores, o actual art. 308º do Tratado (anterior art. 235º) constituiria um fundamento expresso desta doutrina na sua concepção mais ampla, regulamentando igualmente o exercício destes poderes por parte dos órgãos comunitários. Entre os inúmeros estudos existentes nesta matéria, cumpre salientar, entre nós, o trabalho de DUARTE, Maria Luísa – aliás, por nós já mencionado -, *A teoria dos poderes implícitos e a delimitação de competências entre a União Europeia e os Estados-Membros*, Lisboa, 1997. Para esta autora, *"os poderes implícitos designam aquelas competências que, não estando enunciadas de forma directa na norma tipificadora da competência, são inerentes ou necessários à realização eficaz dos fins da entidade jurídica ou das respectivas competências expressas."* (p. 55).

para a Comunidade parcelas da sua soberania[21]. Consequentemente, nas áreas em que tal transferência houvesse ocorrido, os Estados haveriam perdido todo e qualquer poder de intervenção, encontrando-se a Comunidade dotada de uma competência de tipo estadual e exclusiva. Nestes termos, as competências comunitárias seriam o resultado da adição das competências nacionais anteriormente exercidas pelos Estados-membros. Deste modo, como referiu CONSTANTINESCO, para os adeptos da tese da transferência de competências, *"(...) não haveria criação "ab initio" de competências originárias em proveito da Comunidade, as suas competências seriam (...) correspondentes às perdas das competências estaduais."* [22].

Esta tese viria a suscitar bastante polémica no seio da doutrina, tendo sido alvo de fortes reacções por parte dos mais diversos autores, para os quais o que estaria em causa seria somente o exercício e nunca a titularidade de poderes soberanos.

Assim, e em oposição à tese da transferência, encontramos a posição daquele segmento da doutrina para o qual o acto atributivo de competência deveria ser qualificado como uma delegação de poderes dos Estados à Comunidade[23]. Nesta medida, deveria entender-se que, não obstante os Estados membros não poderem, enquanto durasse tal delegação, exercer os poderes que haviam confiado à Comunidade, a titularidade desses mesmos poderes por parte dos Estados nunca estaria

---

[21] QUADROS, Fausto de, *Direito das Comunidades Europeias e Direito Internacional Público*, Almedina, 1991, pp. 198 ss., ao debruçar-se sobre a questão da natureza da relação jurídica existente entre Estados membros e Comunidades, faz uma exposição bastante clara desta tese, referindo igualmente a diversa doutrina que aponta nesse sentido.

[22] CONSTANTINESCO, Vlad, *Compétences e pouvoirs dans les Communautés Européennes*, Paris, LGDJ, 1974, pp. 236-237, apud DUARTE, Maria Luísa, *A teoria dos poderes ..., op. cit.*, p. 229[50].

[23] Neste sentido, *vide*, entre outros, QUADROS, Fausto de, *Direito..., op. cit.*, pp. 212 ss.: assim, para este autor, *"(...) o poder político comunitário resulta duma simples delegação precária e revogável, realizada pelos Estados-membros, em benefício das Comunidades, dos seus poderes soberanos relativos ao domínio material coberto pelos tratados."* – p. 28. Aliás, é a FAUSTO DE QUADROS que se deve a mais fundamentada e completa apologia desta tese na doutrina portuguesa.

posta em causa. Assim sendo, em qualquer momento seria possível aos Estados membros revogarem essa delegação de poderes, recuperando desse modo o pleno exercício dos poderes que haviam delegado, e isto sem que a Comunidade se pudesse opor a tal revogação. Deste modo, a competência dos Estados em momento algum sofreria limitações, pois os poderes por eles delegados às instâncias comunitárias manter-se-iam sempre na sua disponibilidade.

Por seu turno, a jurisprudência do Tribunal de Justiça nesta matéria presta-se a entendimentos diversos, desde logo pela terminologia utilizada por aquele órgão jurisdicional comunitário. Assim, se no acórdão Costa/ENEL[24], o Tribunal, a dado momento, qualifica a Comunidade como uma entidade *"(...) dotada de poderes reais resultantes de uma limitação de competência ou de uma transferência de atribuições dos Estados para a Comunidade (...)"* – parecendo assim apontar para a tese da transferência -, para concluir de seguida que *"A transferência efectuada pelos Estados membros, da sua ordem jurídica interna em proveito da ordem jurídica comunitária, de direitos e obrigações correspondentes às disposições do tratado, envolve pois uma limitação definitiva dos seus poderes soberanos (...)"*, o certo é que, posteriormente, num acórdão de 1971[25], muito embora se refira igualmente a uma transferência de poderes dos Estados para a Comunidade, parece já conferir a este conceito um alcance totalmente diferente do atribuído no âmbito do acórdão *supra* referenciado, perfilhando agora uma posição mais contida. De facto, neste acórdão, o Tribunal refere que *"Os Estados membros acordaram em instituir uma Comunidade de duração ilimitada, dotada de órgãos permanentes investidos de poderes reais, resultantes de uma limitação de competência ou de uma transferência de atribuições dos Estados a esta Comunidade; (...) a perda [pela Comunidade] das competências assim conferidas e o regresso das matérias abrangidas ao domínio da competência exclusiva dos Estados membros só se poderia verificar em virtude de uma*

---

[24] TJCE, ac. de 31.Março.1971.
[25] Acórdão proferido a 14.Dezembro.1971, *Comissão vs França*, Proc. 7/71, *Recueil* 1971, pp. 1003 ss., apud DUARTE, Maria Luísa, *A teoria dos poderes..., op. cit.*, p. 228[48].

disposição expressa do tratado." [26]. Deste modo, agora o TJ parece assumir uma posição mais próxima da tese da delegação de poderes, ao defender que existe uma possibilidade de os Estados, por sua vontade e mediante uma alteração dos Tratados, retirarem à Comunidade os poderes que lhe haviam anteriormente confiado.

De facto, e atendendo ao estado evolutivo da integração comunitária, podemos referir-nos aos Estados, com toda a propriedade, como entidades soberanas. Assim, em momento algum as atribuições da União Europeia são fruto de uma renúncia às mesmas por parte dos Estados. Tais atribuições comunitárias resultam sim de um acto voluntário dos Estados membros no sentido de limitarem os seus poderes soberanos, e isto somente no que concerne ao seu exercício, pois os Estados continuam a ser os titulares dos mesmos. Deste modo, podemos concluir que *"a Comunidade constitui uma nova ordem de direito internacional, em proveito da qual os Estados limitaram, ainda que em domínios restritos, os seus direitos soberanos e cujos sujeitos são, não apenas os Estados membros, mas igualmente os respectivos nacionais."* [27].

Deste modo, e não obstante o aprofundar da integração produzido pelo Tratado da União Europeia – que surge assim na decorrência e como a continuação lógica do processo de reforço das competências comunitárias iniciado com o Acto Único Europeu –, deve-se entender que a União, tal como as Comunidades, não é titular de uma *«competência das competências»*[28]. De facto, a União Europeia não possui aquele poder de auto-organização que é reconhecido aos Estados, tanto

---

[26] Decorre desta posição que, enquanto não ocorrer uma alteração dos Tratados no sentido de retirar à Comunidade os poderes confiados, as competências comunitárias são irreversíveis, como aliás o próprio TJ afirma neste seu acórdão.

[27] In TJCE, ac. de 5.Fevereiro.1963, *Van Gend en Loos*.

[28] Este entendimento parece ser consensual no seio da doutrina. Assim, entre nós, *vide* QUADROS, Fausto de, *Direito ...., op. cit.*, pp. 100 ss.; idem, *O princípio ..., op. cit.*, p. 41; DUARTE, Maria Luísa, *A teoria dos poderes ..., op. cit.*, pp. 220 ss.. Relativamente à doutrina estrangeira que perfilha esta posição, FAUSTO DE QUADROS, naquela sua obra, *Direito...., op. cit.*, p. 101[279], referencia alguns dos seus mais ilustres representantes.

mais que não é detentora do poder constituinte, não podendo portanto definir e determinar as suas próprias atribuições e poderes ou mesmo decidir sobre quaisquer outros aspectos da sua organização. A União é sim uma entidade derivada, criada por um acto da vontade soberana dos Estados membros. Os tratados (a "Constituição" comunitária) foram concluídos pelos Estados membros, enquanto sujeitos de direito internacional, e não pela própria União, ou mesmo pelas Comunidades Europeias. Por outro lado, a possibilidade de os alterar está, única e exclusivamente, na mão dos Estados, devendo-se entender que esta possibilidade de alteração inclui igualmente a hipótese de dissolução da União. Podemos assim concluir que *"Pela forma da sua criação, pela natureza do processo de revisão do seu estatuto e, sobretudo, pelo carácter reversível e específico da atribuição de poderes, não é juridicamente defensável a tese*[29]*, (...) que reconhece na U.E. um poder político originário e constituinte."* [30].

Esta foi aliás a orientação consagrada no célebre Acórdão Maastricht do Tribunal Constitucional Federal alemão, proferido a 12 de Outubro de 1993[31], no qual se discutia a (in)constitucionalidade do Tratado da União Europeia face à Lei Fundamental de Bona. Nos termos desta jurisprudência, *"O facto de uma associação de Estados como a União Europeia assumir poderes soberanos resulta de autorizações que foram dadas para esse efeito por Estados que permanecem soberanos, agindo regularmente no domínio internacional por intermédio dos seus respectivos governos e orientando assim o processo de integração."* [32]. Deste modo, teria sido por opção dos Estados que estes teriam decidido exercer em comum algumas das suas competências. Assim, na opinião do Tribunal alemão, o Tratado de Maastricht apenas teria conferido à *"(...) União e às Comunidades determinadas compe-*

---

[29] Esta parece ser a posição de PIRES, Francisco Lucas, "União Europeia: um poder próprio ou delegado?", in AA. VV., *A União Europeia*, Coimbra, 1994, quando refere que *"Aparentemente a revisão do Tratado feita em Maastricht vem confirmar e ampliar o peso político próprio e até originário da Comunidade."*.

[30] DUARTE, Maria Luísa, *A teoria dos poderes ...*, op. cit., pp. 221-222.

[31] V. a tradução portuguesa, in DIREITO E JUSTIÇA, vol. III, tomo 2, 1994, pp. 263 ss..

[32] Idem, p. 291, parte I, al. c).

tências e atribuições segundo o princípio da atribuição limitativa das competências (artigo E do TUE, artigo 3º-B, primeiro parágrafo, do TCE), e eleva o princípio da subsidiariedade a princípio jurídico vinculativo para a União (artigo B, segundo parágrafo, do TUE) e para a Comunidade Europeia (artigo 3º-B, segundo parágrafo, do Tratado CE)."[33]. No seguimento desta argumentação, o Tribunal conclui negando à União uma «Kompetenz-Kompetenz», alegando que só assim se respeitaria o espírito dos Tratados e, consequentemente, a vontade dos Estados soberanos, membros e criadores da União[34]. Deste modo, os Estados continuariam a ser os "senhores do Tratado".[35]

Por seu turno, a Comissão, na sua Comunicação ao Conselho e Parlamento Europeu, sobre o princípio da subsidiariedade, de 27 de Outubro de 1992[36], ao debruçar-se sobre o art. 3º-B, § 1, do TUE, referia que a aplicação do princípio das competências por atribuição aí consagrado impunha que, no quadro comunitário, as competências comunitárias constituíssem a excepção. No mesmo sentido se pronunciou igualmente o Conselho Europeu de Edimburgo, nas suas Conclusões, referindo que o princípio das competências por atribuição, enquanto *"limite estrito à acção comunitária"*, constituiria um *"prin-*

---

[33] Idem, p. 293, parte II, al. 1.a).

[34] Efectivamente, em certo momento da sua argumentação – v. DIREITO E JUSTIÇA, op. cit., p. 298, parte II, al. b3) – o Juiz constitucional alemão afirma que não se pode depreender do art. F, n.º 3, do TUE, que a União seja titular de uma «Kompetenz-Kompetenz», na medida em que tal *"estaria em contradição com a vontade permanentemente manifestada pelas Partes Contratantes de cimentar por via do Tratado o princípio da atribuição limitada de competências e de delimitar claramente algumas normas de competência"*.

[35] Vários foram os autores que se debruçaram sobre este acórdão, sendo na sua grande maioria, favoráveis ao entendimento defendido pelo *Bundesverfassungsgerichts*. Vide, entre outros, EVERLING, Ulrich, "The *Maastricht* Judgment of the German Federal Constitutional Court and its significance for the Development of the European Union", in YEL, 14, 1994, pp. 1-19; SCHWARZE, "La ratification du traité de Maastricht en Allemagne, l'arrêt de la Cour Constitutionnelle de Karlsruhe", in RMCUE, n. 378, mai 1994, pp. 293-303; STEIN, Torsten, "La sentencia del tribunal Constitucional Aleman sobre el Tratado de Maastricht", in RIE, vol. 21, n.º 3, 1994, pp. 745-769.

[36] In BOLETIM CE 10/92, Anexo 1.1.

cípio geral da legislação comunitária", que pressuporia que *"as competências nacionais são a regra e as da Comunidade a excepção"*.

Não obstante, o certo é que durante um certo período se assistiu a uma relativa erosão deste princípio das competências por atribuição no quadro comunitário, decorrência não só da prática institucional comunitária, mas também de uma jurisprudência do TJ francamente favorável à expansão e consolidação dos poderes comunitários[37].

Será somente com a consagração do princípio da subsidiariedade como princípio geral do direito comunitário que assistiremos a um "renascer" deste princípio, bem como à sua consagração explícita no texto dos Tratados[38], a saber, no art. E do TUE, e no § 1, do art. 3º-B, do TCE. Deste modo, subsidiariedade e competências por atribuição aparecem no contexto do Tratado da União Europeia como duas realidades inexoravelmente associadas, muito embora o seu âmbito de aplicação não seja coincidente. Assim, enquanto que o princípio das competências por atribuição tem aplicação na fase da definição da titulari-

---

[37] Esta temática é desenvolvida por SOARES, António Goucha, *Repartição de competências* ..., *op. cit.*, pp. 145 ss. Neste âmbito, este autor procede a uma análise crítica da jurisprudência comunitária, designadamente daquela que se refere à aplicação do então art. 235º do Tratado (actual art. 308º) e ao desenvolvimento da teoria dos poderes implícitos.

[38] De facto, e relativamente à versão dos tratados anterior ao Tratado da União Europeia, existiam inclusivamente autores para quem o princípio das competências por atribuição não estaria previsto nos Tratados. Assim, por exemplo, para PESCATORE, o art. 4º, n.º 1, do TCEE – que não foi alterado pelo TUE – não seria de encarar como um corolário do princípio das competências por atribuição ao consagrar o equilíbrio institucional em sede de repartição horizontal de poderes, devendo sim ser entendido como fruto da aplicação da ideia de separação de poderes ao contexto comunitário. No nosso entender, e salvo melhor opinião, hoje esta é uma posição insustentável, parecendo claro que, enquanto que o art. 5º do Tratado (anterior art. 3º-B) se refere à repartição vertical de competências, incidindo assim sobre a delimitação entre missões estatais e missões comunitárias, já o art. 7º (antigo art. 4º) tem como âmbito de aplicação a repartição horizontal de poderes dentro da própria Comunidade, referindo-se aos poderes das instituições comunitárias. Deste modo, o princípio do equilíbrio institucional deve ser entendido como uma manifestação daquele princípio das competências por atribuição, ao nível da repartição de poderes entre instituições comunitárias.

dade das competências, já o princípio da subsidiariedade intervém num momento posterior, assumindo-se como critério regulador do exercício de competências (concorrentes).

2.2. O PRINCÍPIO DA SUBSIDIARIEDADE E A CLÁUSULA GERAL DO ART. 3º-B, § 2º, DO TRATADO DA UNIÃO EUROPEIA

Nos termos do segundo parágrafo do art. 3º-B, do Tratado da União Europeia,

"**Nos domínios que não sejam das suas atribuições exclusivas, a Comunidade intervém apenas, de acordo com o princípio da subsidiariedade, se e na medida em que os objectivos da acção encarada não possam ser suficientemente realizados pelos Estados-membros, e possam, pois, devido à dimensão ou aos efeitos da acção prevista, ser melhor alcançados ao nível comunitário.**"[39]

O princípio da subsidiariedade surge assim, no contexto do TUE, como um princípio geral de direito comunitário, sobre o qual impende a função de regular o exercício de "atribuições não exclusivas" por parte da Comunidade. De facto, contrariamente ao que poderíamos ser levados a pensar, o princípio da subsidiariedade, tal como se encontra consagrado no TUE, não tem como função presidir à repartição de atribuições entre a União e os Estados membros. Efectivamente, como já tivemos oportunidade de demonstrar, as atribuições comunitárias encontram-se definidas por outras disposições do Tratado, resultando, nomeadamente, da leitura conjugada dos arts. 2º, 3º e 3º-A do Tratado. Assim, ao princípio da subsidiariedade cumpre regular o exercício por parte da União das competências comunitárias não exclusivas, não tendo a sua consagração no texto dos Tratados produzido qualquer alteração no que concerne à distribuição de competências entre Estados

---

[39] Os destaques são nossos.

e União. Como refere BERNARD, *"Article 3B neither creates nor removes competences; that is an issue of legal basis and is pre-determined in the Treaty once for all. Instead, it regulates the exercise by the Community of the competences allocated to it in the Treaty."* [40]. De facto, uma qualquer alteração do esquema de competências existente entre Estados membros e o nível comunitário só pode ter origem numa alteração dos próprios Tratados, por seu turno fruto de uma decisão política dos Estados membros nesse sentido.

Isto mesmo foi ressaltado pelo Conselho Europeu de Edimburgo na abordagem global relativa à aplicação dos princípios da proporcionalidade e da subsidiariedade que fez, ao referir que *"O princípio da subsidiariedade não tem a ver, nem poderá pôr em causa as competências atribuídas à Comunidade Europeia pelo tratado de acordo com a interpretação do Tribunal de Justiça; fornece, no entanto, uma orientação sobre a forma como tais competências deverão ser exercidas a nível comunitário (...)."* [41].

O princípio da subsidiariedade veio assim, nesta medida, regular o exercício das competências não exclusivas por parte da União, condicionando-o à observância de determinadas condições, sob pena de intervenção por parte do Tribunal de Justiça.

Esta função de "freio" à intervenção comunitária desempenhada pelo princípio da subsidiariedade encontra pleno apoio nos termos em que a cláusula geral do art. 3º-B, § 2, do TUE, foi redigida. De facto, o vocabulário utilizado neste artigo do Tratado não deixa de ser significativo, deixando transparecer de modo claro quais os objectivos que os Estados se propunham alcançar ao consagrarem o princípio da subsidiariedade como princípio geral de direito comunitário.

Efectivamente, a consagração do princípio não tinha de necessariamente ser feita em termos negativos, isto é, os autores do Tratado poderiam ter lançado mão de uma fórmula positiva, do tipo *"A União*

---

[40] BERNARD, Nicolas, "The future of european economic law in the light of the principle of subsidiarity", in CMLR, n. 33, 1996, pp. 633-666, p. 651.

[41] V. CONSELHO DA UNIÃO EUROPEIA, Conclusões da Presidência, 11-12 Dezembro de 1992, Edimburgo, p. 7.

intervirá sempre que ...". Contudo, uma formulação deste género seria muito mais favorável à intervenção comunitária, ao passo que a formulação negativa condiciona muito mais essa intervenção. Assim, esta redacção parece ser a mais adequada para consagrar um princípio que se pretende que actue como "travão" a uma Comunidade cada vez mais intervencionista e em franca expansão. Só uma redacção nestes moldes satisfaria os Estados membros que, receosos de perderem parcelas da sua soberania para a estrutura comunitária, desejavam salvaguardar as suas prerrogativas de toda e qualquer ingerência comunitária[42]. Mais do que uma "autorização de intervenção" dada pelo Tratado às entidades comunitárias, o princípio da subsidiariedade parece configurar uma ordem de abstenção, ao impor à Comunidade que prove da necessidade da sua intervenção quando estejam em causa áreas de competência concorrente.

Antes de prosseguirmos o nosso estudo, parece-nos oportuno fazer aqui uma ressalva de ordem metodológica. Atendendo à complexidade da redacção desta cláusula geral de subsidiariedade do art. 3º-B, § 2, afigurasse-nos que o melhor modo de analisarmos este normativo será proceder ao seu estudo de uma forma faseada, pois pretendemos que seja o mais rigoroso e lógico possível. Deste modo, a nossa análise será repartida por três pontos distintos, mas necessariamente conexos, correspondendo cada um deles a cada um dos "módulos" constituintes do princípio da subsidiariedade tal como consagrado pelo art. 3º-B, § 2, do TUE[43].

---

[42] *"(...) dans le texte du traité, lui-même et plus particulièrement dans son article 3 B, deuxième alinéa, le principe est destiné presqu'exclusivement à protéger les Etats membres contre la Communauté."*, in LENAERTS, Koen & YPERSELE, Patrick Van, "Le principe de subsidiarité et son contexte: étude de l'article 3B du Traité CE", in CDE, n. 1-2, 1994, pp. 3-83, p. 9[16].

[43] Como é bom de ver, neste ponto da nossa análise, seguimos uma orientação metodológica próxima da seguida por QUADROS, Fausto de, in *O princípio ..., op. cit.*, pp. 36-48, por entendermos que esta será a solução mais adequada para interpretar o art. 3º-B, § 2, na medida em que permite uma análise mais pormenorizada e clara deste complexo normativo comunitário.

A. *"Nos domínios que não sejam das suas atribuições exclusivas (...)"*

Através deste primeiro elemento do segundo parágrafo do art. 3º-B, o princípio da subsidiariedade vê o seu campo de aplicação restrito ao domínio das competências não exclusivas da União. Deste modo, o Tratado nega aplicação ao princípio naquelas áreas que, por terem sido já comunitarizadas, não são passíveis de intervenção por parte dos Estados membros e, como tal, são áreas de competência comunitária exclusiva. Como sublinha FAUSTO DE QUADROS[44], este parece ser um aspecto sobre o qual não existe margem para dúvidas: em sede de competências comunitárias exclusivas, não estando tais atribuições ao dispor dos Estados, não tem lugar a aplicação do princípio pois esta poderia eventualmente conduzir ao afastamento da intervenção comunitária, o que por seu turno consubstanciaria um atentado contra o *acquis* comunitário[45].

Não obstante o alcance e o modo de exercício das atribuições comunitárias resultar das diversas disposições materiais dos Tratados, o certo é que em ponto algum da "carta constitucional" comunitária é possível encontrar qualquer indicação explícita quanto à natureza jurídica das competências da União. Efectivamente, como tivemos oportunidade de referir previamente, o sistema comunitário de competências não assenta numa enumeração sistematizada das diversas matérias no decurso da qual se especifique qual o nível decisório competente e respectivos modos de actuação. Entendeu-se que seria mais consentâneo com o carácter dinâmico e progressivo do processo de integração optar por um sistema de repartição de competências flexível e "aberto", em detrimento de um sistema baseado em "listas de competências"[46] que,

---

[44] In *O Princípio ...*, op. cit., p. 37.
[45] Sobre a relação entre a aplicação do princípio da subsidiariedade e o *acquis* comunitário, *vide infra*, p. 136.
[46] Como tivemos já oportunidade de referir, este sistema baseado em listas de competências é típico das Constituições federais ou regionais. De facto, a maioria destas Constituições incluiu listas das competências atribuídas a pelo menos um nível de governo, sendo que algumas pretendem mesmo elencar exaustivamente as atribuições dos diferentes centros decisórios existentes (v.g., Constituição Canadiana). Por

não obstante o elevado grau de certeza e segurança jurídicas que lhe seria inerente, poderia no futuro constituir um sério entrave ao evoluir do progresso de integração.

Foi precisamente este carácter "aberto" do sistema de competências comunitário que possibilitou que o Juiz comunitário, no decurso da sua tarefa de interpretação do texto dos Tratados, moldasse tal sistema de forma a torná-lo consentâneo e conforme com a sua visão das Comunidades, ou seja, que o moldasse num sentido tendencialmente fortalecedor e expansionista das Comunidades e respectivos poderes de intervenção. Assim, a compreensão e análise do sistema comunitário de competências, bem como a aferição da natureza jurídica destas, implica necessariamente um estudo da jurisprudência comunitária sobre a matéria.

Deste modo, e tendo como ponto de partida essa jurisprudência, podemos identificar dois tipos de competências comunitárias: competências exclusivas e competências não exclusivas, estas também apelidadas de competências concorrentes.

---

outro lado, usualmente, estas listas de competências são acompanhadas da previsão de uma cláusula geral, *"usually made for where power over unenumerated matters lies and for the related issue of which level of government has residual power"*, in EDWARDS, Denis J., "Fearing Federalim's failure: Subsidiarity in the European Union", in AJCL, vol. 44, n. 1, Fall 1996, pp. 537-583, p. 540[13]. Contudo, verifica-se igualmente que, por força da acção criadora dos tribunais, usualmente os sistemas de competências constitucionalmente arquitectados acabam por adquirir contornos bem diversos dos pretendidos pelos seus autores. Exemplo claro desta situação é o caso norte-americano; a Constituição norte-americana prevê uma atribuição limitada de poderes ao Governo federal, nos termos da qual todos os poderes não delegados ao Congresso, incluindo os residuais, permaneceriam nas mãos dos Estados. Contudo, a jurisprudência do *Supreme Court*, designadamente em sede da interpretação da *"inter-State commerce clause"*, produziu sérias alterações nesta matéria, tendo-se revelado em certos períodos francamente favorável a uma expansão dos poderes federais, não obstante o consagrado na Xth *Amendment*, nos termos da qual *"Powers not delegated to the United States by the Constitution, nor prohibited by it to the States, are reserved to the States respectively, or to the people."*.

a. Competências comunitárias exclusivas

A primeira vez que o Tribunal de Justiça identificou uma matéria como sendo de competência comunitária exclusiva foi no seu Parecer 1/75[47], a propósito da política comercial comum.
Neste seu Parecer, o TJCE foi peremptório em afirmar que no domínio da política de exportação, e de toda a política comercial comum em geral, não seria de admitir uma qualquer competência dos Estados paralela à da Comunidade, aplicando-se este princípio tanto no plano interno, como em sede de relações internacionais. No entender do Tribunal, só assim seria possível assegurar que o sistema institucional comunitário não seria falseado. Permitir que os Estados mantivessem uma competência paralela à da Comunidade e, consequentemente, prosseguissem os seus próprios interesses, não só abalaria as relações de confiança existentes no seio da Comunidade, como também colocaria em risco a prossecução do interesse comum comunitário.
Contudo, neste mesmo Parecer, o Tribunal não deixou igualmente de salientar que o facto de estarmos perante uma política de competência comunitária exclusiva não excluiria, sem mais, a possibilidade de os Estados adoptarem medidas unilaterais nesta sede. Tal intervenção unilateral dos Estados seria possível desde que estes estivessem para tanto habilitados de uma autorização específica da Comunidade, cujo fundamento seria o próprio art. 115º do Tratado de Roma[48].
Posteriormente, o Tribunal comunitário classificaria a política de conservação dos recursos marítimos – atribuída à Comunidade pelo Acto de Adesão do Reino Unido, de 1972, e que visava o objectivo mais geral da realização de uma política de pesca comum – como sendo igualmente uma política de competência comunitária exclusiva.

---

[47] TJCE, Parecer 1/75, de 11.Novembro.1975.
[48] *Vide*, igualmente neste sentido, o acórdão do TJCE, de 15 de Dezembro de 1975, *Suzanne Donckerwolcke vs Procureur de la République*, Proc. 41/76, *Recueil* 1975, pp. 1921 ss.

De facto, num seu acórdão de 1981[49], o Tribunal considerou que, após o período transitório de seis anos, a competência em sede de conservação dos recursos marítimos pertenceria definitivamente e de modo integral à Comunidade. Contudo, e como já tinha tido oportunidade de referir num acórdão anterior, *"no decurso do período transitório, e enquanto a Comunidade não tiver exercido a sua competência, é permitido aos Estados-membros tomar, a nível nacional, as medidas de conservação apropriadas, sem prejuízo contudo das obrigações de cooperação que resultam para eles do Tratado, e nomeadamente do art. 5º"*[50].

Deste modo, na ausência de qualquer intervenção comunitária, só seria permitido aos Estados adoptarem medidas unilaterais na sua qualidade de "gestores do interesse comum" comunitário, encontrando-se assim obrigados a submeter à aprovação prévia da Comissão todas as medidas que pretendessem adoptar unilateralmente. Por outro lado, aquele mesmo dever de cooperação imporia que o exercício desta "competência supletiva"[51] por parte dos Estados, mais do que uma faculdade ou direito, se consubstanciasse como um dever, cuja observância seria imposta pelo interesse comum na preservação dos recursos marítimos[52].

Assim sendo, podemos concluir que, na óptica do Juiz comunitário, dos tratados institutivos das Comunidades apenas resultariam como sendo de competência comunitária exclusiva estas duas políticas *supra* referenciadas: a política comercial comum e a política de conservação dos recursos marítimos[53]. Na perspectiva do órgão jurisdicional

---

[49] TJCE, ac. de 5.Maio.1981, *Comissão vs Reino Unido*, Proc. 804/79, *Recueil* 1981, pp. 1040 ss.

[50] TJCE, ac. de 16.Fevereiro.1978, *Comissão vs Irlanda*, Proc. 61/77, *Recueil* 1978, pp. 417 ss., considerando 65.

[51] A expressão é utilizada por DUARTE, Maria Luísa, *A teoria dos poderes...*, *op. cit.*, p. 355.

[52] Esta posição do TJCE foi por este órgão jurisdicional explicitada no acórdão que proferiu no âmbito do caso *Van Dam*, de 3.Julho.1979, Procs. 185 a 204/78, *Recueil* 1979, pp. 2345 ss..

[53] Note-se que o Tribunal chegou a esta conclusão a partir de uma leitura teleológica das diversas disposições dos Tratados. De facto, em ponto algum dos Tratados estas duas políticas são explicitamente referidas como sendo políticas de competência comunitária exclusiva.

comunitário, todas as demais atribuições conferidas pelo Tratado às Comunidades deveriam obedecer à regra geral comunitária em matéria de competências: o princípio das competências concorrentes.

O facto de uma matéria ser de competência comunitária exclusiva não é impeditivo de que, nessa sede, a Comunidade delegue poderes aos Estados. Com efeito, – e como deixamos já antever quando nos reportamos à jurisprudência do Tribunal relativa à conservação dos recursos marítimos – é entendimento do TJ que, ainda que em causa esteja uma matéria de competência comunitária exclusiva, os Estados membros podem intervir como mandatários da Comunidade. Contudo, tal intervenção pressupõe a existência de uma "habilitação específica" da Comunidade para o efeito, uma delegação de poderes, na qual se especifiquem não só quais os poderes delegados e condições do seu exercício, mas também as finalidades de tal delegação[54].

Posteriormente, o Tribunal irá introduzir através da sua jurisprudência mais um dado no sistema de competências comunitário. Efectivamente, no seu Parecer 2/91, de 19 de Março de 1993[55], o Tribunal efectuou uma distinção entre **competências exclusivas por natureza** e **competências exclusivas por exercício** ao afirmar que *"O carácter exclusivo ou não da competência da Comunidade não resulta apenas das disposições do Tratado, mas pode depender igualmente da amplitude das medidas tomadas pelas instituições comunitárias para aplicar tais disposições e que sejam susceptíveis de privar os Estados-membros de uma competência que anteriormente podiam exercer a*

---

[54] Nesta sede, cumpre realçar o ac. de 18.Fevereiro.1986, *Bulk Oil*, Proc. 174/87, *Colectânea* 1986, pp. 559 ss.. LENAERTS, Koen & YPERSELE, Patrick Van, "Le principe de subsidiarité...", *op. cit.*, pp. 16 ss., procedem a uma interessante análise crítica deste arresto e das suas implicações, designadamente censurando o carácter amplo conferido pelo TJ ao conceito de "habilitação específica".

[55] Parecer 2/91, de 19.Março.1993, *Colectânea* 1993, pp. I-1061 ss.. Este Parecer versa sobre a competência comunitária para concluir a Convenção n.º 170 da Organização Internacional do Trabalho (segurança na utilização de substâncias químicas no trabalho) e sobre as consequências daí decorrentes para os Estados membros. O Tribunal concluiu que a competência para a conclusão da Convenção em causa pertencia conjuntamente aos Estados-membros e à Comunidade.

título transitório. Como o Tribunal teve oportunidade de afirmar no acórdão de 31 de Março de 1971, Comissão/Conselho, dito AETR (22/70, Recueil, p. 263, n.º 22), quando tenham sido adoptadas regras comunitárias a fim de realizar os objectivos do tratado, os Estados-membros não podem, fora do quadro das instituições comuns, assumir compromissos susceptíveis de afectar essas regras ou de lhes alterar o alcance." [56-57].

Assim, serão competências exclusivas por natureza todas aquelas competências relativamente às quais o Tratado excluiu *ab initio* qualquer intervenção dos Estados membros. Deste modo, e nos termos da jurisprudência do TJ, apenas se enquadrarão nesta categoria a competência comunitária em sede de política comercial comum e a competência em matéria de conservação dos recursos marítimos.

---

[56] Considerando 9, p. 1076.

[57] Esta delimitação das competências exclusivas feita pelo Tribunal não é contudo partilhada pela Comissão. Na sua Comunicação de 27 de Outubro de 1992, *op. cit.*, pp. 13 ss., a Comissão perfilha uma concepção de competências exclusivas muito mais abrangente, definindo-as com referência a dois elementos distintos: a) – a obrigação de agir da Comunidade, e b) – a perda por parte dos Estados do direito de intervirem unilateralmente na matéria em questão. Estes dois elementos, no fundo, mais não são do que dois aspectos diferentes de uma mesma realidade. Assim, enquanto que o primeiro se relaciona com as causas, o segundo reporta-se às consequências das competências exclusivas. Deste modo, não nos parece que se possa considerar estes dois elementos como característicos das competências exclusivas comunitárias. De facto, verifica-se que nem sempre a obrigação de agir que recai sobre a Comunidade reveste os mesmos contornos. Efectivamente, situações há em que a competência comunitária é definida por objectivos e acções que excluem necessariamente a intervenção estadual, acabando assim a obrigação de agir por coincidir com a competência exclusiva por natureza da Comunidade. Contudo, outras situações existem em que, não obstante recair tal obrigação de agir sobre a Comunidade, os objectivos e acções definidas não excluem a intervenção estadual, o que nos coloca perante uma competência concorrente, e não face a uma competência exclusiva. A Comissão parece ter entretanto repensado esta sua posição; de facto, posteriormente a esta sua Comunicação – num relatório de 24 de Novembro de 1993 –, esta instituição comunitária parece já considerar que a questão de saber se existe ou não uma obrigação de agir para a Comunidade é distinta daquela outra de saber se a acção visada é de competência exclusiva comunitária ou não.

Por seu turno, o tratamento da questão das competências exclusivas por exercício remete-nos necessariamente para a questão das competências concorrentes, sobre a qual nos debruçaremos de seguida. Contudo, podemos adiantar desde já que são competências exclusivas por exercício aquelas competências que, muito *"embora tivessem sido inicialmente entendidas como concorrentes, o seu exercício por parte da Comunidade teria provocado uma metamorfose da sua natureza jurídica em termos de permitir que nessas matérias apenas a Comunidade pudesse continuar a legislar."*[58].

b. Competências concorrentes e competências exclusivas por natureza

Como tivemos já oportunidade de referir, no quadro das competências comunitárias, a regra é a das competências concorrentes, constituindo assim as competências exclusivas a excepção. De facto, não faria sentido que no contexto de uma organização internacional dotada de poderes limitados, e cuja atribuição de competências obedece ao princípio da especialidade, se optasse por consagrar como regra a exclusividade das suas competências, com a consequente restrição da intervenção normativa autónoma dos Estados seus membros. Como refere GOUCHA SOARES, *"(...) a exclusividade de competências comunitárias não se presume, ou seja, (...) a ideia de exclusividade não deverá ser entendida como o princípio geral em matéria de natureza jurídica das suas competências"*[59].

---

[58] SOARES, António Goucha, *Repartição de competências...*, op. cit., p. 141.
[59] Idem, p. 137. No mesmo sentido, vide QUADROS, Fausto de, *O princípio...*, op. cit., pp. 39 ss.. Esta é aliás a única solução possível se tivermos presente que a União, tal como as Comunidades, não possui uma competência geral. Tratamos desta matéria com mais detalhe noutro ponto deste trabalho, v. supra, pp. 97 ss.. Alguns autores parecem contudo apontar em sentido oposto: perante a ausência de uma norma dos Tratados reguladora da repartição de competências entre os Estados membros e a Comunidade, este sector da doutrina defende que sobre todas as matérias que não são de competência comunitária exclusiva se deveria reconhecer à Comunidade uma competência geral. Refutando esta tese, vide QUADROS, Fausto de, *O princípio ...*, op. cit., pp. 39 ss..

As áreas de competência concorrente comunitária caracterizam-se assim pelo facto de nelas não se verificar qualquer exclusão de princípio de nenhum dos centros de decisão envolvidos no processo integrativo, estando portanto sujeitas à intervenção tanto dos Estados como da União. Deste modo, nas matérias em causa, a titularidade da competência é reconhecida a ambos os níveis de intervenção[60].

Importa contudo especificar que, contrariamente ao que se possa pensar, estas competências não são exercidas simultaneamente, e em conjunto, por Estados e Comunidade. O que se postula é sim que estas competências, não obstante serem da titularidade conjunta destas entidades, sejam exercidas **ou** pelos Estados **ou** pela Comunidade. Não há assim qualquer partilha de competências (mais concretamente, do seu exercício), mas sim verdadeira concorrência entre Estados e Comunidade[61].

Contudo, os Estados só conservam a possibilidade de intervenção normativa nos domínios de competência concorrente até ao momento em que a Comunidade adopte actos jurídicos nesses mesmos domínios. A partir do momento em que a Comunidade intervenha, e regule de modo completo a matéria em apreço, os Estados membros devem abster-se de intervir no âmbito em questão. Deste modo, o exercício por parte da Comunidade de competências que inicialmente eram entendidas como concorrentes, provoca uma alteração da natureza jurídica das mesmas, o que, por seu turno, se consubstancia em reservar a possibilidade de intervenção para o nível de actuação comunitário. Não obstante, para que tal transformação ocorra, impõe-se que a regulamentação comunitária revista um carácter exaustivo, ou seja, que abranja todas as questões susceptíveis de serem alvo de tratamento jurídico.

---

[60] No *Relatório Giscard d'Estaing*, o PE propunha incluir no Tratado um artigo que consagrasse um sistema de repartição das competências concorrentes entre os Estados e a Comunidade. Esta proposta não obteve contudo o acordo dos Estados.

[61] De facto, verifica-se existir em alguns sectores da doutrina uma utilização indiferenciada dos termos "concorrentes" e "partilhadas", quando a matéria em questão é analisada. *Vide*, por exemplo, SOARES, António Goucha, *Repartição de competências..., op. cit.*.

A competência dos Estados está assim na estrita dependência da verificação de uma condição: a abstenção do legislador comunitário, ou então, a sua intervenção de modo não exaustivo. A decisão dos Estados membros de exercerem em comum a competência em causa, com recurso para tanto aos órgãos e procedimentos comunitários, determina a perda da competência de decidir unilateralmente no domínio em causa[62]. Por efeito da preempção[63], os Estados perdem assim o direito de exercer a sua competência na medida exacta do espaço que a decisão normativa comunitária passa a ocupar. Por outro lado, e em virtude do princípio do primado, as normas comunitárias prevalecem sobre a regulamentação nacional.

---

[62] A este propósito, DUARTE, Maria Luísa, *A teoria dos poderes...*, op. cit., p. 339, refere-se ao *"efeito substitutivo ou preclusivo"* do exercício em comum da competência relativamente à competência própria de cada Estado membro.

[63] A preempção é originária do direito constitucional norte-americano, tendo-se desenvolvido sobretudo através da jurisprudência do *Supreme Court* em sede de resolução de problemas de delimitação de competências normativas entre o sistema jurídico federal e os diversos ordenamentos dos Estados federados. A doutrina identificou duas formas básicas de preempção: a preempção expressa e a preempção implícita (aqui, encontramos duas modalidades distintas, a saber, a *federal occupation of the field* e a *conflict preemption*). Muito embora não encontremos qualquer referência explícita a esta doutrina no sistema jurídico comunitário, o certo é que podemos afirmar com propriedade que a ideia nuclear da preempção – a preclusão das competências normativas nacionais em virtude da intervenção comunitária – se apresenta de modo implícito no direito comunitário, ou seja, a aplicação desta figura jurídica resulta da actividade dos tribunais comunitários. O acórdão do TJCE, *Walt Wilhem* – ac. de 13.Fevereiro.1969, proc. 14/68, in *Recueil* 1969, pp. 1 ss. –, é assinalado como o primeiro acórdão daquele órgão jurisdicional em que o problema é equacionado. A teoria da preempção tem sido alvo de vários estudos por parte da doutrina comunitarista. Vide, entre outros, SOARES, António Goucha, *Repartição de competências...*, op. cit.; CROSS, Eugene D., "Pre-emption of Member State law in the European Economic Community: a framework for analysis", in CMLR, vol. 29, n.º 3, 1996, pp. 447-472; LENAERTS, Konrad, *Le juge et la Constitution aux États-Unis d'Amérique et dans l'ordre juridique européen*, Bruxelas, 1998; WAELBROECK, M., "The emergent doctrine of Community pre-emption – Consent and re-delegation", in AA.VV., *Courts and Free Markets. Perspectives from the United States and Europe*, II, Oxford, 1982.

Deste modo, verifica-se que a concorrência de competências é eliminada pela intervenção comunitária no sector em apreço, que se transforma assim num sector de competência comunitária exclusiva – estamos agora perante, não mais uma competência comunitária concorrente, mas sim perante uma **competência comunitária exclusiva por exercício**.

Este tipo de competências exclusivas foi referido pela primeira vez pela jurisprudência comunitária no célebre **acórdão AETR**[64].

Neste processo era discutido o problema da competência comunitária para negociar e concluir um acordo europeu relativo às condições de trabalho das tripulações dos veículos que realizavam transportes internacionais rodoviários.

Após afirmar as competências implícitas comunitárias em sede de relações externas[65], o TJ pronunciou-se neste arresto sobre a natureza jurídica dessas mesmas competências. Assim, no entender do Tribunal, *"sempre que, para execução de uma política comum prevista pelo Tratado, a Comunidade tenha tomado disposições que instituem, sob qualquer forma, regras comuns, os Estados-membros, quer actuando individual quer colectivamente, deixam de ter o direito de contrair para com Estados terceiros obrigações que afectem essas regras ou lhes alterem o alcance."*. Este dever de abstenção dos Estados resultava desde logo, no entender do Tribunal, dos arts. 3º, al. c), e 5º do Tratado.

Verifica-se assim, que o exercício das competências concorrentes por parte da Comunidade altera a natureza jurídica daquelas. Por outro lado, e muito embora deste exercício não resulte qualquer acréscimo de competências para a Comunidade, o certo é que uma transformação desta natureza reduz o âmbito dos poderes de regulamentação normativa dos Estados membros. Assim, como é bom de ver, a exclusividade

---

[64] TJCE, ac. de 31.Março.1971.

[65] *"A Comunidade goza da capacidade de estabelecer vínculos contratuais com Estados terceiros em toda a extensão do campo dos objectivos definidos pelo Tratado. Esta competência não resulta apenas de uma atribuição explícita feita pelo Tratado, como pode resultar de outras disposições do Tratado e de actos adoptados no âmbito destas disposições pelas instituições da Comunidade."* (Ponto 1 do Sumário).

deste tipo de competências não resulta do Tratado, mas sim do exercício por parte da Comunidade de competências não exclusivas[66].

Deste modo, facilmente se conclui que a distinção efectuada pelo tribunal entre competências exclusivas por natureza e competências exclusivas por exercício é essencialmente uma de ordem cronológica. De facto, enquanto que relativamente àquelas é o Tratado que exclui por princípio qualquer intervenção dos Estados, já no que concerne às competências exclusivas por exercício, a sua exclusividade resulta de uma progressiva perda de poderes por parte dos Estados fruto da crescente intervenção comunitária no domínio em questão, nomeadamente através da adopção de actos de direito derivado.
Não obstante esta distinção, o certo é que, em termos de efeitos concretos, as competências exclusivas por exercício são tendencialmente coincidentes com as competências exclusivas por natureza, pois em ambos os casos se verifica uma limitação da capacidade de intervenção normativa dos Estados.
De um ponto de vista estritamente jurídico, parece igualmente possível lançar mão de um outro aspecto a fim de diferenciar estes dois tipos de competências comunitárias exclusivas.
Assim, e pelo menos de um ponto de vista puramente teórico, parece possível admitir, e isto com referência às competências exclusivas por exercício, que o dever de abstenção que recai sobre os Estados seja reversível. Efectivamente, é perfeitamente concebível que a Comunidade, através de um novo exercício dos seus poderes, anule os efeitos do exercício pela sua parte das competências concorrentes, e que havia determinado a conversão destas em competências exclusivas[67].

---

[66] Por outro lado, e como resulta do exposto, torna-se claro que este tipo de competências exclusivas dificulta a inserção no sistema de competências comunitário de listas onde se proceda a uma definição *a priori* dos domínios de competência exclusiva comunitária.

[67] Como é bom de ver, neste caso não estamos perante uma mera delegação de competências por parte da Comunidade. De facto, o que está aqui em causa é efectivamente uma verdadeira restituição de competências aos Estados. *Vide*, a este propósito, LENAERTS, Koen & YPERSELE, Patrick Van, "Le principe de subsidiarité...", *op. cit.*, p. 29[64].

Contudo, esta possibilidade de reversibilidade coloca desde logo a questão de saber qual a base jurídica que servirá de fundamento a uma tal operação, atendendo antes de mais à necessidade de não violar o *acquis* comunitário. Nesta medida, não nos parece que o princípio da subsidiariedade possa ser utilizado, sem mais, para este fim. Com efeito, parece-nos que só se poderá invocar para tanto o princípio da subsidiariedade na medida em que o recuo da posição comunitária, com a consequente restituição de competências aos Estados, permita realizar, pelo menos tão eficazmente como até ali, os objectivos comunitários[68].

Pelo contrário, esta reversibilidade é claramente inadmissível no que concerne às competências exclusivas por natureza. De facto, não é permitido aos órgãos comunitários revogarem uma atribuição de competências com carácter exclusivo levado a cabo pelo próprio Tratado. Esta é uma alteração que somente uma revisão dos Tratados pode levar a cabo e que implica desde logo uma alteração dos objectivos e finalidades a prosseguir com o processo de integração.

Ao consagrar que o princípio da subsidiariedade só tem aplicação no âmbito das competências não exclusivas comunitárias, o Tratado da União Europeia veio deste modo sufragar a interpretação do Tribunal referente à natureza jurídica das competências comunitárias, assegurando igualmente a conformidade do texto do Tratado com o *acquis* comunitário na matéria. De facto, a dicotomia estabelecida pelo órgão jurisdicional comunitário entre competências exclusivas e competências concorrentes não encontrava até então qualquer suporte normativo no texto dos Tratados.

Por outro lado, importa referir que o facto de o art. 3º-B apontar no sentido de o princípio das competências concorrentes ser a regra, em

---

[68] De facto, tem-se verificado que a maior parte de propostas de alteração legislativa formuladas pela Comissão ou pelo Conselho não visam revogar a legislação em vigor, mas tão somente conferir um carácter menos vinculativo e mais actual às disposições em causa, no sentido de uma maior eficácia e operatividade da regulamentação comunitária.

matéria de competências comunitárias, não significa que não existam competências reservadas ou exclusivas dos Estados membros[69].

Tal como sucede relativamente às competências comunitárias, também as competências nacionais resultam da interpretação das disposições de direito comunitário, tanto de direito originário como derivado. Assim, e muito embora o sistema comunitário não possua uma cláusula residual de repartição de competências análoga à existente na generalidade dos sistemas federais, o certo é que deve-se entender que o espírito subjacente a uma cláusula deste tipo se encontra implícito aos Tratados, desde logo como corolário do princípio das competências por atribuição.

Muito embora disponham de competência exclusiva em determinados domínios (por ex., em matéria penal), tal não significa contudo, que nessas áreas, os Estados membros possam exercer de modo totalmente discricionário os respectivos poderes. De facto, sempre a sua actuação terá de ser conforme com o princípio da cooperação, o que implica que todas as medidas por eles adoptadas no exercício dessas suas competências não devem ser susceptíveis de pôr em perigo a realização dos objectivos do Tratado[70-71].

Assim, a circunstância de o art. 3º-B do TUE não referir estas competências não reveste um qualquer significado especial, resultando tal omissão apenas do facto de o princípio da subsidiariedade não ter aplicação no que concerne às competências exclusivas dos Estados membros.

---

[69] Contra, vide QUADROS, Fausto de, *O princípio ..., op. cit.*, p. 37. Para este autor, todas as competências que não sejam de atribuição comunitária exclusiva serão concorrentes entre a Comunidade e os Estados membros.

[70] Para mais desenvolvimentos sobre esta questão das competências exclusivas ou reservadas dos Estados membros no quadro comunitário, vide DUARTE, Maria Luísa, *A teoria dos poderes implícitos ..., op. cit.*, pp. 318 ss..

[71] Tal como sucede com as competências estaduais exclusivas, quando da aplicação do princípio da subsidiariedade resultar a exclusão da intervenção comunitária, os Estados continuarão a estar obrigados a cumprir as regras constantes do art. 5º do TUE (actual art. 10º), nomeadamente a assegurar o cumprimento das suas obrigações decorrentes do Tratado, abstendo-se de adoptar quaisquer medidas susceptíveis de colocarem em perigo os objectivos comunitários "constitucionalmente" consagrados.

Deste modo, somente as competências exclusivas por natureza e as competências nacionais exclusivas escapam ao princípio da subsidiariedade, ficando o exercício das demais competências comunitárias submetido a este princípio geral de direito comunitário.

Por outro lado, se atendermos a que, ao nível da titularidade de competências, a regra era já a das competências concorrentes, torna-se claro que ao introduzir o princípio da subsidiariedade no Tratado era intenção dos Estados limitar a esfera de actuação comunitária, na medida em que, tal como se encontra formulado no art. 3º-B, § 2, este princípio privilegia a intervenção do legislador nacional em detrimento do legislador comunitário.

Não obstante esta exclusão das competências exclusivas do âmbito de aplicação do princípio, os órgãos comunitários podem obviamente orientar a sua actuação nesse domínio pelo princípio da subsidiariedade, designadamente delegando poderes nos Estados membros e optando por formas de regulamentação menos vinculativas e densificadas.

c. O Princípio da Subsidiariedade e o artigo 235º do TUE

Por outro lado, a consagração do princípio da subsidiariedade no Tratado de Maastricht, como princípio regulador do exercício de competências concorrentes por parte da Comunidade, veio suscitar a questão dos seus eventuais efeitos sobre o então art. 235º[72] do Tratado.

---

[72] Este artigo não sofreu qualquer alteração com Maastricht, muito embora o projecto de Tratado da União Europeia apresentado pela presidência luxemburguesa previsse que uma referência expressa ao princípio da subsidiariedade fosse feita no seu texto. De igual modo, a sua redacção também permaneceu inalterada com Amesterdão. É o actual art. 308º. Nos termos deste normativo, *"Se uma acção da Comunidade for considerada necessária para atingir, no curso do funcionamento do mercado comum, um dos objectivos da Comunidade, sem que o presente Tratado tenha previsto os poderes de acção necessários para o efeito, o Conselho, deliberando por unanimidade, sob proposta da Comissão, e após consulta do Parlamento Europeu, adoptará as disposições adequadas."*. Não existe consenso na doutrina sobre a relação existente entre este artigo e a teoria dos poderes implícitos. Duas posições, no

Este artigo é entendido pela generalidade da doutrina como uma consequência lógica do facto de as competências comunitárias se encontrarem limitadas às necessárias para a prossecução dos objectivos comunitários. De facto, subjacente a este artigo encontra-se precisamente o pressuposto de que, com o evoluir do processo integrativo, os poderes conferidos aos órgãos comunitários poderão revelar-se insuficientes para a realização dos objectivos estabelecidos. Assim, o art. 235º vem permitir que sejam criados novos poderes sempre que tal seja necessário para a prossecução das atribuições comunitárias[73].

Como é bom de ver, art. 235º e subsidiariedade têm incidências diferentes sobre o fenómeno competencial comunitário. De facto, enquanto que o art. 235º se refere à titularidade de competências, já o princípio da subsidiariedade, como tivemos oportunidade de demonstrar, reporta-se à questão de determinar qual o nível de decisão que irá exercer a competência em causa. Assim, em termos práticos, da aplicação conjugada do art. 235º com o princípio da subsidiariedade resulta que, estando em causa competências concorrentes, num primeiro momento, é necessário averiguar se a acção que a Comunidade pretende levar a cabo se encontra justificada em sede de subsidiariedade. Caso se conclua neste sentido, então torna-se necessário encontrar uma norma atributiva dessa competência à Comunidade, na medida em que o princípio da subsidiariedade não é atributivo de qualquer competência à Comunidade. Na hipótese de se concluir que do Tratado não constam normas habilitadoras da intervenção comunitária, ou que estas

---

essencial, se perfilam: por um lado, temos aqueles autores para quem este artigo do Tratado seria uma codificação daquela teoria, muito embora divirjam quanto ao significado e alcance de tal codificação; por outro lado, temos aqueles outros autores para quem o art. 235º não poderá ser entendido como uma cláusula de poderes implícitos. Para mais desenvolvimentos sobre esta discussão doutrinal, e para uma análise das posições dos diferentes autores, *vide* DUARTE, Maria Luísa, *A teoria dos poderes...*, *op. cit.*, pp. 493 ss.. Para esta autora, por seu turno, este art. 235º consagraria de modo expresso uma versão alargada da teoria dos poderes implícitos, muito embora seja necessário distinguir a sua aplicação da aplicação jurisprudencial da teoria dos poderes implícitos.

[73] Neste sentido, *vide* DUARTE, Maria Luísa, *A teoria dos poderes ...*, *op. cit.*, pp. 500-501; e QUADROS, Fausto de, *Direito ..., op. cit.*, pp. 444 ss., esp. p. 446.

são insuficientes, então lançar-se-á mão do art. 235º (e isto somente, como é óbvio, na medida em que os seus pressupostos se encontrem preenchidos)[74]. Nesta medida, a base jurídica da competência continua a ser uma condição necessária ao exercício de poderes pela Comunidade, mas não já condição suficiente.

Verificamos assim que o princípio da subsidiariedade não exclui o exercício de poderes com base no art. 235º do Tratado, muito embora venha restringir a acção do Conselho no recurso a este normativo[75]. Com a inclusão do princípio da subsidiariedade no Tratado, a averiguação da necessidade de intervenção comunitária ao abrigo do art. 235º fica inexoravelmente associada à ponderação simultânea da aptidão dos Estados para alcançar o objectivo comunitário e da eficiência da eventual intervenção comunitária.

Assim, podemos concluir que a aplicação da cláusula de habilitação geral constante do art. 235º, com o Tratado da União Europeia, passou a estar subordinada ao princípio da subsidiariedade, consagrado no art. 3º-B, § 2 (bem como, como é bom de ver, ao princípio da proporcionalidade acolhido no terceiro parágrafo deste artigo do Tratado).

B. *"(...) A comunidade intervém apenas, de acordo com o princípio da subsidiariedade, se e na medida em que os objectivos da acção encarada não possam ser suficientemente realizados pelos estados membros, e possam, pois, (...) ser melhor alcançados ao nível comunitário."*

Uma vez estabelecido que a matéria que se pretende regulamentar se insere num domínio de competência concorrente e, como tal, se

---

[74] LENAERTS, Koen & YPERSELE, Patrick Van, *"Le principe de subsidiarité..."*, op. cit., pp. 35 ss., defendem uma posição oposta à do texto; ou seja, no entender destes autores, primeiro dever-se-ia procurar a norma atributiva de competência, para só então se aplicar o princípio da subsidiariedade.

[75] No seu *Parecer sobre a União Política*, de 21 de Outubro de 1990 – COM (90) 600 final, in BOLETIM CE, 10/1990, pp. 13 ss. –, a Comissão defendeu que se devia ver no princípio da subsidiariedade um critério orientador do procedimento de aplicação do artigo 235º.

encontra sujeita ao princípio da subsidiariedade, importa determinar em que condições é que a Comunidade poderá intervir. Ora, é precisamente a esta questão que este segundo elemento do segundo parágrafo do art. 3º-B, do TUE, vem dar resposta. De facto, aqui encontramos consagrados os critérios aos quais a intervenção comunitária em sede de competências concorrentes deve obedecer.

A terminologia empregue neste normativo não deixa de ser significativa. Assim, do teor deste preceito resulta desde logo que os autores do Tratado permaneceram fiéis àquela que historicamente se afirmou como sendo a ideia nuclear da subsidiariedade: a Comunidade (comunidade maior) só intervém quando puder actuar melhor do que os Estados membros (comunidade menor).

Por outro lado, os termos utilizados na redacção deste preceito – "(...) a Comunidade intervém *apenas* (...)" – revelam a extrema prudência que presidiu à consagração do princípio da subsidiariedade como princípio geral de direito comunitário[76], indiciando desde logo a intenção dos redactores do Tratado em configurar a competência comunitária como uma excepção à competência estadual, a qual, por seu turno, se assumiria como competência de princípio[77].

Não nos parece contudo, que se possa falar a este propósito de uma presunção a favor da intervenção estadual, tanto mais que em causa não está qualquer competência exclusiva, seja ela comunitária ou não. Não obstante, com a consagração do princípio da subsidiariedade, passa a impender sobre a Comunidade a obrigação de, previamente à sua intervenção, demonstrar que os objectivos da acção pretendida não

---

[76] Por outro lado, os conceitos vagos e genéricos utilizados na redacção deste artigo, e que tantas críticas suscitaram, são igualmente fruto da necessidade de se alcançar um consenso entre os Estados quanto aos termos em que o princípio seria consagrado nos Tratados. Denota-se efectivamente uma certa falta de rigor na formulação jurídica do princípio, o que, por seu turno, suscita graves problemas de interpretação e densificação de conceitos, bem como permite uma certa dose de subjectividade aquando da aplicação deste segundo parágrafo do art. 3º-B do TUE. Posteriormente, analisaremos de forma mais pormenorizada os problemas que este preceito suscita ao intérprete e aplicador. V. *infra*, pp. 138 ss.

[77] Relativamente a este ponto, v. o que tivemos já oportunidade de referir *supra*, p. 106, quando analisamos o primeiro parágrafo do art. 3º-B do TUE.

podem *"ser suficientemente realizados pelos Estados membros"*[78]. Cabe assim à Comunidade provar que estão preenchidos os critérios consagrados no Tratado para a sua intervenção em domínios de competência concorrente.[79].

De acordo com a generalidade da doutrina, nos termos do segundo parágrafo do art. 3º-B do TUE, são dois os "testes" aos quais a acção que se pretende desencadear deverá ser submetida, a fim de se aferir da sua conformidade, ou não, com o princípio da subsidiariedade.

---

[78] Neste sentido, DURAND, C.-F., *Commentaire Megret*, I, p. 433, *apud* CONSTANTINESCO, Vlad, "Le principe de subsidiarité: une fausse...", *op. cit.*, pp. 23-24, que considera *"qu'il paraît difficile de soutenir qu'il y a désormais une présomption de compétence en faveur des États membres, puisque la Communauté a reçu des compétences propres et distinctes de celles des États membres, afin de remplir des objectifs qui lui sont spécifiques, même si elles demeurent complémentaires."*. Parece-nos que, mais do que consagrar "uma presunção de competência em favor dos Estados", era intenção dos redactores do Tratado submeter a intervenção comunitária em matéria de competências concorrentes a um maior rigor e controlo, fazendo recair, deste modo, sobre as instituições comunitárias, uma obrigação de fundamentar e justificar de modo completo e cabal a sua decisão em intervir, impondo para tanto a observância de critérios jurídicos previamente fixados no Tratado, em sede do princípio da subsidiariedade. Pretendeu-se assim subtrair à discricionariedade comunitária a decisão de intervir em sede de competências concorrentes. Já para CONSTANTINESCO, Vlad, *et al.*, *Traité sur l'Union Européenne – Commentaire article para article*, Paris, 1995, p. 111, *"La preuve supplémentaire qui est exigée de la Communauté apparaît bien comme la manifestation d'une présomption selon laquelle l'exercice de la compétence appartient aux États, tant que la Communauté n'a pas apporté précisément la preuve qu'il devrait en être autrement."*.

[79] Para TOTH, A. G., "The principle of subsidiarity ...", *op. cit.*, p. 1100, os termos em que o art. 3º-B, § 2, do TUE, se encontra redigido, *"(...) puts the onus of proof on the Community to justify its action"*. Como é bom de ver, isto irá igualmente reflectir-se em sede de controlo jurisdicional da aplicação do princípio da subsidiariedade. De facto, uma vez contestada perante o tribunal comunitário a intervenção comunitária e os termos em que esta se encontra fundamentada, competirá à Comunidade provar que os critérios legalmente fixados para o exercício comunitário de competências concorrentes se encontravam preenchidos aquando da tomada da decisão de agir ao nível comunitário. Para mais desenvolvimentos sobre a questão do controlo jurisdicional da aplicação do princípio, v. *infra*, pp. 153 ss.

Deste modo, são duas as condições cuja verificação se exige para que se possa desencadear uma intervenção comunitária: a) – os objectivos da acção prevista não possam ser suficientemente realizados pelos Estados membros (critério da insuficiência ou **teste da necessidade**); e b) – os objectivos serem melhor alcançados ao nível comunitário (critério da eficiência ou **teste do valor acrescentado**[80]).

a. **Teste da necessidade:**

A necessidade da intervenção comunitária é aferida em função da insuficiência dos meios ou instrumentos que os Estados têm ao seu dispor para a prossecução dos objectivos visados pela medida em causa[81]. Para a Comissão, o teste da subsidiariedade recai efectivamente, num primeiro momento, sobre a necessidade da intervenção, sendo que, no seu entender, é *"aos órgãos comunitários que incumbe o ónus da prova sobre a necessidade de legislar ou de agir ao nível comunitário e com a intensidade proposta"*[82].

Nesta sede, uma primeira questão que se coloca é a de saber se nesta aferição da necessidade da intervenção comunitária se deve ponderar somente a aptidão dos Estados em função dos instrumentos e

---

[80] Esta terminologia é da autoria da Comissão. *Vide* Comunicação da Comissão de 27.10.1992, *op. cit.*, Anexo 1.1..

[81] Muito embora seja notória a influência do art. 12º do Projecto Spinelli, de 1984, bem como do art. 130º-R, §4, do Acto Único Europeu, e ainda do art. 3º *bis* do projecto de Tratado constante do *Relatório Marin*, neste segundo parágrafo do art. 3º-B do TUE, este preceito, ao contrário daqueles que lhe serviram de inspiração, não se refere à ideia de *maior eficácia* como condição de intervenção comunitária, mas sim à noção de suficiência. A insuficiência estadual é, nos termos do art. 3º-B, § 2, do TUE, condição *sine qua non* para se concluir da necessidade da intervenção comunitária. Contudo, tal já não aconteceria se o critério adoptado fosse o da "maior eficácia". Neste caso, ainda que a acção estadual fosse suficiente para a prossecução dos objectivos visados, a Comunidade poderia sempre intervir desde que demonstrasse a maior eficácia da sua intervenção.

[82] Comunicação da Comissão de 27 de Outubro de 1992, *op. cit.*, Anexo 1.1..

meios de que efectivamente dispõem ou, se pelo contrário, se deverão ponderar igualmente os meios e instrumentos de que estão aptos a dispor.

Esta avaliação da aptidão dos Estados, como é bom de ver, impõe que se proceda a uma análise de factores da mais diversa índole, designadamente financeiros, económicos e sociais, no seio dos quais a vontade política dos Estados ocupa um lugar de relevo. Assim, deve-se entender que a permanente recusa de um Estado em prosseguir um determinado objectivo comunitário consubstancia uma situação de necessidade de intervenção comunitária. Obviamente, o inverso será igualmente válido, ou seja, uma intervenção comunitária *"cede perante a vontade politicamente empenhada dos Estados-membros por formas de cooperação intergovernamental"* [83]. Deste modo, a determinação da suficiência da intervenção estadual deve levar em linha de conta a vontade política dos Estados em exercerem as suas competências no domínio em questão, a qual, por seu turno, se poderá manifestar através da disponibilização e /ou aquisição dos meios necessários para tanto.

Assim, parece-nos que, efectivamente, no decurso da verificação da eventual insuficiência da acção estadual, os órgãos comunitários deverão ponderar igualmente os meios de que os Estados poderão vir a dispor[84]. Contudo, como é bom de ver, da análise das condições apresentadas pelos Estados deverá resultar, não só que a efectivação desses meios e instrumentos até então potenciais é perfeitamente viável e de fácil realização, mas também que a vontade política dos órgãos nacionais vai nesse sentido.

Por outro lado, o Projecto Spinelli, bem como o art. 130º-R, § 4, do AUE, quando faziam referência à acção estadual em sede do princípio da subsidiariedade, reportavam-se à actuação isolada, individual dos Estados membros. Contudo, na formulação do princípio da subsidiariedade adoptada pelo TUE faz-se referência aos "Estados membros" *tout court*.

---

[83] DUARTE, Maria Luísa, *A teoria dos poderes...*, *op. cit.*, p. 527[27].

[84] Em sentido contrário, CONSTANTINESCO, Vlad, "Le principe de subsidiarité: une fausse...", *op. cit.*, p. 27.

Assim, suscita-se a questão de saber se quando se pondera da eventual insuficiência da acção estadual nos devemos reportar às capacidades individuais dos Estados ou se, pelo contrário, o intérprete deve igualmente ponderar as potencialidades de uma actuação conjunta dos Estados membros, mediante formas de cooperação intergovernamental. Parece-nos que, atendendo desde logo ao elemento literal, se deve ter igualmente em conta a possibilidade de cooperação intergovernamental, tanto mais que a redacção do preceito em causa, ao contrário da versão daqueles textos *supra* referenciados, não faz qualquer alusão a uma actuação individual dos Estados[85].

b. Teste do valor acrescentado:

Após provar a insuficiência da acção dos Estados membros, a Comunidade tem ainda de demonstrar que a sua intervenção é melhor do que uma acção equivalente dos Estados membros para a prossecução dos objectivos em causa.
Assim, a fim de aferir da **eficácia** da intervenção dos órgãos comunitários, impõe-se proceder a uma análise comparativa de medidas equivalentes dos Estados e da Comunidade. De facto, os termos em que este segundo parágrafo do art. 3º-B se encontra redigido – "melhor alcançados" – parecem apontar para uma ponderação comparativa dos custos e benefícios[86] da adopção da medida em causa por cada um dos potenciais níveis de execução. Esta parece ser igualmente a posição adoptada pelo Conselho, para quem este teste implicaria para os órgãos comunitários o dever de comprovar que *"a acção comunitária seria*

---

[85] Neste sentido, DUARTE, Maria Luísa, *A teoria..., op. cit.*, p. 527. Contra, vide LENAERTS, Koen & YPERSELE, Patrick Van, "Le principe...", *op. cit.*, pp. 46-47; e TOTH, A. G., "The principle...", *op. cit.*, pp. 1098-1099.

[86] Nesta sede, devem ser ponderados aspectos tão distintos como sejam o efeito de escala da medida comunitária, a necessidade de assegurar a coerência da regulamentação comunitária e a adequação da medida aos princípios da boa gestão financeira.

comprovadamente vantajosa, em virtude da sua escala ou dos seus efeitos[87], ***em cotejo*** *com a actuação ao nível dos Estados membros"*[88]. Nesta medida, não basta à Comunidade demonstrar a insuficiência da acção estadual para que possa agir. Nos termos do segundo parágrafo do art. 3º-B, do TUE, ela deve igualmente demonstrar que a sua actuação é mesmo mais eficaz do que aquela outra dos Estados membros. Assim sendo, *"Se o legislador comunitário quiser exercer uma competência legislativa que lhe é atribuída, tem primeiro de se certificar que os objectivos da acção não podem ser suficientemente realizados pelos Estados membros – e de o fundamentar*[89] *(...). Depois, esta verificação tem de justificar a conclusão seguinte de que, devido à dimensão ou aos efeitos da acção prevista, os objectivos podem ser melhor alcançados ao nível comunitário."*[90].

Deste modo, podemos concluir que, muito embora se tenha optado por não consagrar o critério da eficácia como critério determinante na aplicação do princípio da subsidiariedade – como aliás já referimos anteriormente –, o certo é que essa mesma noção de eficácia não deixa de estar presente no art. 3º-B, § 2, do TUE.

A ambiguidade que caracteriza a redacção deste segundo parágrafo do art. 3º-B dificulta a tarefa do intérprete quando está em causa proceder a uma articulação destes dois testes. De facto, a imprecisão

---

[87] Por razões de ordem metodológica, optamos por abordar este aspecto num ponto autónomo, como já tivemos oportunidade de referir. Assim, para mais desenvolvimentos sobre este ponto, *vide infra,* pp. 138 ss..

[88] V. CONSELHO DA UNIÃO EUROPEIA, *Conclusões ..., op. cit.,* p. 9. O destaque é nosso.

[89] A este propósito, o Conselho Europeu, reunido em Edimburgo, referiu, in *Conclusões ...,, op. cit.,* p. 10, considerando v), ponto II, "Orientações", que *"As razões que permitem concluir que determinado objectivo comunitário não pode ser suficientemente realizado pelos Estados-membros e pode ser melhor alcançado pela Comunidade deverão ser corroboradas por indicadores qualitativos ou, quando tal for possível, quantitativos."*.

[90] Acórdão Maastricht, *op. cit.,* p. 312.

dos conceitos utilizados – "suficiência" e "melhor" – acaba por permitir que a sua interpretação seja marcada por uma grande dose de subjectividade[91].

A redacção consagrada em Maastricht diverge, contudo, daquela proposta no projecto de tratado apresentado pela presidência luxemburguesa. Este referia-se tão somente aos *"objectivos que pudessem ser melhor realizados pela Comunidade do que pelos Estados membros"*

---

[91] A este propósito, QUADROS, Fausto de, *O princípio...*, *op. cit.*, pp. 43-44, refere a necessidade de numa Declaração se definirem «*(...) com o rigor e a profundidade possíveis, os critérios jurídicos que deverão presidir à determinação da "suficiência" e de "melhor".*». Sensíveis às preocupações dos Estados relativas à aplicação do princípio da subsidiariedade, as instituições europeias procuraram desenvolver os critérios que deveriam presidir à sua aplicação. Assim, na Cimeira Extraordinária realizada em Birmingham, em Outubro de 1992, o Conselho, na sua Declaração Final, suscitava já a questão da necessidade de estabelecer directrizes para a aplicação do princípio. Posteriormente, e no seguimento desta posição, o Conselho Europeu, reunido em Edimburgo, em Dezembro desse mesmo ano, procurou dar uma resposta à questão, anexando às suas Conclusões um documento intitulado *"Abordagem Global da Aplicação pelo Conselho do princípio da subsidiariedade e do artigo 3º-B do Tratado da União Europeia"*, no qual procurava definir *"os princípios básicos, as orientações e os procedimentos e políticas a adoptar"* nessa sede. Na primeira parte do documento, o Conselho fixava aqueles princípios que entendia serem os princípios básicos a observar em sede da aplicação do princípio da subsidiariedade; de seguida, debruçava-se sobre a aplicação em concreto do princípio, no sentido de estabelecer os procedimentos a observar na sua aplicação pelas diferentes instituições comunitárias. Por seu turno, a Comissão também se debruçou sobre a questão, merecendo destaque, a este propósito, a sua Comunicação de 27 de Outubro de 1992, por nós já diversas vezes referenciada – sobre este documento da Comissão, *vide* EHLERMANN, C. D., "Quelques réflexions sur la communication de la Commission relative au principe de subsidiarité", in RMUE, n.º 4, 1992, pp. 215-220. Nesta Comunicação, a Comissão propôs ao Conselho Europeu de Edimburgo a celebração de um acordo interinstitucional sobre a matéria, que viria a ser efectivamente celebrado a 25 de Outubro de 1993, entre Comissão, Conselho e Parlamento Europeu. Já posteriormente, e na preparação da Conferência Intergovernamental de 1996, foram vários os documentos apresentados, tanto pelas instituições comunitárias como pelos Estados, onde o princípio da subsidiariedade e as questões suscitadas pela sua aplicação foram analisadas e debatidas. Para todos, *vide* IRIBARNE, Manuel Fraga, *El princípio de subsidiaridad en la Unión Europea*, 1997, pp. 60 ss.. Sobre este último aspecto, v. igualmente *infra*, Capítulo IV, pp. 219 ss..

– não fazendo assim qualquer alusão à ideia de "suficiência" – revelando deste modo que aquilo que os Estados tinham em mente era que se procedesse a uma análise comparativa das medidas nacionais e comunitárias, mediante ponderações dos respectivos graus de eficácia. Contudo, no decurso da Conferência Intergovernamental, os Estados manifestaram a sua vontade de que no corpo do preceito em causa fosse feita uma referência explícita à obrigação de optar pela acção nacional sempre que esta se revelasse suficiente para a prossecução dos objectivos comunitários, isto é, sempre que esta acção se revelasse tão eficaz como a acção proposta pela Comunidade, o que acabou por determinar que na sua redacção final este preceito se encontre marcado pela imprecisão e ambiguidade.

Se tivermos em mente esta evolução histórica da redacção do art. 3º-B, § 2, do Tratado de Maastricht, torna-se claro que, no âmbito do normativo em apreço, a questão da suficiência da acção estadual na prossecução de um dado objectivo comunitário não se pode desligar daquela outra questão do seu grau de eficácia[92]. De facto, a inserção do elemento "pois" no texto do preceito é reveladora da intenção dos Estados de que necessidade e eficácia (da intervenção comunitária) fossem alvo de uma análise conjunta e conjugada. Assim, suficiência e

---

[92] Neste sentido, BERNARD, Nicolas, "The future of european ...", *op. cit.*, pp. 653-654; e DEHOUSSE, Renaud, "La subsidiarité...", *op. cit.*, pp. 31-32. Num sentido ligeiramente diferente, *vide* LENAERTS, Koen & YPERSELE, Patrick Van, "Le principe ...", *op. cit.*, pp. 49 ss.. Para estes autores, a fim de se proceder a uma ponderação da eficácia em sede da aplicação do princípio da subsidiariedade, é necessário que, entre os objectivos da acção pretendida, se faça referência a um elemento de eficácia. Para os autores, só nesta situação a aferição da aptidão dos Estados envolveria ponderações de eficácia a realizar em termos comparativos. Salvo melhor opinião, não nos parece que esta posição proceda, na medida em que conduz a que a parte final do preceito em apreço revista um carácter supérfluo. De facto, a primeira parte do preceito (onde se consagra o critério da suficiência) seria mais do que suficiente numa situação deste género, na medida em que também ele impõe uma ponderação dos objectivos da acção encarada. Por outro lado, se só se devesse proceder a ponderações de eficácia quando esta fosse apontada como um objectivo da acção proposta, não se entende porquê incluir no princípio o critério do "valor acrescentado" como critério aplicável a toda e qualquer medida.

eficácia mais não são do que duas vertentes de uma mesma realidade, muito embora se deva reconhecer àquela o papel de critério primordial em sede de aplicação do princípio da subsidiariedade[93].

Efectivamente, a insuficiência é o critério imperativo no sentido de permitir a acção comunitária[94], que assim só cederá perante a vontade politicamente empenhada dos Estados em prosseguirem os objectivos em causa. A aferição do eventual "valor acrescentado" da medida comunitária ocupa deste modo um papel coadjuvante daquele critério principal, permitindo desde logo indiciar a existência de situações de eventual insuficiência estadual.

Nesta medida, a aplicação do princípio da subsidiariedade tanto pode conduzir à adopção de uma medida comunitária como à inibição da intervenção por parte das instituições comunitárias. De facto, *"a subsidiariedade é um conceito dinâmico e deverá ser aplicada à luz dos objectivos fixados no Tratado. Permite que a intervenção comunitária seja alargada, se necessário, e, por outro lado, permite igualmente que ela seja limitada ou interrompida, se deixar de se justificar."*[95].

---

[93] Para TOTH, A. G., "The principle ...", *op. cit.*, pp. 1097-1098, os dois testes encontrar-se-iam numa posição paritária no que concerne à sua aplicação. Assim, na ausência de um critério predominante, caso a aplicação dos dois testes conduzisse a resultados contraditórios entre si, estaríamos perante uma situação de impasse. De facto, é possível que os resultados da aplicação destes dois testes não sejam necessariamente convergentes. Contudo, conferir primazia à aplicação do critério da insuficiência estadual parece ser a solução mais consentânea com o próprio espírito do princípio da subsidiariedade, bem como com as intenções dos Estados que determinaram e presidiram à consagração do princípio como princípio geral de direito comunitário. Neste sentido, *vide* DUARTE, Maria Luísa, *A teoria dos poderes..., op. cit.*, p. 405, e ainda pp. 517 ss..

[94] Esta interpretação é ainda aquela que melhor se coaduna com a *ratio* e evolução histórica da ideia de subsidiariedade. Por outro lado, tal como se encontra formulado no art. 3º-B, §2, o princípio da subsidiariedade não se confunde com o *princípio da exacta adequação*, nos termos da qual a prioridade de actuação é reconhecida, não à comunidade menor, mas sim àquela das comunidades que demonstre ser a mais capaz. Vide QUADROS, Fausto de, *O princípio..., op. cit.*, p. 42.

[95] In CONSELHO DA UNIÃO EUROPEIA, *Conclusões..., op. cit.*, p. 8.

Assim, é perfeitamente concebível que uma matéria anteriormente atribuída à Comunidade, nos termos do princípio da subsidiariedade, regresse à esfera de atribuições dos Estados, em virtude de estes entretanto se terem tornado aptos a intervir de modo suficiente na área em causa[96]. A subsidiariedade deve assim ser aplicada de forma casuística, ou seja, *"(...) deve ser testada e decidida caso a caso, momento a momento."*[97-98].

O objectivo da *"manutenção da integralidade do acervo comunitário"*[99] constitui o limite a esta reversibilidade na aplicação do princípio da subsidiariedade. Assim, o âmbito da reversão terá de ser forçosamente coincidente com o âmbito da aplicação do princípio, não podendo deste modo afectar aquelas competências comunitárias exclusivas por natureza, isto é, aquelas competências comunitárias exclusivas que são consagradas como tal no próprio Tratado. De facto, a restituição de competências desta natureza aos Estados só poderá ser fruto de uma revisão do Tratados, e nunca resultar da aplicação do princípio da subsidiariedade, como aliás já tivemos oportunidade de referir.

---

[96] Neste sentido, *vide* QUADROS, Fausto de, *O princípio..., op. cit.*, p. 45; DUARTE, Maria Luísa, *A teoria dos poderes..., op. cit.*, pp. 530 ss.; GIALDINO, Curti, "Some reflections on the *acquis communautaire*", in CMLR, vol. 32, n. 5, Octobre 1995, pp. 1087-1121, com destaque para pp. 1105-1106.

[97] QUADROS, Fausto de, *O princípio ..., op. cit.*, p. 45.

[98] Como é bom de ver, esta necessidade de uma avaliação casuística da aplicação do princípio resulta igualmente do facto de o Tratado não definir quais as competências comunitárias que devem ser consideradas como sendo exclusivas. Assim, não é possível definir a *priori* quais as matérias onde o princípio tem especial incidência. Tudo depende das acções que em cada caso sejam necessárias para assegurar o desenvolvimento total e equilibrado dos objectivos comunitários. Não existem portanto sectores de aplicação preferencial do princípio. Haverá que ponderar em cada caso concreto qual o modo mais correcto de aplicação do princípio, determinando se a obrigação de actuar corresponde, em concreto, ao nível comunitário ou ao nível estadual.

[99] Este objectivo da União encontra-se definido no travessão quinto, do art. B, do TUE.

Deste modo, deve-se entender que as alterações efectuadas em regulamentação comunitária pela Comissão[100], na sequência da reapreciação de medidas legislativas comunitárias a que procedeu na sequência do Conselho Europeu de Edimburgo, de modo algum coloca em crise o *acquis* comunitário. De facto, nas alterações que levou a cabo, a Comissão incidiu sobretudo sobre aspectos específicos e de particular natureza técnica, no sentido da simplificação e actualização da legislação em vigor. Assim, não estaríamos na presença de uma qualquer aplicação retroactiva do princípio, também proibida e susceptível de violar o acervo comunitário, mas tão somente perante um caso clássico de revisão de legislação imposto pela necessidade de actualização e adequação da legislação em vigor.

Deste modo, o princípio da subsidiariedade assume-se como o instrumento jurídico apto a dotar a Comunidade da capacidade necessária para o exercício de uma competência concorrente, desde que esta prove que a sua acção se encontra devidamente justificada.
Nesta medida, o princípio constitui um critério de racionalidade e de moderação no exercício das competências comunitárias concorrentes, assumindo uma dupla vertente: por um lado, uma vertente negativa, de proibição, nos termos da qual se encontra vedada toda e qualquer intervenção comunitária desnecessária – e que aponta assim num sentido descentralizador; por outro lado, a esta vertente negativa contrapõe-se uma outra de sentido oposto, positiva portanto, que habilita a Comunidade a intervir para auxiliar os Estados membros quando estes se revelem incapazes de alcançarem por si mesmos a plena realização dos objectivos postulados pelo Tratado.

---

[100] Logo a seguir à entrada em vigor do Tratado de Maastricht, no seu *Relatório sobre a adaptação da legislação em vigor ao princípio da subsidiariedade* [COM (93) 545 final, de 24.11.1993], a Comissão reconhecia a necessidade de reapreciar certas propostas por si apresentadas. Na sequência dessa reapreciação da sua actividade legislativa, a Comissão diminuiu consideravelmente o número de propostas por si apresentadas ao Conselho. De 185 em 1990, passou para 52 propostas em 1992. Por outro lado, no Anexo 2, Parte A, às *Conclusões do Conselho Europeu de Edimburgo,* pp. 12 ss., o Conselho refere alguns exemplos da reapreciação por parte da Comissão das propostas então pendentes e da legislação em vigor.

C. "(...) Devido à dimensão ou efeitos da acção prevista (...)"

O segundo parágrafo do art. 3º-B, do TUE, consagra como critérios para apreciação da eventual insuficiência estadual, a dimensão ou os efeitos da acção que as instituições comunitárias pretenderiam levar a cabo[101].

O carácter vago e genérico da terminologia utilizada[102] faz com que este segmento do segundo parágrafo do art. 3º-B, do TUE, seja o seu elemento de mais difícil interpretação, bem como aquele que, no nosso entender, colocará mais questões em sede de controlo jurisdicional da aplicação do princípio. De facto, é problemático determinar quando é que as dimensões ou efeitos[103] da acção visada justificam a intervenção comunitária. É necessário para tanto que essa dimensão e efeitos atinjam toda a Comunidade, ou, pelo contrário, bastará que ultrapassem o âmbito de um só Estado?

Por outro lado, estes dois critérios remetem-nos para o grau de importância (quantitativa e relativa) e impacto (qualitativo) da acção em causa, o que implica que a sua aplicação deva ser ponderada caso a caso, não sendo assim susceptível de uma resposta *in abstracto*.

Não obstante, concordamos com FAUSTO DE QUADROS quando este autor defende que, em princípio, só se deverá permitir a intervenção comunitária "(...) *quando a acção prevista tenha dimen-*

---

[101] Também neste aspecto se denota a influência do Projecto de Tratado sobre a União Europeia de 1984 e do *Relatório Giscard*. Este elemento não constava do art. 130º-R, § 4, do Acto Único Europeu. Aquele projecto de tratado fazia efectivamente referência expressa àquelas situações em que os efeitos e dimensões da acção visada ultrapassem as fronteiras nacionais.

[102] Como refere DURAND, C.-F., *apud* CONSTANTINESCO/KOVAR/ /SIMON, *Traité sur l'Union Europénne ..., op. cit.*, p. 112[1], *"Ces termes, en soi assez généraux et imprécis, paraissent viser l'ampleur de l'action, son envergure ou sa dimension transnationale sans que ceci en soit nécessairement une condition."*.

[103] No que concerne em particular aos efeitos da medida a adoptar, a Comissão sugeriu, na sua *Comunicação de 27 de Outubro de 1992*, a ponderação de elementos como o custo da inacção comunitária ou a necessidade de dar resposta a uma situação de crise.

são e produza efeitos a uma escala **tendencialmente comunitária.**"[104].

De facto, este segmento da cláusula geral de subsidiariedade do TUE parece remeter para um critério de transnacionalidade. Assim, o facto de a acção em causa revestir aspectos que ultrapassam o âmbito das fronteiras nacionais, tanto geográfica como politicamente, deverá ser entendido como um indício da necessidade de regulamentação ao nível comunitário. Contudo, ainda que se verifique da transnacionalidade da medida em causa, tal não determina sem mais, e por si só, a intervenção comunitária. De facto, é igualmente necessário demonstrar que, em virtude desse mesmo aspecto de transnacionalidade, a acção estadual será insuficiente para a prossecução dos objectivos visados com a medida em causa. Deste modo, só no caso de a *"questão em estudo ter aspectos transnacionais importantes que não podem ser regulamentados de forma satisfatória pela acção dos Estados membros."*[105], é que deverá ocorrer a intervenção comunitária, por ser este nível de intervenção que melhor realizará os objectivos subjacentes à medida visada.

Assim, no quadro de uma dada situação em que somente alguns dos Estados se revelem insuficientes para a realização da medida em causa, a Comunidade não se deve substituir sem mais à intervenção estadual. De facto, é o próprio conteúdo do princípio que impõe que, num primeiro momento, a União apoie e incentive esses Estados a suprirem as suas deficiências. Por outro lado, esta postura será a mais indicada para uma União que se rege pelo princípio da coesão económica e social, onde se procura reduzir as disparidades existentes entre os Estados e atingir um nível de desenvolvimento nivelado por um máximo denominador comum[106].

---

[104] QUADROS, Fausto de, *O princípio* ... , *op. cit.*, p. 46.
[105] CONSELHO DA UNIÃO EUROPEIA, *Conclusões...*, *op. cit.*, Anexo 1 à Parte A, p. 9.
[106] Neste sentido, *vide*, entre outros, D'AGNOLO, Gianluca, *La sussidiarietà* ..., *op. cit.*, pp. 99 ss.; e QUADROS, Fausto de, *O princípio* ..., *op. cit.*, pp. 47 e 49 ss..

Nesta medida, só se, por um lado, o apoio e incentivo prestados pela Comunidade aos Estados insuficientes se revelarem inoperantes e, por outro lado, se verificar que a participação desses Estados na acção em causa é imprescindível para a prossecução dos objectivos em causa, é que a Comunidade deverá intervir, substituindo na totalidade a sua intervenção à dos Estados membros. A este propósito, o Conselho Europeu de Edimburgo defendeu, nas suas Conclusões, que seria de optar pelo nível de intervenção comunitário no caso de *"as acções apenas ao nível dos Estados membros ou a falta de acção comunitária [colidirem] com as exigências do Tratado (como, por exemplo, a necessidade de corrigir as distorções de concorrência, evitar restrições dissimuladas ao comércio ou reforçar a coesão económica e social), ou [lesarem] significativamente os interesses dos estados membros; e/ou o Conselho [deveria] certificar-se de que a acção ao nível comunitário seria comprovadamente vantajosa, em virtude da sua dimensão ou dos seus efeitos, em cotejo com a acção a nível dos Estados membros."* [107].

Assim, na fundamentação das suas propostas, as diversas instituições comunitárias deverão demonstrar que este elemento também se verifica, objectivando-o o máximo possível, designadamente recorrendo a elementos de natureza económica, social, técnica e/ou jurídica[108].

2.3. O princípio da proporcionalidade e o terceiro parágrafo do art. 3º-B do TUE; sua relação com o princípio da subsidiariedade

A. *Considerações Gerais*

O princípio da proporcionalidade só obteve consagração no texto dos tratados com o Tratado da União Europeia. Contudo, de modo

---

[107] In Anexo 1 à Parte A, p. 9.
[108] Neste sentido, v. KAPTEYN, P. G., "Community law ...", *op. cit.*, p. 40.

algum se pode afirmar que a consagração deste princípio no terceiro parágrafo do art. 3º- B tenha introduzido um qualquer elemento novo no direito comunitário. De facto, e não obstante esta sua consagração normativa tardia, o certo é que há muito que tal princípio se havia já afirmado como um princípio geral de direito comunitário, invocado e aplicado de forma regular e frequente pelo Tribunal de Justiça.

Assim, já antes da sua consagração no texto dos Tratados como princípio constitucional de direito comunitário, o princípio da proporcionalidade desempenhava um importante papel na vivência comunitária, não só por orientar as instituições comunitárias na sua tarefa de aplicação do direito, mas também por desempenhar uma função contenciosa, orientando o juiz comunitário na sua apreciação do exercício por parte das instituições comunitárias dos poderes de execução que lhes são conferidos no âmbito das diversas políticas comunitárias. Assim, já antes do Tratado da União Europeia, o juiz comunitário lançava mão deste princípio, não só para apreciar da legalidade dos actos de instituições comunitárias, mas igualmente quando estavam em causa actos dos Estados membros eventualmente conflituantes com o exercício das liberdades comunitárias.

No direito comunitário, é possível encontrar os primeiros exemplos da aplicação do princípio da proporcionalidade ainda no âmbito da jurisprudência CECA, o que demonstra o quão cedo este princípio passou a fazer parte integrante do *acquis* comunitário. Posteriormente, o princípio da proporcionalidade obteria igualmente vasta aplicação no quadro do Tratado CEE, designadamente em matéria da política agrícola comum, relativamente à qual o Tratado de Roma, no seu art. 40º, n.º 3, al. 2, estipulava que a Comunidade deveria limitar a sua actuação à prossecução dos objectivos enunciados no art. 39º[109].

---

[109] Esta disposição é considerada pela generalidade da doutrina como uma manifestação, ao nível dos Tratados, do princípio da proporcionalidade. Contudo, alguns autores, na sua maioria de nacionalidade alemã, entendem que é igualmente possível entender como uma manifestação deste princípio o art. 36º do TCE. Porém, esta posição não tem obtido consenso no seio da doutrina. De facto, a generalidade dos autores, muito embora reconheça que a jurisprudência do TJ, em matéria de medidas de efeito equivalente, se encontra marcada por uma busca constante de proporcionalidade no exercício por parte dos Estados dos seus poderes de restrição de

Efectivamente, e contrariamente ao princípio da subsidiariedade, o princípio da proporcionalidade, não obstante não estar consagrado no texto dos Tratados como um princípio de direito comunitário, há muito que era aplicado pelo Tribunal de Justiça, que desenvolveu assim uma vasta jurisprudência na matéria[110], aplicando o princípio da proporcionalidade em praticamente todos os domínios de intervenção administrativa comunitária, ainda que com uma densidade por vezes variável[111].

Nos primeiros tempos, esta aplicação do princípio da proporcionalidade pelo TJ jamais foi acompanhada por um debate da questão da sua fonte legal em direito comunitário, e isto talvez por o órgão jurisdicional comunitário entender que o princípio da proporcionalidade era um princípio óbvio e fundamental da ordem jurídica comunitária e, como tal, qualquer clarificação no que concerne à sua origem seria desnecessária.

Esta questão da origem do princípio em direito comunitário será assim pela primeira vez referenciada e discutida no caso *Internationale Handelsgesellschaft*[112]. O Advogado-Geral Dutheillet de Lamothe, nas Conclusões Gerais que apresentou, apontou três possíveis fontes para o princípio da proporcionalidade em direito comunitário: (a) a *Grundgesetz* alemã, designadamente os seus arts. 2º e 12º; (b) os princípios gerais de direito comunitário; ou (c) uma disposição expressa e clara do Tratado. No seu entender, era necessário clarificar esta questão, na medida em que a ausência de uma resposta por parte do Tribunal per-

---

importações e exportações, nega que se possa ver naquele artigo uma qualquer manifestação do princípio da proporcionalidade. Neste sentido, *vide*, entre outros, ZILLER, Jacques, "Le principe de proportionnalité", in AJDA, n. spécial, 20 juin 1996, pp. 185-188.

[110] Podemos encontrar uma interessante análise desta jurisprudência, organizada por matérias, in EMILIOU, Nicolas, *The Principle of Proportionality in European Law: a Comparative Study*, Londres, 1996, pp. 195 ss.; e ainda em SCHWARZE, Jürgen, *Droit Administratif Européen*, Bruxelas, 1994, pp. 772 ss..

[111] Neste sentido, *vide* DE BÚRCA, Gráinne, "The principle of proportionality and its application in EC law", in YEL, 13, 1993, pp. 105-150, esp. pp. 113 ss.; e, ainda, SCHWARZE, Jürgen, *Droit Administratif ..., op. cit.*, p. 754.

[112] TJCE, ac. de 17.Dezembro.1970, Proc. 11/70, *Recueil 1970*, pp. 1125 ss..

mitiria que os diversos Estados membros lhe dessem respostas divergentes, senão mesmo contraditórias, o que afectaria negativamente a uniformidade e primado do direito comunitário.

Para Dutheillet de Lamothe a primeira solução seria de rejeitar, na medida em que a legalidade das medidas comunitárias teria de ser sempre, e só, aferida em função do direito comunitário, fosse ele escrito ou não, e nunca em função do direito nacional dos Estados membros[113]. Contudo, o Advogado-Geral não deixava de reconhecer a importante função desempenhada pelos princípios gerais dos diversos ordenamentos jurídicos dos Estados membros, designadamente enquanto património jurídico comum aos Estados, no qual o direito comunitário se deveria basear e procurar respostas para os diversos problemas que lhe fossem colocados. Esta posição de Dutheillet de Lamothe foi secundada pelo Tribunal, que mais uma vez reiterou a sua posição de que o recurso a normas ou a conceitos de direito dos ordenamentos jurídicos dos Estados membros, para aferir da validade das medidas adoptadas pelas instituições comunitárias, não era possível, na medida em que colocaria em perigo a uniformidade e eficácia do direito comunitário.

Assim, e não obstante entender que a presença do princípio da proporcionalidade poderia ser igualmente detectada em sede dos princípios gerais de direito comunitário[114], para o Advogado-Geral a posição mais correcta a adoptar seria a de que o princípio teria a sua fonte em disposições expressas dos Tratados, designadamente no seu art. 40º, n.º 3[115].

---

[113] Esta posição é aliás a posição do tribunal comunitário na matéria. Neste sentido, *vide*, entre outros, os seguintes acórdãos: ac. *Costa/ENEL*, de 15.Julho.1964; e ac. de 15.Julho.1960, *Consórcios de Venda do Carvão e o. vs Alta Autoridade CECA*, procs. 36-38 e 40/59, *Recueil* 1960, pp. 423 ss..

[114] *"Par les principes généraux du droit communautaire: c'est ce qu'au moins deux de vos ârrets ont formellement affirmé: 29 novembre 1956, Fédération charbonnière de Belgique, **Recueil**, 1955-1956, p. 304; 13 juin 1958, Hauts Fourneaux de Chasse, **Recueil**, IV-1958, p. 190."*, Conclusões do Advogado-Geral, in *Recueil 1970*, pp. 1149 ss..

[115] *"Pour notre part, nous vous proposerons celle résultant du droit écrit, car nous pensons, d'une part, qu'il est de bonne technique juridictionnelle de ne faire intervenir le droit non écrit qu'en cas d'obscurité, d'insuffisance ou de lacune du*

Relativamente a esta posição do Advogado-Geral, a postura do TJ não foi muito clara, tendo-se o órgão jurisdicional comunitário limitado a referir, a este propósito, que tanto os princípios gerais de direito comunitário, como o referido art. 40º, n.º 3, podiam ser vistos como fontes do princípio da proporcionalidade em direito comunitário. Contudo, o Tribunal manteve a sua posição de que, independentemente da sua fonte, sempre o princípio constituiria um "direito fundamental" dos cidadãos, no sentido de que a liberdade de acção do indivíduo não poderia ser limitada para além da medida do estritamente necessário para a prossecução do interesse geral.

Os termos em que o Tribunal de Justiça exerce o seu controlo sobre a aplicação do princípio da proporcionalidade são reveladores da forte influência exercida pela doutrina e jurisprudência alemãs sobre o órgão jurisdicional comunitário na matéria[116].

---

droit écrit et que, d'autre part, l'article 40 du traité se référant non à des buts d'intérêts généraux plus ou moins bien définis, mais plus précisément aux objectifs fixés à l'article 30 assure en cette matière une garantie plus précise des droits des individus que les principes généraux du droit communautaire.", Conclusões do Advogado-Geral, in *Recueil 1970*, pp. 1149 ss.. Posteriormente, esta posição de Dutheillet de Lamothe seria contestada por outro Advogado Geral, ROEMER, nas suas Conclusões, num ac. de 15.Dezembro.1970, *Deutsche Getreide – und Futtermittelhadelsgesellschaft vs Hauptzollamt*, Proc. 31/70, *Recueil 1970*, pp. 1055 ss., por entender que o art. 40º, n.º 3, apenas consagraria um dos três elementos constitutivos do princípio da proporcionalidade, a saber, o elemento da necessidade.

[116] O princípio da proporcionalidade constitui um princípio constitucional não escrito do ordenamento jurídico alemão, e desempenha um importante papel na jurisprudência do Tribunal Constitucional daquele país. Para a doutrina alemã, este princípio baseia-se no *Rechtsstaatsprinzip* – este sim consagrado na Lei Fundamental de Bona –, sendo que a sua aplicação não se encontra restrita ao âmbito da Administração. Assim, *"(...) Proportionality has acquired constitutional status and applies to legislative measures as well. When a statute is enacted in breach of the principle of proportionality, then the statute in question is unconstitutional and therefore invalid."*, in EMILIOU, N., *The Principle of Proportionality ...*, op. cit., p. 24. Efectivamente, o princípio da proporcionalidade desempenha um importante papel no controlo efectuado pelo *Bundesverfassungsgericht* das medidas legislativas em matéria de direitos fundamentais, bem como relativamente ao controlo efectuado pelo Tribunal Federal Administrativo relativamente àquelas áreas de actuação nas quais as

De facto, tal como sucede no quadro do ordenamento jurídico alemão, também o Tribunal de Justiça afere da correcta aplicação do princípio da proporcionalidade com base numa estrutura tripartida[117], isto é, lançando mão de três testes, a realizar de modo cumulativo.

Assim, num primeiro momento, o Tribunal averigua da **adequação** da medida em causa ao fim prosseguido, isto é, procura determinar se a medida adoptada constitui um meio adequado e eficaz para se realizarem os objectivos prosseguidos com a medida em causa. Após aferir da adequação da medida em causa, o TJ, de seguida, procura averiguar se existe um qualquer outro meio de realizar os objectivos em causa que seja menos restritivo do que a acção adoptada, ou seja, o TJ procura saber se a medida adoptada é efectivamente **necessária** para a prossecução dos fins visados. Por último, e mesmo que não exista qualquer outra medida menos restritiva, o Tribunal realiza ainda um terceiro teste, usualmente designado da **proporcionalidade** *stricto sensu*. Aqui, o órgão jurisdicional comunitário preocupa-se em determinar se os efeitos da medida adoptada sobre os interesses preteridos, designadamente os do queixoso, são excessivos quando comparados com os benefícios resultantes da realização dos objectivos visados. Deste modo, para o TJ, *"Por força do princípio da proporcionalidade (...) a legalidade da proibição[por parte das instituições comunitárias] (...) está subordinada à condição de que as medidas de proibição sejam adequadas e necessárias à realização dos objectivos prosseguidos pela regulamentação em causa, entendendo-se que, quando existe uma*

---

autoridades administrativas gozam de vastos poderes discricionários. Quanto ao conteúdo do princípio, resulta da jurisprudência do Tribunal Constitucional alemão que o princípio da proporcionalidade é constituído por três "sub-princípios" distintos, de aplicação cumulativa, a saber: adequação, necessidade e proporcionalidade *stricto sensu*. Nas palavras daquele órgão jurisdicional *"The intervention must be suitable and necessary for the achievement of its objective. It may not impose excessive burdens on the individual concerned, and must consequently be reasonable in its effects on him."* – BVerfGE 63, apud SCHWARZE, J., *Droit Administratif* ..., op. cit., p. 687.

[117] Também o Tribunal Europeu dos Direitos do Homem parece ter adoptada esta estrutura tripartida na realização do teste da proporcionalidade. *Vide*, entre outros, o caso *Sunday Times vs United Kingdom*, proc. A/30 (1979), apud BÚRCA, Gráinne de, "The principle of proportionality ...", op. cit., p. 113[14].

escolha entre várias medidas adequadas, se deve recorrer à menos rígida e os inconvenientes causados não devem ser desproporcionados relativamente aos objectivos pretendidos." [118]. Assim, em sede do controlo da aplicação do princípio da proporcionalidade, a actividade do Tribunal centra-se na procura da resposta para a dupla questão de saber se os meios aplicados são os adequados à realização dos objectivos visados e se não excedem a medida do que é necessário para os atingir.

Deste modo, facilmente se conclui que, nesta matéria, sempre o TJ procede a uma ponderação de interesses, designadamente dos interesses a prosseguir e daqueles outros interesses que terão de ceder a fim de se alcançarem os objectivos visados. Por outro lado, os resultados alcançados pelo Tribunal estão desde logo dependentes, como é bom de ver, do grau de profundidade e de minuciosidade com que o órgão jurisdicional averigua da necessidade da medida em causa e da existência de possíveis medidas alternativas menos restritivas, bem como do valor e importância atribuída pelo Tribunal aos interesses e objectivos prosseguidos pela Comunidade ou Estado membro e que determinaram a adopção da medida em crise. De facto, é inevitável que tanto a aplicação do princípio, como o controlo dessa mesma aplicação, involva sempre uma qualquer ponderação dos interesses em confronto.

Não obstante na fundamentação das suas sentenças o raciocínio exposto pelo TJ não obedecer sempre a este esquema ordenado e sucessivo, o certo é que das conclusões a que este órgão jurisdicional chega se depreende que estes três testes são sempre efectuados pelo Tribunal quando se trata de aferir da conformidade das medidas em causa com o princípio da proporcionalidade. Contudo, importa igualmente referir que a intensidade e relevo conferidos pelo TJ a cada um destes três sub-testes varia em função do contexto e circunstâncias do caso em apreço, designadamente do maior ou menor poder discricionário de que as instituições comunitárias disponham na área de intervenção em causa. Por outro lado, não deixa de ser igualmente interessante notar que o tribunal comunitário parece concentrar os seus esforços na realização

---

[118] TJCE, ac. de 13.Novembro.1990, *Fedesa*, proc. C-331/88, *Colectânea* 1990, pp. I – 4023 ss., p. 4023.

daquele segundo teste, o da necessidade da medida. De facto, através da leitura de alguns dos arrestos do órgão jurisdicional comunitário proferidos em sede de controlo da aplicação do princípio da proporcionalidade, constata-se que, na generalidade dos casos, uma vez tendo verificado que a medida em crise era efectivamente necessária, o TJ abstém-se de se debruçar sobre a questão juridicamente polémica – desde logo, por envolver juízos de cariz marcadamente político – de saber se existiriam alternativas menos restritivas à medida adoptada[119].

Apesar desta forte influência exercida pelo pensamento jurídico alemão sobre o TJ em matéria de proporcionalidade, o certo é que o princípio da proporcionalidade não é desconhecido nos demais ordenamentos jurídicos dos restantes Estados membros. De facto, um percurso através do direito administrativo dos demais Estados revela-nos que, com maior ou menor relevo, é possível encontrar indícios da presença deste princípio na generalidade dos ordenamentos jurídicos nacionais[120]. Assim, a par daqueles Estados nos quais o princípio obteve reconhecimento explícito[121], deparamos com outros nos quais, muito embora não seja explicitamente invocado pela doutrina e jurisprudência, é possível aí encontrar alusões implícitas ao princípio[122].

---

[119] Neste sentido, *vide* BÚRCA, Gráinne de, "The principle of proportionality...", *op. cit.*, p. 146.

[120] Uma interessante análise dos diversos ordenamentos jurídicos em sede de aplicação do princípio da proporcionalidade pode ser encontrada em SCHWARZE, J., *Droit Administratif ...*, *op. cit.*, pp. 692 ss.. Com referência aos casos específicos dos ordenamentos alemão e francês, uma interessante análise comparativa é feita por GERVEN, Walter Van, "The effect of proportionality on the actions of Member States of the European Community: national viewpoints from Continental Europe", in AA.VV., *The Principle of Proportionality in the Laws of Europe*, Oxford, 1999, pp. 37 ss., em particular, pp. 44-52.

[121] Tal como a Alemanha, Portugal (após a Constituição de 1976), Áustria, Suécia e Holanda encontram-se no grupo de países que consagram explicitamente o princípio da proporcionalidade como um princípio geral de direito público.

[122] Este parece ser o caso da Bélgica, Grécia, Luxemburgo e França. De facto, é raro encontrar na jurisprudência do *Conseil d'État* referências explícitas à proporcionalidade, verificando-se igualmente que o conceito é usado no direito francês em diferentes contextos. Uma parte da doutrina pretende ver na doutrina do *"bilan-coût-*

Existe ainda um outro conjunto de Estados membros nos quais, recentemente, se vem assistindo a uma consagração explícita do princípio nos respectivos ordenamentos jurídicos, muito embora a sua aplicação se encontre ainda restrita ao campo de aplicação do direito comunitário (ou da Convenção Europeia dos Direitos do Homem)[123-124].

B. *Subsidiariedade e Proporcionalidade*

Com o TUE, o princípio da proporcionalidade foi consagrado de forma explícita no texto dos Tratados como um princípio "constitucional" de direito comunitário, aplicável a toda a União Europeia, eliminando-se assim quaisquer dúvidas que eventualmente subsistissem quanto à sua vigência como princípio estruturante da ordem jurídica comunitária.

Por outro lado, esta sua consagração expressa no texto dos Tratados no âmbito do art. 3º-B, a par dos princípios da competência por atribuição e da subsidiariedade, traduz de modo inequívoco a vontade dos redactores do Tratado de que a exigência da proporcionalidade actuasse como um limite à actuação comunitária e, consequentemente, como um meio de preservação da esfera de actuação dos Estados membros.

Subsidiariedade e proporcionalidade, muito embora sejam questões distintas e autónomas, estão intimamente associadas, e são suscitadas usualmente no âmbito de um mesmo debate, a saber, o relativo ao exercício das competências comunitárias. Por outro lado, e não obstante estarem em causa conceitos jurídicos distintos, a resposta dada a

---

-avantages" uma aplicação particular do princípio. Esta não é contudo uma posição consensual. No entanto, actualmente, verifica-se que existe por parte do *Conseil d'État*, bem como do *Conseil Constitutionnel*, uma maior abertura a este princípio.

[123] Por exemplo, Espanha, Itália e Irlanda.

[124] Nesta matéria, o Reino Unido constituiu um caso particular, desde logo pelas características do seu ordenamento jurídico, designadamente pela ausência de uma Constituição escrita. Contudo, para alguns autores, seria possível incluir o princípio da proporcionalidade no princípio da *"reasonnability"*, nos termos do qual os poderes discricionários devem ser exercidos razoavelmente.

uma destas questões terá certamente influência sobre a resposta a dar à outra, como teremos oportunidade de demonstrar.

O princípio da proporcionalidade, enquanto princípio geral de direito comunitário, intervém em todos os domínios de competência comunitária, inclusivamente naqueles onde essa competência é exclusiva. Toda e qualquer acção comunitária está submetida ao seu crivo, competindo ao princípio da proporcionalidade definir e regulamentar a intensidade e a natureza da medida a adoptar, determinando assim qual a acção a encetar no caso concreto, a qual não deverá exceder o que é necessário e útil à realização dos objectivos visados. Deste modo, o campo de aplicação do princípio é muito mais vasto do que o do princípio da subsidiariedade, o qual, como já tivemos oportunidade de demonstrar, tem a sua aplicação restrita ao domínio das competências comunitárias concorrentes. Assim, subsidiariedade e proporcionalidade só actuarão em conjunto quando estejam em causa competências concorrentes.

Por outro lado, enquanto que o princípio da proporcionalidade visa a intensidade da acção, já o princípio da subsidiariedade diz respeito à determinação do nível de execução dessa mesma acção, a qual deverá sempre respeitar o princípio da proporcionalidade. Assim, este princípio intervém num momento posterior àquele, ou seja, o princípio da proporcionalidade intervém somente no momento de definir a intensidade, o conteúdo da acção a adoptar e, portanto, num momento em que já se encontra definido qual o nível de execução. Se a subsidiariedade se preocupa em individualizar o responsável pelo desencadear da acção, conferindo-lhe legitimidade para agir, já a proporcionalidade preocupa-se com o conteúdo da própria intervenção, ou seja, com a sua natureza, intensidade e medida.

Contudo, se em termos puramente formais esta actuação dos dois princípios se assume como sendo logicamente autónoma, não subsistindo dúvidas de que estamos perante duas operações intelectuais distintas[125], o certo é que em termos práticos torna-se difícil autonomizar a actuação dos dois princípios.

---

[125] Muito embora exista consenso no seio da doutrina quanto ao carácter autónomo destes dois princípios, o certo é que no que concerne às relações existentes entre os dois princípios, designadamente em sede de aplicação do princípio da subsidiarie-

De facto, ao aplicar o princípio da subsidiariedade, o intérprete vê-se na contingência de proceder a uma avaliação da necessidade da intervenção comunitária, a qual, na maioria dos casos, se revela profundamente imbricada na apreciação da razoabilidade e proporcionalidade da medida, as quais, por seu turno, se reportam ao princípio da proporcionalidade. Deste modo, podemos concluir que a aplicação do princípio da subsidiariedade não se encontra isenta de considerações sobre a proporcionalidade da intervenção. Tal como afirma BERRADA, *"(...) la règle de proportionnalité est également inscrite en filigrane dans l'alinéa 2 de l'article 3 B."*[126].

Nesta medida, e como tivemos já oportunidade de referir previamente, a aplicação do princípio da subsidiariedade implica proceder a um teste de eficácia comparativa entre, por um lado, a actuação dos Estados e, por outro lado, a actuação comunitária. Está em causa avaliar se os Estados membros dispõem dos meios necessários e apropriados para a prossecução dos objectivos visados. Por outro lado, a intervenção estadual só será preterida em favor da comunitária, na medida em que a União demonstre que a sua actuação é a mais adequada e eficaz na realização dos fins em causa. Deste modo, como é bom de ver, o teste da subsidiariedade conduz necessariamente à realização de uma comparação entre as duas intervenções possíveis, comparação esta que, por seu turno, assenta em critérios de necessidade, bem como em ponderações do grau de adequação dessas mesmas intervenções com relação aos objectivos a prosseguir. Assim, o exercício de uma competência concorrente por parte da Comunidade que viole o princípio da

---

dade, os diversos autores têm opiniões divergentes. V., por exemplo, LENAERTS, Koen & YPERSELE, Patrick Van, "Le principe de subsidiarité...", *op. cit.*, pp. 60 ss.; e BERRADA, Saad, "Subsidiarité et proportionnalité dans l'ordre juridique communautaire", in RAE, n. 1&2, 1998, pp. 48-61, esp. pp. 50 ss., cujas posições, muito embora tenham aspectos em comum, divergem nos aspectos essenciais, com os primeiros a classificarem o terceiro parágrafo do art. 3º-B, do TUE, como uma categoria residual, implicando assim que *"(...) tout ce qui ne relève pas du contrôle de proportionnalité imposé par le deuxième alinéa de l'article 3 b doit être contrôlé au regard de son troisième alinéa."* (p. 61).

[126] BERRADA, Saad, "Subsidiarité et proportionalité...", *op. cit.*, p. 49.

subsidiariedade deve ser classificado *ipso facto* como sendo igualmente não proporcional – e isto independentemente de existir uma adequação entre meios e fins –, na medida em que o objectivo em causa poderia ser realizado de modo suficientemente eficaz pelos Estados, preservando assim as suas especificidades e liberdade de actuação.

Por outro lado, e como teremos oportunidade de demonstrar, esta profunda imbricação entre os dois princípios reflecte-se igualmente em sede de controlo jurisdicional da aplicação do princípio da subsidiariedade, pois a realização deste controlo permite efectuar igualmente um controlo da aplicação do princípio da proporcionalidade, designadamente através da figura do "erro manifesto de apreciação"[127].

Contudo, importa precisar que esta proporcionalidade de que aqui estamos a falar não se trata de modo algum do princípio da proporcionalidade constante do art. 3º-B, § 3, do TUE, princípio geral de direito comunitário, mas tão somente de um cânone interpretativo ao qual se recorre em matéria de subsidiariedade[128]. Assim, o facto de uma medida ter passado o crivo da subsidiariedade não a torna, sem mais, uma medida proporcional para efeitos do terceiro parágrafo do art. 3º-B, sendo que tal medida terá sempre de ver examinada a sua conformidade com o princípio geral da proporcionalidade aí inscrito[129]. Assim, este princípio intervém somente *a posteriori*, após a Comunidade ter demonstrado que a sua intervenção se encontra justificada, a fim de verificar se os meios previstos pela norma comunitária não são desproporcionados face ao objectivo prosseguido.

Por outro lado, esta parece ser igualmente a posição mais consentânea com a postura adoptada pelo Conselho Europeu de Edimburgo, o qual, nas suas *Conclusões*[130], afirmou de modo claro que o princípio da

---

[127] V. *infra,* Capítulo III, pp. 193 ss..

[128] A este propósito, a Comissão, na sua Comunicação de 27 de Outubro de 1992, *op. cit.*, chegou mesmo a sugerir que a proporcionalidade mais não seria do que um dos elementos constituintes do teste da subsidiariedade.

[129] Neste sentido, *vide* BERRADA, Saad, "Subsidiarité et proportionalité...", *op. cit.*, p. 51; contra, LENAERTS, Koen & YPERSELE, Patrick Van, "Le principe de...", *op. cit.*, p. 61.

[130] *Vide* CONSELHO DA UNIÃO EUROPEIA, *Conclusões...*, *op. cit.*, Anexo 1, à Parte A, p. 10.

proporcionalidade se aplica a todas as acções da Comunidade, sejam elas ou não da sua exclusiva competência, de modo a que a intervenção comunitária revista a forma mais simples possível e, simultaneamente, assegure a realização satisfatória do objectivo da medida proposta e a sua execução eficaz. Assim, compete ao princípio da proporcionalidade assegurar que a legislação comunitária se atém ao estritamente necessário.

Deste modo, tanto o princípio da subsidiariedade como o da proporcionalidade obedecem a um mesmo propósito, a saber, a salvaguarda das prerrogativas dos Estados membros e contenção do pendor expansionista das instituições comunitárias. Assim, ambos se configuram como critérios limitativos do exercício de competências pela Comunidade.

Capítulo III
O CONTROLO JURISDICIONAL DA APLICAÇÃO DO PRINCÍPIO DA SUBSIDIARIEDADE

Uma das questões mais controversas e, consequentemente, das mais debatidas no âmbito do debate em torno da inserção do princípio da subsidiariedade nos Tratados, prende-se com a natureza e características do controlo a efectuar no que concerne à aplicação deste princípio. De facto, desde o primeiro momento em que foi aventada a possibilidade de consagração do princípio nos Tratados, a polémica instalou-se no seio do debate comunitário, sendo possível identificar diversas posições em confronto, tanto na doutrina como entre os Estados membros, designadamente no que concerne às características do controlo a efectuar relativamente à aplicação do princípio.
Contudo, ainda que divergindo quanto à natureza desse controlo, bem como quanto ao momento em que esse controlo deveria ocorrer, a generalidade da doutrina comunitária era consentânea em afirmar que a questão essencial nesta matéria residia em elaborar um sistema de garantias que assegurasse não só um funcionamento eficaz do princípio da subsidiariedade, mas também uma correcta aplicação do mesmo.
Mais do que o princípio em si, em causa estava a sua ambivalência que lhe permitia ser alvo de distintas, senão mesmo opostas, interpretações. Efectivamente, o debate em torno do princípio da subsidiariedade no quadro comunitário desde cedo ficou marcado pelo facto de o princípio – paradoxalmente – ser eleito, tanto pelos mais ferozes integracionistas como pelos mais acérrimos defensores da preservação do *statu quo* político europeu dos Estados Nação, como o argumento de eleição na defesa das suas posições.

Sendo a subsidiariedade um princípio descentralizador por natureza, impunha-se arquitectar mecanismos de controlo que garantissem que a sua aplicação não seria desvirtuada, conduzindo a resultados em si mesmos contraditórios com a *ratio* do princípio e com aquele que tem sido o seu desenvolvimento ao longo da história.

Com a inclusão do princípio nos Tratados pretendia-se contribuir para o desenvolvimento e avançar do processo de integração europeia, assegurando simultaneamente que esse progresso no sentido integrativo não poria em causa as prerrogativas dos Estados soberanos. De facto, a consagração do princípio da subsidiariedade como princípio geral de direito comunitário era vista como a solução ideal para o dilema em que vivia a Europa: integração ou preservação da soberania e das especificidades dos Estados membros. Estas duas realidades, aparentemente inconciliáveis, com o princípio da subsidiariedade tornam-se vértices de um mesmo projecto que almeja uma Europa verdadeiramente unida onde os Estados ocupam um lugar de destaque e na qual, simultaneamente, se preservam e respeitam as especificidades de cada país e respectivas regiões.

Deste modo, entendia-se que o controlo a implementar deveria assegurar que a aplicação do princípio não conduzisse a resultados perversos, designadamente a um esvaziar das competências estaduais em prol da sua concentração ao nível comunitário e ao consequente agravamento do défice democrático comunitário.

Desde logo, quem se revelava mais preocupado com tal possibilidade eram os entes territoriais infra-estaduais, descontentes com a sua falta de representatividade junto dos centros de decisão comunitários, e dispostos a garantirem meios eficazes de controlo da aplicação do princípio que lhes garantissem que as suas próprias competências não seriam postas em risco.

1. AS DIVERSAS PROPOSTAS FORMULADAS

No que concerne especificamente às características do controlo a estabelecer e ao momento do seu exercício, no decurso do debate foram várias as propostas que surgiram.

A polémica residia essencialmente em saber se o princípio da subsidiariedade seria justiciável, isto é, em saber se o Tribunal de Justiça[1]

---

[1] Como é bom de ver, numa primeira fase, anterior à criação do Tribunal de Primeira Instância, quando aludiam ao controlo jurisdicional do princípio da subsidia-

poderia controlar a aplicação do princípio e, eventualmente, anular um acto comunitário com fundamento na violação daquele princípio. Como é bom de ver, as diferentes respostas dadas pelos diversos autores eram desde logo condicionadas pelas posições que estes assumiam relativamente à natureza do princípio. Assim, para aqueles para quem o princípio revestia uma natureza política, o controlo jurisdicional seria de afastar, por impossibilidade de uma concreta e eficaz actuação do mesmo. Já para os adeptos da natureza jurídica do princípio, obviamente que só fazia sentido implementar um controle eminentemente jurisdicional, a exercer pelo Tribunal de Justiça.

Sem dúvida que o princípio da subsidiariedade, enquanto *"rule of reason"*, reveste um carácter também político, fazendo assim todo o sentido que actue como *"legislative restraint"*[2]. Contudo, o princípio

---

riedade por parte do Tribunal de Justiça, os autores referiam-se exclusivamente ao Tribunal de Justiça das Comunidades Europeias, único órgão jurisdicional então existente no quadro comunitário. Posteriormente, em 24 de Outubro de 1988, o Conselho decidiu criar o Tribunal de Primeira Instância (TPI), jurisdição que ficaria associada ao Tribunal de Justiça das Comunidades Europeias (*vide* JOCE L/319 de 25.11.1988, p. 1). Esta decisão do Conselho foi adoptada tendo como base jurídica o art. 11º do AUE que permitia ao Conselho, a pedido do TJ e após consulta da Comissão e do PE, associar ao TJCE um órgão jurisdicional encarregue de conhecer em primeira instância, sem prejuízo de recurso para o TJCE limitado às questões de direito, certas categorias de acções propostas por pessoas singulares ou colectivas. A este Tribunal competiria desde logo o contencioso da função pública comunitária. O Tratado de Maastricht contemplou o Tribunal de Primeira Instância no seu artigo 168º-A (*vide* o actual art. 225º do Tratado). Assim, ao longo deste capítulo, sempre que fizermos referência *tout cour* ao "controlo jurisdicional por parte do Tribunal de Justiça", deve entender-se que o fazemos num sentido amplo, ou seja, abrangendo nessa referência os dois graus de jurisdição. Quando esteja em causa somente uma das duas jurisdições comunitárias, especificaremos de qual se trata, utilizando designadamente as siglas TPI e TJCE. Este é aliás o critério que, como se pôde constatar, temos vindo a utilizar ao longo desta dissertação.

[2] A Comissão, num seu documento datado de 24 de Novembro de 1993, referiu-se igualmente à vertente política do princípio da subsidiariedade. Por seu turno, o PE, na sua *Resolução de 20 de Abril de 1994*, manifestou-se favorável a que a resolução dos conflitos em torno da aplicação do princípio fosse regulada ao nível político, muito embora não deixasse de referir que tal não excluía a possibilidade de em determinadas situações o Tribunal ser chamado a intervir em sede de interpretação e aplicação do princípio da subsidiariedade.

da subsidiariedade no contexto comunitário é antes de mais, e sobretudo, um princípio jurídico[3], sendo inquestionável o controlo da sua aplicação por parte dos órgãos jurisdicionais comunitários.

Efectivamente, hoje, dúvidas não subsistem de que o princípio da subsidiariedade é um princípio jurídico e, consequentemente, justiciável. De facto, quer pela sua inserção sistemática no Tratado – Parte I, "Os Princípios" –, quer pelo seu conteúdo, o princípio da subsidiariedade assume-se como uma verdadeira regra jurídica, vinculativa para todas as instituições comunitárias, e não apenas como um princípio político de índole meramente programática[4]. Assim, a aplicação do princípio é incontestavelmente sindicável pelos tribunais comunitários[5].

A questão da justiciabilidade do princípio havia sido já colocada pela Comissão Institucional do Parlamento Europeu aquando da prepa-

---

[3] Foi esta também a posição adoptada no *Relatório Medina Ortega* – e posteriormente sufragada pela Resolução do PE aprovada com base naquele Relatório –, onde se definiu o princípio da subsidiariedade como uma *"norma jurídica de grau constitucional"*.

[4] Como constataremos ao longo deste Capítulo, a questão da natureza do controlo do princípio, político ou jurisdicional, está condicionada desde logo pela posição adoptada pelos diversos autores quanto à natureza do próprio princípio. Assim, para aqueles AA., como por exemplo, DEHOUSSE, Renaud, *Does subsidiarity really matter?*, EUI WORKING PAPERS IN LAW, n. 92/32, 1993, para quem o princípio da subsidiariedade não poderia ser tido como um princípio jurídico, mas tão somente como princípio político, o controlo jurisdicional seria de repudiar, devendo optar-se em alternativa por controlos de natureza política, a efectuar por órgãos também eles políticos, como é o caso do Parlamento Europeu; outra das hipótese avançadas por este autor seria a de se criar um Grupo de Especialistas, institucionalmente associado à Comissão Europeia, a quem competiria analisar da compatibilidade dos projectos da Comissão com o princípio. Para mais desenvolvimentos, *vide infra* p. 166.

[5] Neste sentido *vide*, entre outros, QUADROS, Fausto de, *O princípio ..., op. cit.*, pp. 56 ss.; LENAERTS & YPERSELE, "Le principe de subsidiarité ...", *op. cit.*, pp. 71 ss.; RIDEAU, Joël, "Compétences et subsidiarité...", *op. cit.*, pp. 655 ss.; STEIN, Torsten, "El principio de subsidiaridad en el derecho de la Union Europea", in REP, Octubre-Diciembre, 1995, pp. 69-85, esp. pp. 81 ss.; e, ainda, STROZZI, Girolamo, "Le principe de subsidiarité dans la perspective d'intégration européennne: une enigme et beaucoup d'attentes", in RTDE, 30º année, n. 3, juin-septembre 1994, pp. 373-390, esp. pp. 386 ss..

ração do projecto de tratado de 1984. Então, ao defender o controlo jurisdicional do princípio, o Parlamento propunha a criação de um recurso específico para as questões de subsidiariedade.

Posteriormente, em Outubro de 1990, será a vez da Comissão se manifestar nesse mesmo sentido, isto é, no sentido do controlo jurisdicional do princípio da subsidiariedade, salientando a possibilidade de um tal controlo ser exercido *a posteriori* pelo TJ, ou seja, após a adopção e entrada em vigor do acto comunitário em causa.

A contestação à posição da Comissão não se tardou a fazer sentir, sendo de salientar a reacção do *House of Lords Scrutiny Comitee*. Efectivamente, ainda nesse mesmo ano de 1990, este órgão político britânico, onde estão reunidos representantes de todas as facções políticas do Reino Unido, manifestaria o seu desacordo com tal posição num seu relatório intitulado ECONOMIC AND MONETARY UNION AND POLITICAL UNION, no qual se podia ler que *"One new role has been proposed for the Court is that of interpreting the principle of subsidiarity. The Committe does not believe that subsidiarity can be used as a precise mesure against which to judge legislation. The test of subsidiarity can never be wholly objective or consistent over time – different people regard collective action as more effective than individual action in different circumstances. Properly used, subsidiarity should determine not only whether Community legislation is necessary or appropriate at all, but also the extent to which it should regulate and harmonise national divergences, and how it should be enforced.* **But to leave legislation open to annulment or revision by the European Court on such subjective grounds would lead to immense confusion and uncertainty in Community law."** [6-7].

Será o próprio Tribunal de Justiça das Comunidades Europeias a dar resposta aos contestatários do controlo jurisdicional do princípio,

---

[6] O destaque é nosso. Esta é uma frase que sintetiza bem os motivos dos opositores ao controlo jurisdicional do princípio da subsidiariedade. Trata-se, de facto, de um argumento que, como teremos oportunidade de constatar, está na base do discurso de todos aqueles que contestaram, e contestam, a sindicância jurisdicional do princípio.

[7] *Apud* EMILIOU, Nicolas, "The principle of subsidiarity ...", *op. cit.*, pp. 403 ss.

na sua Comunicação de 20 de Dezembro de 1990, relativa à Conferência Intergovernamental sobre a União Política. Muito embora reconheça neste documento que o princípio da subsidiariedade tem uma forte conotação política, o Tribunal não deixa igualmente de salientar que o exame do princípio não iria colocar problemas novos em matéria de controlo jurisdicional. Com efeito, no entender do Tribunal, para tanto bastaria pensar *"(...) num outro princípio, talvez de carácter mais modesto, e que já há bastante tempo é considerado pelo Tribunal como elemento de interpretação para efeitos de estabelecer os limites daquelas competências das instituições comunitárias que as legitimam a impor obrigações aos cidadãos comunitários, designadamente aos operadores económicos, e cuja violação pode igualmente ser invocada perante o Tribunal, tanto por via de excepção como em sede de recurso de anulação, a saber, o princípio da proporcionalidade."* [8].

Importa contudo salientar que, muito embora fosse esta a posição do Tribunal de Justiça, alguns dos seus antigos juízes manifestaram então profundas reservas quanto ao controlo jurisdicional do princípio[9], salientando a sua vertente política e as suas ambiguidades que, no seu entender, impossibilitariam um controlo objectivo e satisfatório da aplicação do princípio.

---

[8] Comunicação do TJCE relativa à Conferência Intergovernamental sobre a União Política, de 20 de Dezembro de 1990.

[9] De salientar a posição de Lord Mackenzie Stuart, Presidente do TJCE de 1984 a 1988, um céptico quanto à inclusão do princípio no corpo do Tratado e à possibilidade de se efectuar o controlo jurisdicional da sua aplicação daí decorrente:*"(...) the interpretation of subsidiarity is a political issue and not one for the Court of Justice of the European Communities. Maastricht, however, places that responsability squarely on its shoulders. Worse, (...) the definition of subsidiarity contained in the treaty (...) is a rich and prime example of globbledygood embracing simultaneously two opposed concepts of subsidiarity. To regard the chosen formula as a constitutional safeguard shows great optimism."* – excerto da intervenção de Lord Mackenzie Stuart no Congresso FIDE, que teve lugar em Roma, em 1994, *apud* BORGES, Marta, "Subsidiariedade: controlo *a priori* ou *a posteriori*", in TEMAS DE INTEGRAÇÃO, 2º vol., 1º semestre, 1997, pp. 67-99, p. 72[9]. Manifestando igualmente sérias reservas quanto ao controlo jurídico da aplicação do princípio da subsidiariedade, *vide* KAPTEYN, "Community Law ...", *op. cit.*, pp. 35 ss., também ele um antigo juiz do TJCE.

Nas resoluções que adoptou ao longo de 1990, na perspectiva da elaboração do Tratado da União Europeia, o Parlamento Europeu fez referência à transformação do Tribunal de Justiça das Comunidades Europeias em jurisdição constitucional e/ou em jurisdição suprema. Esta referência prendia-se essencialmente com a inserção do princípio da subsidiariedade no texto dos Tratados, pretendendo-se com tal transformação da natureza do órgão jurisdicional comunitário assegurar o controlo jurisdicional da aplicação daquele princípio[10]. Por outro lado, no entender do PE – e estando prevista a inserção no novo Tratado de um catálogo de direitos fundamentais –, só com esta transformação seria igualmente possível ao TJ reforçar a protecção dada àqueles direitos, assegurando deste modo vias de recurso específicas nesta matéria. Neste contexto, e relativamente à questão da subsidiariedade e ao controlo da sua aplicação, o Parlamento Europeu revelou ser um dos mais fervorosos adeptos da consagração de um controlo jurisdicional da aplicação do princípio da subsidiariedade, não *a posteriori* – como acabaria por consagrar o Tratado de Maastricht –, mas sim *a priori*. Assim, e nos termos do então proposto pelo PE[11], após a aprovação de uma norma ou acto, mas antes da sua entrada em vigor, poderia ser solicitado ao Tribunal que emitisse um parecer sobre a compatibilidade dessa norma ou acto com o princípio da subsidiariedade. No caso de o parecer prévio do Tribunal ser negativo, o acto ou norma em questão só poderia entrar em vigor após a revisão do Tratado, em condições

---

[10] Para STEIN, Torsten, "El principio de subsidiariedad...", *op. cit.*, pp. 81 ss., esta transformação do TJCE em jurisdição constitucional não faria sentido, na medida em que aquele tribunal já actuaria na prática como tal. Por outro lado, no seu entender, tal transformação não se justificaria igualmente por razões de controlo da aplicação do princípio da subsidiariedade. Reportando-se à posição entretanto já assumida por CONSTANTINESCO, o autor defende que a solução ideal nesta matéria seria sim atribuir ao TJ, em sede de conflitos de competências e da aplicação do princípio da subsidiariedade, um <u>controlo preventivo de natureza consultiva</u> a efectuar antes da adopção definitiva do acto em causa por parte do Conselho. Na sua opinião, este tipo de controlo seria o mais adequado, desde logo pela sua abstracção e carácter tendencialmente apolítico.

[11] *Resolução do PE sobre o princípio da subsidiariedade*, in JOCE, C/324, de 21 de Novembro de 1990.

análogas às previstas no art. 228º, n.º 6, 2ª parte, do TCE[12]. Este procedimento poderia ter carácter urgente, bastando para tanto que tal fosse requerido ou por uma instituição comunitária ou por um Estado membro.

Contudo, esta solução não obteve a anuência dos Estados, e muito menos a do TJ, que alegaram que tal controlo daria origem a um estado de incerteza permanente no decurso do processo legislativo. Para alguns Estados, esta seria mesmo uma solução absurda pois, no seu entender, conduziria inevitavelmente a um "governo dos juízes", na medida em que incitaria os juízes a controlarem a actividade legislativa comunitária.

Por seu turno, o Tribunal de Justiça, na sua referida Comunicação de 20 de Dezembro de 1990 relativa à Conferência Intergovernamental sobre a União Política, sustentou que o novo Tratado deveria manter, no essencial, os contornos do sistema jurisdicional então existente, caracterizado, na opinião do TJ, pela simplicidade e unidade. Assumindo-se como o último garante da aplicação uniforme do direito comunitário em toda a Comunidade, no contexto do sistema jurisdicional comunitário, o Tribunal salientava que as suas competências, *"(...) previstas pelo Tratado, para se pronunciar sobre os recursos directos, a cooperação estreita com as jurisdições nacionais instituída pelo artigo 177º, e as competências que lhe são atribuídas pelos protocolos anexos a certas convenções celebradas entre os Estados membros, levaram a que se reunissem numa única instituição as funções de juiz ordinário, de juiz administrativo e de juiz constitucional."*. Tendo como ponto de partida estas considerações gerais, de seguida o TJ referia-se à questão do controlo jurisdicional do princípio da subsidiariedade, revelando bastantes reservas quanto à instauração de um procedimento jurisdicional específico para a sindicância da aplicação do princípio. No seu entender, caso se optasse por instituir um procedimento específico para o controlo da aplicação do princípio, atribuindo-lhe assim um estatuto especial, seria necessário, antes de mais, considerar as dificuldades inerentes à delimitação das competências das

---

[12] Actual art. 300º. A redacção do n.º 6 deste artigo do Tratado não sofreu qualquer alteração com Amesterdão.

instituições comunitárias. Por outro lado, no entender do Tribunal, tal pretensão imporia igualmente um prévio e aprofundado exame das relações, à partida extremamente difíceis de definir, que se estabeleceriam entre um tal procedimento específico e as vias normais de recurso passíveis de serem utilizadas para contestação da competência da instituição em causa. Caso a Conferência Intergovernamental optasse efectivamente pela consagração de um tal procedimento específico para o controlo do respeito do princípio da subsidiariedade, seria então indispensável consultar o Tribunal, não só sobre as modalidades que um tal procedimento poderia assumir, mas também sobre as possíveis consequências de tal consagração sobre os demais procedimentos previstos pelo Tratado.

Estas reticências do TJ à consagração de um controle específico para o controlo da aplicação do princípio da subsidiariedade certamente constituíram um factor decisivo na tomada da decisão da Conferência Intergovernamental quanto a esta matéria, no sentido da não consagração no Tratado de um tal procedimento específico de controlo da aplicação do princípio da subsidiariedade.

Indo no essencial ao encontro da posição adoptada pelo Parlamento Europeu quanto às características do controlo a instituir, Jean--Paul JACQUÉ e Joseph H. WEILER[13] pronunciaram-se a favor da instauração de um controlo jurídico *a priori* da aplicação do princípio da subsidiariedade[14]. Estes autores, num artigo publicado em 1990, propunham que o controlo a efectuar pelo Tribunal de Justiça fosse um controlo **negativo**. Nesta medida, competiria somente ao TJ determinar se uma dada norma ou acto observava ou não o princípio da subsidiariedade. Não lhe competiria portanto impor à Comunidade a adopção de uma medida ou de um acto por tal ser decorrência da aplicação do

---

[13] *Vide* JACQUÉ e WEILER, "Sur la voie de l'Union...", *op. cit.*, pp. 455 ss..

[14] Neste sentido se pronunciou igualmente CONSTANTINESCO, Vlad, "La subsidiarité comme principe constitutionnel de l'intégration européenne", in AUSSENWIRTSCHAFT, Octobre 1991, pp. (439)207-(459)227, pp.(458)226 ss..

princípio da subsidiariedade. Assim, propunham a inclusão no Tratado de um novo artigo, um art. 172º *bis*, com a seguinte redacção:

> *"Le Conseil, la Commission, le Parlement ou un État membre peut recueillir l'avis de la Cour de Justice, avant l'entrée en vigueur d'un acte du Conseil, de la Commission ou du Parlement sur le point de savoir si cet acte a été pris dans un domaine qui reléve de la compétence communautaire.*
>
> *Lorsque l'avis de la Cour est négatif, l'acte ne peut entrer en vigueur qu'après l'achèvement de la procédure à l'article 236.*
>
> *La Cour de Justice vérifie, en particulier, que l'acte*
>
> - *Entre dans le cadre des objectifs du Traité;*
> - *Prévoit une action dont la dimension ou les effets significatifs dépassent les frontières nationales;*
> - *Sur la base des éléments soumis à la Cour, est nécessaire pour mener une tâche qui peut être entreprise en commun de façon plus efficace que par les Etats membres oeuvrant séparément.*
>
> *Un avis positif n'exclut pas ni ne porte préjudice à un recours ultérieur introduit sur la base du Traité."*.

De acordo com estes autores, o recurso para o TJ deveria ter como fundamento a falta de competência comunitária para adoptar o acto//medida em causa. Contudo, para JACQUÉ e WEILER, o facto de a falta de competência constituir a causa de pedir não obstaria a que o TJ se opusesse à entrada em vigor do acto/medida com base em um outro qualquer fundamento como, por exemplo, uma violação manifesta dos direitos do Homem: *"Il serait artificiel de demander à la Cour de limiter son contrôle à la compétence même si elle constate une illégalité évidente d'une autre nature."* [15].

O facto de JACQUÉ e WEILER salvaguardarem nesta sua proposta de um artigo 172 *bis* a possibilidade de um controlo *a posteriori* por

---

[15] JACQUÉ e WEILER, "Sur la voie de l'Union ...", *op. cit.*, p. 455[14].

parte do TJ, com fundamento em violação das disposições do Tratado, lançando mão para o efeito do então art. 173º[16], é de realçar. Deste modo, os autores fazem questão de explicitar que a consagração do controlo jurídico *a priori* no Tratado não poria em causa de modo algum um controlo *a posteriori*, também ele de natureza jurídica, a exercer nos termos gerais. O princípio da subsidiariedade, no seu entender, deveria estar assim sujeito a um duplo controlo de natureza jurídica, que operaria tanto a montante como a jusante da sua aplicação.

Outra solução possível – defendida pelos governos britânico e holandês no quadro da Conferência Intergovernamental sobre a União Política (Dezembro, 1990) –, e que visava também ela estabelecer um controlo jurídico *a priori* da aplicação do princípio da subsidiariedade, consistiria em o Tribunal de Justiça passar a ter competência para emitir um parecer prévio, análogo ao previsto no n.º 6 do art. 228º do Tratado (actual art. 300º, n.º 6) relativamente aos projectos de acordos internacionais, com a modificação introduzida pelo TUE. Assim, o parecer do Tribunal iria incidir sobre uma proposta da Comissão, antes ou durante a sua discussão, e debruçar-se-ia sobre a conformidade de tal proposta com o princípio da subsidiariedade.

Para aqueles autores[17] para quem o princípio da subsidiariedade não poderia ser encarado como um princípio jurídico, consubstanciando antes um princípio de carácter marcadamente político, a justiciabilidade da subsidiariedade seria totalmente de afastar. No seu entender, de modo algum se poderia solicitar a um órgão jurisdicional que se pronunciasse sobre a aplicação do princípio da subsidiariedade quando subjacentes a tal aplicação estavam questões de oportunidade política de actuação, a qual não seria assim orientada por critérios

---

[16] Actual art. 230º.
[17] *Vide*, entre outros, DEHOUSSE, Renaud, "Does Subsidiarity ....", *op. cit.*; GONZÁLEZ, José Palacio, "The principle of subsidiarity (A guide for lawyers with a particular community orientation)", in ELR, vol. 20, n. 4, pp. 355-370; STUART, Lord Mackenzie, "Evaluation des vues exprimées et introduction à une discussion--débat", in IEAP, *Subsidiarity: the challenge of change – Proceedings of the Jacques Delors Colloquium 1991*, Maastricht, 1991, pp. 41 ss..

objectivos susceptíveis de aferição quantitativa e qualitativa. Neste sentido se pronunciou igualmente, como já tivemos oportunidade de referir, LORD MACKENZIE STUART, um ex-presidente do TJ, para quem *"Décider si une action est plus appropriée, nécessaire ou efficace au niveau communautaire, relève essentiellement du discours politique. Ce n'est pas le genre de question à soumettre à la décision de la Cour."*[18].

Assim, para os defensores da natureza política do princípio da subsidiariedade[19], o controlo mais adequado a este princípio seria um de carácter também ele político.

A este propósito foram várias as propostas avançadas, começando desde logo pela da criação de um congresso composto por membros do Parlamento Europeu e membros dos parlamentos nacionais. Estar-se-ia neste caso perante um controlo a efectuar casuisticamente, muito embora a abordagem a adoptar revestisse um carácter global.

Para DEHOUSSE[20], por seu turno, seria de submeter a aplicação do princípio a um controlo por parte de um *comité d'experts* a criar no seio da Comissão, a quem competiria analisar todos os projectos elaborados pelos serviços da Comissão, aferindo da sua compatibilidade ou não com o princípio.

---

[18] STUART, Lord Mackenzie, "Évaluation des vues ...", *op. cit.*, p. 45.

[19] Cumpre aqui referir a posição de W. VAN GERVEN para quem, e isto não obstante entender que o princípio da subsidiariedade reveste um carácter essencialmente político, seria possível ao Tribunal de Justiça exercer um controlo jurídico da aplicação do princípio, ainda que indirecto. Para este autor, o TJ controlaria a aplicação do princípio da subsidiariedade recorrendo aos princípios da proporcionalidade e da cooperação. A subsidiariedade, enquanto princípio político, teria como função orientar as autoridades comunitárias na fase de tomada de decisão, não existindo assim quaisquer critérios objectivos para aferir da regularidade da sua aplicação. Contudo, esse mesmo princípio político não deixaria de se fundar sobre aqueles outros dois princípios, estes sim jurídicos; assim, por um lado, o princípio da proporcionalidade, consagrado no art. 3º-B, § 3, permitiria analisar a intensidade da acção adoptada, enquanto que, por outro lado, o princípio da cooperação, inscrito no art. 5º, constituiria o fundamento jurídico que permitia ao TJ debruçar-se sobre a necessidade da medida adoptada. Neste sentido, v. D'AGNOLO, Gianluca, *La sussidiarietà ..., op. cit.*, p. 156[38].

[20] DEHOUSSE, Renaud, "La subsidiarité ...", *op. cit.*, pp. 27 ss..

Por outro lado, o Professor JURGEN SCHWARZE, acompanhado pelo Professor WERNER VON SIMSON, propôs o estabelecimento de dois comités, um no seio do Conselho de Ministros e outro no seio do Parlamento Europeu, por entender que o controlo político se revelaria mais apto a sindicar a aplicação do princípio da subsidiariedade que o controlo jurisdicional, na medida em que, no seu entender, em causa estaria um princípio político e não jurídico[21].

De entre as propostas favoráveis a um controlo político da subsidiariedade, em detrimento da sua justiciabilidade, importa salientar a de PONIATOWSKI, formulada no seu relatório ao Senado francês de 12 de Novembro de 1992[22]. Esta proposta é bastante interessante, tanto mais que é formulada num momento posterior ao da assinatura do Tratado de Maastricht[23], partindo assim o autor para a análise tendo já conhecimento da versão definitiva do Tratado da União Europeia.

PONIATOWSKI considera que o controlo do princípio consagrado no Tratado – a autodisciplina imposta às instituições europeias e o controlo jurisdicional a exercer *a posteriori* pelo Tribunal nos termos gerais – era por si só insuficiente, impondo-se assim proceder a algumas alterações, designadamente à introdução no texto do Tratado de uma lista exaustiva das competências exclusivas da União. Deste modo, distinguir-se-ia de modo claro as competências exclusivas das competências concorrentes, o que no entender de PONIATOWSKI facilitaria a interpretação do art. 3B, § 2.

Por outro lado, na sua opinião, a aplicação do princípio da subsidiariedade deveria estar sujeita, em termos institucionais, a um duplo

---

[21] Esta posição de Schwarze decorre, como é lógico, da sua concepção de subsidiariedade, que encarava *"en premier lieu comme l'expression d'une conviction politique: l'architecture de l'Europe de demain a besoin d'une certaine décentralisation, d'une répartition des pouvoirs entre la Communauté et les États membres. Néanmoins, dans la pratique de la Communauté, il faut trouver des solutions pragmatiques pour interpréter et définir ce principe général."*; v. SCHWARZE, Jurgen, "Le principe de subsidiarité ...", *op. cit.*, p. 616.

[22] PONIATOWSKY, M., *Le principe de subsidiarité*, RAPPORTS DU SENÁT FRANÇAIS, 45, 1993.

[23] O Tratado de Maastricht foi assinado a 7 de Fevereiro de 1992, tendo entrado em vigor a 1 de Novembro de 1993.

mecanismo de controlo: uma Conferência de parlamentos nacionais e uma Câmara da subsidiariedade. Adepto da tese que advoga a natureza política do princípio da subsidiariedade, PONIATOWSKI defendia que os órgãos competentes para o controlo da subsidiariedade teriam de necessariamente revestir duas características, na sua opinião, essenciais: (a) serem detentores de uma legitimação popular, própria de um órgão político, e (b) serem "externos" à estrutura institucional comunitária, relativamente à qual actuariam como contrapeso. Deste modo, por terem na base da sua constituição os parlamentos nacionais, aqueles dois órgãos revestiriam por excelência as características *supra* referenciadas.

Nos termos da proposta de PONIATOWSKI, o controlo estritamente político da aplicação do princípio competiria à Conferência dos parlamentos nacionais. Este controlo seria exercido durante a fase legislativa, ao nível da tomada de decisão[24]. Por seu turno, a Câmara de subsidiariedade exerceria um controlo de natureza *quasi* jurídica, que actuaria na fase precedente à entrada em vigor do acto comunitário, e actuaria em moldes análogos ao Conselho Constitucional francês.

Neste contexto, o papel desempenhado pelo Tribunal no controlo da aplicação do princípio da subsidiariedade seria um papel meramente

---

[24] Posteriormente, o governo francês, durante o debate parlamentar sobre a Conferência Intergovernamental de 1996, propôs a instituição de um *"haut-conseil parlementaire"*, composto por representantes dos diversos parlamentos nacionais, a ser consultado sobre a conformidade das diversas propostas legislativas comunitárias com o princípio da subsidiariedade. Uma proposta similar foi avançada pelo Grupo de Reflexão constituído tendo em vista a Conferência Intergovernamental de 1996, nos termos da qual se sugeria um reforço do controlo *ex ante* da aplicação do princípio, mediante a instituição de um Conselho Consultivo a criar ao mais alto nível. Tal Conselho integraria dois representantes de cada um dos parlamentos nacionais dos vários Estados membros, que analisariam a aplicação do princípio. Contudo, o Grupo de Reflexão faz questão de referir que uma mais estreita associação entre os parlamentos nacionais não deveria resultar na criação de uma nova instituição ou de um qualquer órgão permanente, com personalidade e sede próprias. Por outro lado, a hipótese da criação de uma segunda câmara, integrando membros dos parlamentos nacionais, foi rejeitada pelo Grupo de Reflexão. Para mais desenvolvimentos, *v. infra*, Capítulo IV, pp. 220 ss..

secundário e complementar daquele controlo *ex ante* exercido pela Câmara de subsidiariedade, destinando-se somente a colmatar as eventuais lacunas deste último.

O certo é que nenhuma destas soluções foi acolhida pelo Tratado de Maastricht, ficando assim o controlo da aplicação do princípio da subsidiariedade inteiramente nas mãos dos órgãos jurisdicionais comunitários[25].
Deste modo, só num momento posterior à entrada em vigor de um acto e/ou medida, poderá ser a sua incompatibilidade com o princípio da subsidiariedade invocada, dispondo os interessados para tanto das vias de recurso ordinárias consagradas no Tratado. Nas próprias palavras do Tribunal de Justiça das Comunidades Europeias, *"Inscrito entre os princípios enumerados na primeira parte do Tratado, e definido a partir de critérios passíveis de uma apreciação objectiva, e muito embora não se encontrando precisado nas disposições específicas atributivas de competências legislativas e regulamentares às instituições políticas da Comunidade, o princípio da subsidiariedade constituirá não só um elemento de interpretação, mas também um fundamento de anulação de qualquer acto ilícito dessas instituições, fundado naquelas disposições particulares, sendo igualmente invocável por via de excepção."*[26].
Nesta medida, e na ausência de um qualquer procedimento específico para o controlo da aplicação do princípio da subsidiariedade, a sua violação poderá ser invocada através de qualquer uma das vias de recurso previstas no Tratado para a contestação da legalidade dos actos comunitários perante o Tribunal, sendo que, no que concerne à legitimidade processual activa para tal, valerão igualmente as normas gerais previstas na matéria pelo Tratado.

---

[25] Importa referir que, relativamente a esta matéria, Amesterdão nada trouxe de novo. De facto, o *Protocolo relativo à aplicação dos princípios da subsidiariedade e da proporcionalidade* anexo ao Tratado limita-se a afirmar – no seu ponto 13 –, a este respeito, que *"A observância do princípio da subsidiariedade será reanalisada de acordo com as regras constantes do Tratado."*.

[26] Comunicação do TJ relativa à Conferência Intergovernamental sobre a União Política, de 20 de Dezembro de 1990.

Repudiando a consagração de uma via específica de recurso para as questões relacionadas com a aplicação do princípio da subsidiariedade, o Tribunal de Justiça na sua Declaração de Dezembro de 1990 referiu ainda que, *"Enquanto fundamento de um recurso dirigido contra actos adoptados pelas instituições políticas comunitárias, o princípio da subsidiariedade terá aplicação designadamente no âmbito do recurso de anulação, das questões prejudiciais sobre a validade de um acto, e da excepção de ilegalidade prevista no artigo 184º. Podendo igualmente ser invocado no âmbito de todo e qualquer procedimento jurisdicional previsto no Tratado, no âmbito do qual a competência de uma instituição comunitária possa ser contestada, o princípio da subsidiariedade ocupará inequivocamente um lugar entre os instrumentos jurídicos comunitários já existentes."*.

Assim, e tendo desde logo presente esta posição tão abrangente do TJ, é perfeitamente plausível conceber – em termos puramente teóricos, como é óbvio – que se possa lançar mão de qualquer uma das vias de recurso consagradas no Tratado para a apreciação de questões relacionadas com a aplicação do princípio da subsidiariedade, recurso directo e reenvio prejudicial incluídos[27].

2. O PRINCÍPIO DA SUBSIDIARIEDADE E AS VIAS JURISDICIONAIS DE RECURSO PREVISTAS NO TRATADO

A generalidade da doutrina é unânime em afirmar que o meio ideal para se verificar da conformidade da actuação da União com o princípio da subsidiariedade consiste no recurso de anulação previsto no art. 230º[28].

---

[27] Como teremos oportunidade de constatar, a generalidade dos autores não partilha desta opinião do TJCE, colocando sérias objecções à utilização de algumas das vias de recurso previstas no Tratado quando esteja em causa a sindicância jurisdicional do princípio da subsidiariedade, designadamente no que concerne ao recurso por omissão previsto no art. 232º (ex-art. 175º), bem como quanto à possibilidade de reenvio prejudicial nos termos do disposto no art. 234º (anterior art. 177º). *Vide infra*, pp. 179 ss..

[28] Art. 173º na versão dos Tratados anterior a Amesterdão.

Nesta medida, qualquer um dos sujeitos referidos neste artigo (Estados membros, Comissão, Conselho, Parlamento Europeu[29], Tribunal de Contas, Banco Central Europeu – estes, na medida em que tal recurso tenha como objectivo salvaguardar as respectivas prerrogativas –, bem como qualquer pessoa singular e colectiva relativamente a actos que lhe sejam directa e individualmente dirigidos[30]) pode, nos termos deste artigo, submeter à apreciação do Tribunal um recurso com fundamento na violação do actual art. 5º, § 2, do Tratado.

A utilização deste artigo 230º como via de recurso para controlo jurisdicional da aplicação do princípio da subsidiariedade, muito embora não deixe margem para dúvidas, não deixou de suscitar algumas questões, designadamente no que concerne à legitimidade processual activa para efeitos da sua aplicação.

Assim, e atento o teor deste normativo legal, a questão fulcral que se colocou nesta matéria foi a de saber se os entes territoriais menores (regiões, autarquias locais, etc.) e, em particular, o Comité das Regiões, poderiam, com fundamento no art. 230º, desencadear o controlo jurisdicional da aplicação do princípio da subsidiariedade.

De facto, para alguns autores[31], as colectividades locais deveriam ser reconhecidas como requerentes privilegiados em matéria de subsidiariedade. Nesta medida, deveria ser-lhes permitido recorrer ao TJ sempre estivesse em causa a defesa das suas próprias prerrogativas.

Muito embora esta solução seja perfeitamente defensável *de lege ferenda*, não nos parece que ela possa ser acolhida *de lege data*. Com efeito, em defesa da sua tese, os autores estabelecem um paralelo entre

---

[29] No que concerne especificamente ao Parlamento Europeu, CURTI GIALDANO manifesta algumas reservas quanto à legitimidade processual activa daquela instituição para interpor este tipo de recurso com fundamento na violação do princípio da subsidiariedade. Este autor tem dificuldade em conceber uma situação em que as prerrogativas do PE sejam postas em causa pela não aplicação do princípio da subsidiariedade por parte das demais instituições comunitárias. Vide GIALDANO, Curti, "Some reflections ...", *op. cit.*, pp. 1089 ss..

[30] *Vide*, respectivamente, § 2, § 3 e § 4 do art. 230º.

[31] *Vide*, entre outros, VANDELLI, Luciano,"Il principio di sussidiarietà nel riparto di competenze tra diversi livelli territorialli: a proposito dell'at. 3B del Trattato sull'Unione Europea", in RIDPC, ano III, n.º 3, 1993, pp. 379-397, esp. pp. 392 ss..

a situação das colectividades locais[32] e o direito de recurso do PE reconhecido no §3 deste artigo. Contudo, não nos parece que esta seja a melhor solução a adoptar. Com efeito, dificilmente se concebe que cada uma das inúmeras colectividades locais comunitárias possa invocar perante o juíz comunitário a violação, por parte dos órgãos comunitários, das suas prerrogativas reconhecidas pelo direito interno do Estado membro de que é nacional e, como tal, necessariamente distintas das prerrogativas das demais colectividades locais comunitárias[33]. De facto, o que se pretende salvaguardar com o art. 230º, § 3, são as **prerrogativas atribuídas, a uma instituição comunitária, pelo direito comunitário**, e não as prerrogativas, nacionalmente reconhecidas e tuteladas de entidades, não originárias no direito comunitário.

Para outros autores[34] contudo, seria igualmente de reconhecer esse direito de recurso às colectividades locais, mas agora com base no § 4 do referido art. 230º. Neste parágrafo reconhece-se expressamente a toda e qualquer pessoa singular ou colectiva o direito de recurso *"(...) das decisões de que seja destinatária e das decisões que, embora tomadas sob a forma de regulamento ou de decisão dirigida a outra pessoa, lhe digam directa e individualmente respeito."*. Deste modo, seria possível aos entes territoriais menores recorrerem ao Tribunal de Justiça, desde que demonstrassem o seu "interesse em agir", ou seja, desde que demonstrassem que em causa estaria uma decisão ou acto comunitário que lhes fosse directamente dirigido.

---

[32] Utilizamos indistintamente as expressões "colectividades locais", "entes territoriais menores" e "regiões" para nos referirmos à generalidade dos entes territoriais infra-estaduais existentes na União, abrangendo assim com tais expressões realidades tão distintas como é o caso dos Länder e das autarquias locais. Quando esteja em causa um tipo particular destas entidades especificaremos de qual se trata.

[33] Numa sua intervenção em Munique, a 1 de Fevereiro de 1991, Jacques DELORS salientou igualmente a diversidade – jurídica, económica e social – das colectividades locais comunitárias como obstáculo a uma maior intervenção da sua parte no controlo da aplicação do princípio da subsidiariedade.

[34] Neste sentido, vide D'AGNOLO, Gianluca, *La sussidiarietà ..., op. cit.*, p.161. Este autor defende que esta solução seria igualmente válida para o Comité das Regiões.

No entender dos adeptos desta tese, esta seria uma solução mais viável, tanto mais que o próprio TJ já reconheceu às colectividades locais legitimidade processual activa para efeitos de interposição de recurso de anulação, estabelecendo para o efeito uma analogia com a situação dos particulares nessa matéria[35].

Por outro lado, não podemos deixar de nos interrogar se, relativamente ao Comité das Regiões, já não fará sentido estabelecer um paralelo com a situação do PE e, como tal, permitir àquele órgão comunitário recorrer ao TJ para defesa das suas próprias prerrogativas, também elas consagradas pelo direito comunitário originário.

Com efeito, o Comité das Regiões foi instituído tendo em vista permitir às colectividades locais comunitárias exprimirem, ainda que a título meramente consultivo, a sua opinião relativamente à adopção de medidas comunitárias naquelas áreas que, nos termos dos diferentes direitos nacionais, são da sua competência. Assim, nesta perspectiva, não seria de excluir a hipótese de, no caso de as instituições comunitárias não consultarem o Comité nos termos previstos no Tratado[36], o Comité recorrer ao Tribunal para salvaguarda do seu direito de ser consultado e de defesa perante as instituições comunitárias do respeito das prerrogativas das colectividades locais.

---

[35] Vide, entre outros, os acórdãos do TJCE, de 11.Julho.1984, *Commune de Differdange e. o vs. Comissão*, Proc. 222/83, Recueil 1984, pp. 2289 ss.; e o ac. de 8.Março.1988, *Exécutif régional wallon e S. A. Glaverbel/Comissão*, Procs. 62 e 72/87, Colectânea 1988, pp. 1573 ss..

[36] Vide os arts. 71º, n.º 1 (transportes), 129º, § 1 (emprego), 137º, n.º 2, § 3 (assuntos sociais), 149º, § 4 (educação), 150º, § 4 (formação profissional), 151º, § 5 (cultura), 152º, n.º 4 (saúde pública), 156º (redes transeuropeias), 159º, § 3, 161º, § 1 e 162º, § 1 (coesão económica e social) e art. 175º, § 1 (ambiente). A consulta obrigatória do Comité das Regiões nas áreas do emprego, assuntos sociais, ambiente, formação profissional e transportes foi introduzida pela revisão de Amesterdão. Por outro lado, no art. 265º, § 1, encontramos ainda a possibilidade de o Conselho e a Comissão poderem, caso entendam que é oportuno, consultar o Comité, designadamente em matéria de cooperação transfronteiriça. Por seu turno, o § 4, do mesmo artigo, confere essa mesma possibilidade de consulta facultativa do Comité das Regiões ao Parlamento Europeu. O Tratado consagra ainda a possibilidade de o Comité, sempre que considere oportuno, poder emitir parecer por sua própria iniciativa (art. 265º, § 4).

Não obstante, e apesar das inúmeras propostas nesse sentido, o certo é que nem com Maastricht, nem posteriormente com Amesterdão, obteve consagração explícita nos Tratados a possibilidade de o Comité das Regiões e/ou as colectividades locais serem dotadas de legitimidade processual activa perante o TJ para efeitos do art. 230º do Tratado. De facto, já na primeira Conferência entre PE e regiões, realizada em 1984, havia sido proposto reformar os Tratados, no sentido de se proceder a uma parificação da posição das regiões com a dos demais sujeitos institucionais comunitários, em sede do controlo jurisdicional do princípio da subsidiariedade[37]. Posteriormente, numa segunda Conferência, que teve lugar em Novembro de 1991, esta ideia foi retomada, referindo-se a Declaração Final expressamente à subsidiariedade, onde se defendia para as regiões a possibilidade de lançarem mão do art. 230º do Tratado (então art. 173º) para defesa das suas prerrogativas[38].

Por seu turno, no decurso da Conferência Intergovernamental sobre a União Europeia, a delegação alemã propôs que fosse atribuída às regiões legitimidade processual activa no quadro do recurso de anulação, relativamente aos actos comunitários de carácter geral que pusessem em causa as competências regionais[39]. Esta proposta não

---

[37] Nesta sede, GOLETTI, G. B., "Sul dialogo tra la Comunitá europea e le regioni com riferimenti specifici al «caso Italia»", in RDE, n. 1, 1984, esp. p. 101, defende um repensar da situação das regiões nesta matéria, referindo que *"le regioni, quelle in particolare fornite di soggettività giuridica, dovrebbero trovare uno spazio proprio e non mediato daí rispettivi Stati."*.

[38] Com efeito, nessa Declaração advogava-se *"il diritto delle regioni di ricorrere di fronte agli organi giurisdizionali competenti ai sensi dell'art. 173 CEE contro provvedimenti che le concernono. Le regione possono altresì adire la giurisdizione comunitaria su questioni relative all'interpretazioni delle norme concernenti i poteri loro riconosciuti dal diritto comunitario e su eventuali conflitti di attribuzione com altre instituzioni."*.

[39] Como é bom de ver, esta proposta da delegação alemã traduzia as exigências dos Länder, desde sempre ferozes defensores de uma maior representatividade e poder decisório para as entidades regionais no contexto comunitário. Esta questão da eventual atribuição de legitimidade processual activa às regiões perante o Tribunal de Justiça foi seriamente debatida na Alemanha. No entender dos Länder, já que muitas das obrigações comunitárias impostas ao Estado Federal eram por eles cumpridas, e em virtude do paralelismo que deveria existir entre direitos e obrigações, deveriam

teve contudo acolhimento, nem relativamente às regiões, nem em relação ao então recém constituído Comité das Regiões.

Este, por outro lado, desde a sua criação, que vem defendendo a necessidade de lhe ser reconhecido o estatuto de instituição comunitária, de modo a poder fazer valer as suas posições junto do Tribunal. Assim, no seu *Parecer sobre o Princípio da Subsidiariedade*, de 21 de Abril de 1995[40], o Comité propunha que lhe fosse reconhecido, bem como às regiões actuando *per se*, um direito privilegiado em sede de legitimidade processual activa no quadro do recurso de anulação, propondo para o efeito uma nova redacção para o então art. 173º, nos termos da qual os parágrafos 1 e 3 passariam a ter a seguinte redacção:

> *"O Tribunal é competente, nas mesmas condições, para conhecer dos recursos interpostos pelo Parlamento Europeu, pelo Banco Central Europeu e pelo Comité das Regiões, com o objectivo de salvaguardar as respectivas prerrogativas. O Tribunal é ainda competente para conhecer dos recursos interpostos pelo Comité das Regiões com fundamento em violação do princípio da subsidiariedade.(...)*
>
> *O Tribunal é competente para conhecer dos recursos interpostos pelas regiões com o fundamento em as suas competências legislativas serem afectadas por um regulamento, directiva ou decisão."*.

Para o Comité esta nova redacção do então art. 173º seria decorrência lógica do acolhimento de uma sua outra proposta, a da sua elevação ao estatuto de instituição comunitária. Por outro lado, no entender do Comité, esta solução seria a única que garantiria que tanto as regiões,

---

ser-lhes reconhecidas as mesmas possibilidades de recurso contencioso que eram reconhecidas aos Estados, sobretudo quando os actos comunitários interferissem em matérias da sua exclusiva competência.

[40] CdR 136/95-D-EB/LA/cf, Bruxelas, 21 de Abril de 1995. Posteriormente, num seu outro parecer sobre o princípio da subsidiariedade – v. *Parecer sobre o princípio da subsidiariedade. "Para uma nova cultura da subsidiariedade – Apelo do Comité das Regiões"*, de 10/11 de Março de 1999, Bruxelas, CdR 302/98fin –, o Comité reafirmou estas suas preocupações e posições.

como o próprio Comité, não ficariam totalmente "desarmados" no que se refere à tutela de uma correcta aplicação do princípio da subsidiariedade. Com efeito, para o Comité das Regiões, não seria possível recorrer ao mecanismo do reenvio prejudicial no caso de violação do princípio da subsidiariedade por parte das instituições comunitárias, na medida em que aquele seria destituído de efeito directo[41].

Assim, na sua opinião, só com o acolhimento nos Tratados das suas propostas – consagração do Comité das Regiões como instituição comunitária e uma nova redacção do art. 173º (actual art. 230º) conferindo às regiões e ao próprio Comité legitimidade processual activa em matéria de subsidiariedade – lhe seria possível desempenhar eficazmente o papel por si assumido de "guardião" do princípio[42].

Perante a posição do Comité das Regiões, o Grupo de Reflexão para a Conferência Intergovernamental de 1996 reagiu, manifestando-se contra a atribuição de legitimidade processual activa àquele órgão,

---

[41] Esta é uma questão que retomaremos posteriormente; aproveitamos contudo a oportunidade para adiantar que não concordamos com tal posição, desde logo porque entendemos que a associação feita entre a ausência de efeito directo do princípio e a negação da possibilidade de recurso ao reenvio prejudicial para sindicância da conformidade de um acto comunitário com o princípio é desprovida de fundamento. Para mais desenvolvimentos, vide infra, pp. 179 ss..

[42] Apesar da não inclusão nos Tratados das suas propostas, o certo é que o Comité tem persistido na defesa das suas posições, não se cansando de salientar e lamentar os inconvenientes do seu estatuto de órgão comunitário com funções exclusivamente consultivas. Neste sentido, pode ler-se no seu *Parecer sobre o Relatório da Comissão ao Conselho Europeu, "Legislar melhor 1998. Uma responsabilidade a partilhar"*, de 15 de Setembro de 1999, que *"O Comité considera oportuno lembrar que, quando da revisão dos Tratados, por várias vezes solicitou a instituição de garantias jurídicas e políticas de plena aplicação do princípio da subsidiariedade, mas isso agora não foi contemplado, tão-pouco o foi no Tratado de Amesterdão. O Comité tem para si que um sistema de garantias que incluísse também as autarquias evitaria, ainda, o risco de os Estados-membros se sentirem tentados a utilizar a subsidiariedade como alibi para a renacionalização das políticas comunitárias."*. Não obstante, o certo é que, mesmo assim, *"Ao pronunciar-se sobre os projectos legislativos da UE, o Comité das Regiões aprecia não somente o impacto geral que estes terão ao nível local e regional, mas também a observância do princípio da subsidiariedade."*, in COMITÉ DAS REGIÕES, *Parecer sobre a Conferência Intergovernamental de 2000*, CdR 53/1999, in www.cor.eu.int.

muito embora a posição adoptada não tenha sido consensual, como resulta do Relatório Final do Grupo: *"Uma significativa maioria do Grupo opôs-se ao pedido expresso pelo Comité das Regiões no seu relatório no sentido de ser autorizado a instaurar processos perante o Tribunal de Justiça com fundamento na incorrecta aplicação do princípio da subsidiariedade, por se ter considerado que não compete ao Comité das Regiões interpretar a aplicação do princípio da subsidiariedade à repartição de competências entre a União e os Estados membros. (...) Alguns membros pretendiam que fosse reconhecida ao Comité das Regiões capacidade processual activa para recorrer ao Tribunal de Justiça para tutela das suas prerrogativas (...)."*[43].

Atento o *supra* exposto, tendemos a concordar com aqueles autores que defendem que não deverá ser reconhecida às regiões legitimidade para, *per se*, recorrerem ao Tribunal comunitário, atendendo desde logo à sua diversidade de estatutos jurídicos.

A intervenção das colectividades locais em matéria de controlo da aplicação do princípio da subsidiariedade deverá assim estar dependente da actividade mediadora dos Estados, tanto mais que a generalidade da doutrina tende a concordar que o actual art. 5º, § 2, diz respeito somente às relações entre União e Estados-membros, não englobando no seu campo de aplicação aquele outro nível constituído por Estados membros e regiões. Cumpre assim àquelas colectividades actuarem junto dos respectivos governos nacionais, exercendo pressão, de molde a que as suas exigências e temores sejam ouvidos pelas instâncias comunitárias[44]. Assim, e tendo em mente a estrutura institucional

---

[43] SECRETARIADO GERAL DO CONSELHO DA UNIÃO EUROPEIA, *Conferência Intergovernamental de 1996. Relatório do Grupo de Reflexão e outras Referências Documentais*, Bruxelas, Dezembro 1995, pp. 11-84, p. 54.

[44] Posteriormente, no seu já mencionado P*arecer sobre a Conferência Intergovernamental de 2000*, CdR 53/1999, in www.cor.eu.int, o Comité das Regiões defenderia que *"As pessoas colectivas locais e regionais deverão ser consultadas sobre todas as políticas comunitárias com impacto significativo nelas antes de as estratégias políticas comunitárias serem decididas e executadas. (...) Os Estados Membros deveriam também negociar com as pessoas colectivas locais e regionais a preparação das suas posições sobre questões da UE que afectam estas entidades."*.

comunitária e o teor dos Tratados, entendemos que estas colectividades deverão optar preferencialmente por desenvolverem relações de cooperação – quer ao nível intra-estadual, quer ao nível interestadual –, conjugando posições e concertando esforços de modo a permitir-lhes assumirem perante os governos nacionais posições de força.

Relativamente ao Comité das Regiões, contudo, e ainda que tal legitimidade processual activa lhe deva ser negada atento o teor dos Tratados, é nosso entender que nesta matéria o Tribunal de Justiça poderá desempenhar um papel determinante. Na senda daquela que desde os primórdios do processo de integração europeia vem sendo a orientação do Tribunal, em que sempre privilegiou o elemento teleológico da interpretação em detrimento do elemento literal, poderá o TJ eventualmente estabelecer um paralelo entre, por um lado, a situação processual do PE para efeitos do art. 230º e, por outro, a situação do Comité das Regiões.

Pensamos igualmente que a atribuição de um papel de maior destaque ao Comité das Regiões e, consequentemente, das regiões e colectividades locais, passa antes de mais pela tão almejada reforma institucional que também Amesterdão falhou em realizar. Neste contexto, constituiria um grande progresso elevar o Comité das Regiões ao estatuto de instituição comunitária. Se, por um lado, isto permitiria atribuir-lhe poderes decisórios, e não meramente consultivos, sempre que estivessem em causa matérias com relevo e consequências para as regiões, por outro lado, permitir-lhe-ia igualmente recorrer ao TJ para defesa das suas prerrogativas e posições. Esta medida, por si só, colmataria muitas das deficiências do processo decisório comunitário e dificuldades apontadas pelas regiões nesta sede, contribuindo deste modo, estamos certos, para construir uma Europa onde as decisões são tomadas tão próximo quanto o possível dos cidadãos, assegurando assim o desenvolvimento de uma verdadeira "cultura da subsidiariedade" comunitária.

Não obstante o art. 230º do Tratado se configurar como o meio ideal para se verificar da conformidade da actuação concreta da União com o princípio da subsidiariedade, o certo é que, para este efeito, poderá ser igualmente útil o recurso à excepção de ilegalidade consagrada no art. 241º45, e isto quando a União tenha actuado através de um regulamento. Assim, podemos perfeitamente conceber a hipótese de um Estado-membro, acusado de não cumprir as disposições de um regulamento comunitário emanado em sede de uma matéria de competência concorrente, invocar em sua defesa o princípio da subsidiariedade consagrado no actual § 2, do art. 5º, alegando que os objectivos visados com tal regulamentação seriam suficientemente realizados mediante a intervenção dos Estados-membros, não se justificando assim a intervenção comunitária na matéria[46].

Outra questão muito debatida em sede do controlo judicial da aplicação do princípio da subsidiariedade era a de saber se os particulares poderiam invocar a violação do princípio por um acto norma-

---

[45] Anteriormente à renumeração efectuada por Amesterdão, era o art. 184º.

[46] LENAERTS, Jürgen e YPERSELE, Patrick Van, "Le principe de subsidiarité ...", *op. cit.*, p. 74[155], revelam terem algumas dúvidas quanto à *"utilisation du principe de subsidiarité, au titre d'exception d'illégalité prévue par l'article 184, dans le cadre d'un recours en manquement, comme moyen de défense de l'État membre ne semble pas possible non plus dans la mesure où l'État membre avait la faculté d'introduire un recours en annulation contre l'acte communautaire en cause. Par contre, la violation du principe de subsidiarité pourrait être invoquée dans le cadre d'un procédure visant à recueillir l'avis de la Cour de Justice sur la compatibilité d'un accord international conclu par la Communauté au titre de l'article 228."*. Não nos debruçaremos neste trabalho sobre a actuação do princípio no plano das relações externas comunitárias, desde logo por motivos de economia na exposição. Trata-se de uma questão que, por si só, constitui matéria para uma dissertação. Por outro lado, neste trabalho preocupa-nos mais a actuação do princípio no plano interno comunitário, ou seja, nas relações entre Estados e União. Para mais desenvolvimentos sobre a questão da actuação do princípio da subsidiariedade no âmbito das competências externas comunitárias, *vide*, entre outros, FLAESCH-MOUGIN, C., "Le Traité de Maastricht et les relations externes de la Communauté Européenne: à la recherche d'une politique externe de l'Union", in CDE, 1993, pp. 351-398; e MARTINACHE, Anne, "Une application de la subsidiarité: la Cour de justice et les compétences externes", in RAE, année 8, n. 1-2, 1998, pp. 62-66. Quanto à questão do recurso por parte de um Estado-membro ao art. 241º como meio para se verificar da observância, ou não, do princípio da subsidiariedade por parte União, cumpre referir que o TJ, naquela sua Comunicação de 20 de Dezembro de 1990, admitiu de forma expressa esta possibilidade. *Vide supra*, p. 170.

tivo estadual perante o juiz nacional, designadamente recorrendo ao reenvio prejudicial.

Sobre esta matéria, constatamos existir uma divergência na doutrina. Assim, a par daqueles autores para quem o recurso ao reenvio prejudicial para controle da conformidade da actuação da União com o princípio da subsidiariedade não suscita quaisquer dúvidas[47], outros há que contestam esta possibilidade argumentando com a ausência de efeito directo do princípio[48], na medida em que o segundo parágrafo do art. 5º do Tratado não reveste as características de clareza e precisão exigidas para o efeito, desde logo porque padece no seu enunciado de conceitos vagos e indeterminados, o que contraria as exigências jurisprudenciais para que uma norma do Tratado possa possuir efeito directo.

No nosso entender, e como tivemos já oportunidade de referir[49], a questão de saber se o § 2, do actual art. 5º, possui ou não efeito directo não é relevante para o efeito de determinar se, em sede do controlo jurisdicional da aplicação do princípio da subsidiariedade, pode ou não haver recurso ao reenvio prejudicial previsto no art. 234º[50]. Assim, não podemos de modo algum subscrever a posição do Conselho Europeu de Edimburgo quando afirma que *"Não se pode considerar que o princípio da subsidiariedade produza efeitos directos; todavia, a sua inter-*

---

[47] *Vide*, entre outros, DUARTE, Maria Luísa, *A teoria dos Poderes*, *op. cit.*, p. 537; QUADROS, Fausto de, *O princípio ...*, *op. cit.*, p. 57; GONZÁLEZ, José Palacio, "The principle of subsidiarity ...", *op. cit.*, p. 365; e ainda, LENAERTS, Koen e YPERSELE, Patrick Van, "Le principe de subsidiarité ...", *op. cit.*, p. 74.. BERMANN, George A., "Taking subsidiarity seriously: federalism in the European Community and the United States", in CLR, vol. 94, n. 2, March 1994, pp. 331-456, p. 391[241]. a este propósito, refere que *"The notion that subsidiarity might be enforceable by the Court of Justice in direct actions challenging Community measures but not enforceable via direct effect in national courts is an awkward and unprecedented one"*.

[48] Neste sentido, *vide*, por exemplo, DEMARET, Paul, "O princípio da subsidiariedade", in *Congresso FIDE*, XVI, v. I, 1994, Roma, p. 425; RIDEAU, Joël, "Compéténces et subsidiarité ...", *op. cit.*, p. 658; STROZZI, Girolamo, "Principe de subsidiarité ..", *op. cit.*, pp. 386 ss..

[49] *Vide supra*, p. 179.

[50] Era o art. 177º.

pretação e a apreciação do seu cumprimento pelas instituições comunitárias ficarão sujeitas ao controlo do Tribunal de Justiça, para as questões abrangidas pelo Tratado que institui a Comunidade Europeia."[51]. De facto, e salvo melhor opinião, a ausência de efeito directo do §2, art. 5º, do Tratado, não afecta o direito dos particulares contestarem a legalidade do acto comunitário cuja aplicação querem afastar com base em violação do princípio da subsidiariedade.

De facto, se considerarmos que o efeito directo consiste na *"possibilidade de os particulares invocarem em tribunais nacionais, se «a natureza, a economia e os termos» da norma ou do acto o permitirem, uma disposição dos tratados comunitários ou um acto de Direito derivado que não beneficie de aplicabilidade directa*[52] *(isto é, as directivas e as decisões dirigidas a Estados), para afastarem a aplicação de uma norma estadual, apesar de essa norma ou acto de DC* [direito comunitário], *repetimos, não gozarem de aplicabilidade directa, nem terem visto ainda o seu conteúdo transposto para qualquer acto de direito interno, legislativo ou administrativo."*[53-54], facilmente se conclui que

---

[51] In CONSELHO DA UNIÃO EUROPEIA, *Conclusões ..., op. cit.*, p. 8.

[52] Como se pode constatar, partilhamos da opinião daqueles autores para quem efeito directo e aplicabilidade directa são realidades distintas. Uma excelente exposição dos fundamentos desta distinção pode ser encontrada em QUADROS, Fausto de, *Direito das Comunidades ..., op. cit.*, pp. 413 ss., que aliás adoptamos como referência nesta matéria.

[53] *Idem*, pp. 420 ss..

[54] A doutrina do efeito directo é uma doutrina comunitária de origem jurisprudencial. A primeira vez que o TJCE se pronunciou sobre esta matéria foi no célebre Acórdão *Van Gend & Loos*, proferido a 5 de Fevereiro de 1963, em que se colocava a questão do efeito directo do então art. 12º do TCEE. Igualmente paradigmáticos em matéria de efeito directo são os acórdãos proferidos pelo TJCE no caso *Grad* – Ac. 6.10.1970, Proc. 9/70, *Recueil* 1970 – e no caso *Van Duyn* – Ac. 4.12.1974, Proc. 41/74, *Recueil* 1974, pp. 1003 ss.. Igualmente importante nesta matéria é o Acórdão *Costa/ENEL*, de 15.07.1963, onde o TJCE se pronunciou a favor do efeito directo de disposições do Tratado que impunham aos Estados membros uma obrigação de abstenção. São inúmeras as obras que se debruçam sobre esta temática; *vide*, entre outras, COLOMER, Damado Ruiz-Jarabo, *El juez nacional como juez comunitario*, Madrid, 1993; QUADROS, Fausto de, *O Direito das Comunidades ..., op. cit.*; HAGUENAU, Catherine, *L'application effective du droit communautaire en droit interne*, Bruxelas, 1995; JUNG, Hans, "A organização jurisdicional comunitária ante o futuro", in

em nada a ausência de efeito directo do art. 5º, § 2, afecta a possibilidade de reenvio prejudicial para controlo da aplicação desse mesmo normativo por parte dos Estados.

De facto, o que está em causa no efeito directo é assegurar que o direito nacional não conforme com uma norma de direito comunitário desprovida de aplicabilidade directa – no sentido de não imediatamente aplicável –, e seja ela de direito derivado ou originário, não prevalecerá sobre esta última. A doutrina do efeito directo visa deste modo garantir o primado do direito comunitário sobre a ordem jurídica estadual e, consequentemente, de uma forma mais ampla, assegurar uma aplicação uniforme do direito comunitário.

Ora, o que está em causa quando se coloca a questão do recurso ao reenvio prejudicial para controlo da observância ou não do princípio da subsidiariedade por parte das instâncias comunitárias, é determinar se um particular pode ou não invocar a violação do princípio comunitário da subsidiariedade, perante o juiz nacional, como fundamento para afastar a aplicação de uma norma de direito comunitário, adoptada pela Comunidade no quadro de uma política de competência concorrente, com base no princípio da subsidiariedade.

Assim, é perfeitamente concebível uma situação em que um particular pretenda afastar a aplicação de um acto comunitário adoptado em virtude da aplicação do princípio da subsidiariedade, como seja o caso de um regulamento ou de uma directiva[55], e cuja aplicação o prejudica. Não vemos quaisquer obstáculos para que o particular conteste

---

O sistema jurisdicional comunitário e a sua contribuição para a integração europeia, n.º 13, 1993, pp. 43-65; LOUIS, Jean-Victor, *A Ordem Jurídica Comunitária, op. cit.*; RIBEIRO, Marta Chantal, *Da responsabilidade do Estado pela violação do direito comunitário*, Coimbra, 1996; SLAUGHTER, Anne-Marie et al., *The European Court and the national courts*, Oxford, 1998.

[55] Ao incluirmos aqui a directiva temos em mente uma situação em que uma directiva, adoptada com base no princípio da subsidiariedade, imponha aos Estados membros a adopção de medidas que afectem os direitos dos particulares e lhes acarretem prejuízo. Assim, embora numa situação destas, em primeiro plano, surja o acto nacional que dá cumprimento à directiva, certo é que o acto que está em causa, e cuja aplicação é contestada pelo particular, é, no nosso entender e salvo melhor opinião, aquela directiva que impôs a adopção da medida nacional.

a legalidade de um tal acto comunitário, com fundamento na violação do princípio da subsidiariedade, suscitando esta questão perante o juiz nacional[56]. De facto, não faz qualquer sentido questionar o efeito directo do princípio da subsidiariedade quando, em sede de um reenvio prejudicial, ele se assume como um princípio superior de direito comunitário relativamente ao qual se vai aferir da compatibilidade de uma norma inferior. Nas palavras de LENAERTS e VAN YPERSELES, *"Les normes de référence du contrôle de la Cour n'ont pas besoin d'avoir un effect direct pour pouvoir conduire à l'annulation ou à la constatation de l'invalidité d'une norme inférieure. Dans un système de normes hiérarchisées seul importe le caractère obligatoire de la norme supérieure. Il s'ensuit qu'avec ou sans effect direct le principe de subsidiarité pourra être invoqué, comme toute disposition du traité, pour contester la legalité d'un acte communautaire."* [57].

Nesta medida, entendemos que a violação do princípio da subsidiariedade pode ser invocada pelos particulares para contestarem, perante o juiz nacional, tanto a validade de um acto nacional como a de um acto de direito comunitário derivado, e assim, eventualmente, conduzir a que este coloque uma questão prejudicial ao Tribunal de Justiça sobre a observância daquele princípio pela norma em causa[58].

---

[56] Obviamente, o tribunal nacional só terá conhecimento desta questão por via de excepção, não lhe sendo permitido, nos termos da jurisprudência *Foto-Frost* – ac. de 22.10.1987, Proc. 314/85, *Colectânea* 1987, p. 161 ss. –, declarar a invalidade do acto em questão. Caso o juiz nacional considere a questão da ilegalidade pertinente e relevante para a solução do caso concreto colocará a questão prejudicial ao TJ.

[57] In "Le principe de subsidiarité...", *op. cit.*, p. 74.

[58] Esta posição é confirmada pela própria experiência comunitária, designadamente pelo facto de o Tribunal ter já tido a oportunidade de se pronunciar sobre o princípio da subsidiariedade no quadro de recursos interpostos ao abrigo do actual art. 234º do Tratado. O mais célebre desses acórdãos é o designado acórdão *Bosman* – ac. de 15.Dezembro.1995, Proc. C-415/93, *Union royale belge des sociétés de football association ASBL vs Jean-Marc Bosman e o.*, *Colectânea* 1995, pp. I-4921 ss.. Este acórdão reveste igualmente um grande interesse em virtude de, no arresto em causa, o Tribunal ter decidido que a aplicação do princípio da subsidiariedade não pode conduzir a que associações nacionais privadas adoptem regulamentação contrária ao Tratado. Assim, de acordo com o TJ, *"O princípio da subsidiariedade, mesmo na acepção ampla de que a intervenção das autoridades comunitárias se deve limitar*

Outra via possível para controlo jurisdicional da aplicação do princípio da subsidiariedade por parte das instituições comunitárias é a do recurso por omissão, consagrada no art. 232º[59] do Tratado[60].

---

ao estritamente necessário no domínio da organização das actividades desportivas, não pode ter por efeito que a autonomia de que dispõem as associações privadas para adoptarem regulamentações desportivas limite o exercício dos direitos, tal como o da livre circulação, conferidos pelo Tratado aos particulares." (Considerando n.º 9 das conclusões do TJCE, p. I-4926). Deste modo, o Tribunal afastou a possibilidade de a subsidiariedade operar a outros níveis, para além do das relações Comunidade/Estados membros.

[59] Corresponde ao antigo art. 175º.

[60] Esta posição por nós adoptada não é consensual. Assim, para LENAERTS, Jürgen & YPERSELE, Patrick Van, "Le principe de subsidiarité ..", *op. cit.*, p. 74[155], o recurso ao art. 232º em sede do controlo jurisdicional do princípio da subsidiariedade seria altamente improvável, alegando como obstáculo para tanto a formulação negativa do princípio; contudo, não negam em absoluto esta possibilidade. Por seu turno, D'AGNOLO, Gianluca, *La sussidiarietà ..., op. cit.*, pp. 158 ss., nega igualmente que se possa recorrer ao art. 232º em sede de controlo jurisdicional da aplicação do princípio da subsidiariedade; não obstante, para este autor, esta impossibilidade decorreria do facto de, no seu entender, as obrigações decorrentes para a Comunidade do segundo parágrafo do art. 5º não revestirem o grau de precisão necessário para tanto. No mesmo sentido se pronuncia GONZÁLEZ, José Palacio, "The principle of subsidiarity ...", *op. cit.*, p. 365, alegando que o art. 5º, § 2, não atribuiu um mandato preciso para agir aos órgãos comunitários, o que vedaria o acesso ao recurso por omissão. Em alternativa, propõe que situações análogas à por nós *supra* referida – a título meramente exemplificativo – poderiam ser judicialmente sindicadas mediante o recurso ao art. 173º (actual art. 230º), com fundamento em falta de competência para adoptar o acto em causa. Já para GIALDINO, Curti, "Some reflections ...", *op. cit.*, pp. 1105-1106, só seria de configurar uma hipótese em que se poderia lançar mão do recurso por omissão em sede de subsidiariedade; assim, na sua opinião, tal só seria possível quando a Comunidade, numa matéria da sua competência exclusiva, se abstivesse de agir, alegando para o efeito o princípio da subsidiariedade, por no seu entender se estar perante uma matéria de competência concorrente. Com o devido respeito, esta parece-nos ser uma hipótese muito pouco realista, tanto mais que a prática demonstra que a tendência das instituições comunitárias é precisamente a oposta, isto é, referir-se a matérias de competência concorrente como sendo da sua exclusiva competência. Por seu turno, JACQUÉ & WEILER, "Sur la voie ...", *op. cit.*, p. 205, advogam a absoluta impossibilidade de recurso ao art. 175º (actual art. 232º) com fundamento em violação do princípio da subsidiariedade.

Assim, as entidades referidas naquele normativo legal[61] poderão interpor recurso para o TJ para que este declare a violação do princípio da subsidiariedade sempre que, por força do art. 5º, § 2, se justifique a intervenção da Comunidade, mas as suas instituições se abstenham de agir.

Deve entender-se que, no quadro dos poderes jurisdicionais conferidos por este artigo ao TJ, cabe o poder de declarar que a Comunidade não praticou qualquer omissão, na medida em que o Tribunal entenda que a aplicação do §2, do art. 5º, impunha não à União, mas sim aos Estados actuarem[62].

3. OS LIMITES DE UM CONTROLO JURISDICIONAL DA APLICAÇÃO DO PRINCÍPIO DA SUBSIDIARIEDADE

Ao longo desta exposição já deixamos antever que são várias as questões que se colocam no que diz respeito ao controlo a efectuar pelo TJ sobre a aplicação do princípio da subsidiariedade, desde logo no que concerne aos seus limites.

De facto, nem todos os problemas que se colocam nesta sede ao TJ são de tão fácil resposta quanto a questão de determinar se estamos efectivamente perante uma matéria de competência concorrente e, como tal, sujeita à aplicação do princípio da subsidiariedade. Esta é, sem margem para dúvidas, uma questão exclusivamente jurídica. De facto, se tivermos presente que a União dispõe somente daquelas competências que lhe foram expressamente atribuídas pelos Estados, facilmente se conclui que determinar quais são essas competências só poderá resultar da interpretação do texto do Tratado. Como tal, esta é uma tarefa que não suscita problemas de maior ao Tribunal.

---

[61] Também em sede do recurso por omissão, o Comité das Regiões reclamava, em termos análogos ao que pretendia relativamente ao actual art. 230º – vide supra, pp. 171 ss. –, ser incorporado no rol das entidades dotadas de legitimidade processual activa para interpor tal recurso.

[62] Neste sentido, QUADROS, Fausto de, O princípio ..., op. cit., p. 57.

A grande questão que se coloca nesta matéria é sim a de saber se este controlo, por si só[63], será garantia suficiente para que o princípio seja efectivamente respeitado, tanto mais que a aplicação do princípio por parte das instituições comunitárias assenta numa avaliação que não tem na sua base única e exclusivamente factos jurídicos, mas que implica igualmente uma apreciação da oportunidade da intervenção que, como é bom de ver, se trata de um juízo de natureza eminentemente política[64].

De facto, atenta a redacção do art. 5º, § 2, parece que o controlo da aplicação do princípio pelo TJ implica que este órgão jurisdicional tente determinar se uma acção nacional será ou não suficiente para

---

[63] Muito embora o controlo jurisdicional da aplicação do princípio da subsidiariedade seja a única forma de controlo resultante do Tratado, não menos importante nesta matéria é certamente o papel desempenhado pelas próprias instituições comunitárias, designadamente pela disciplina que deverão impor a si mesmas no decurso da aplicação do princípio. De facto, como refere o *Acordo Interinstitucional entre PE, Comissão e Conselho*, de 25 de Outubro de 1993, *relativo ao processo de aplicação do princípio da subsidiariedade*, o controlo da aplicação do princípio deverá ser efectuado no contexto do processo normativo normal que atribui a cada uma das instituições comunitárias, na esfera das suas competências próprias, a tarefa de verificar da conformidade da acção prevista com o princípio da subsidiariedade, no que concerne à escolha do instrumento legislativo a utilizar e sua respectiva intensidade.

[64] As posições dos diferentes autores nesta matéria estão longe de serem consensuais. A título de exemplo referiremos aqui somente duas dessas posições. Assim, enquanto que para KAPTEYN, P. J., "Community law ...", *op. cit.*, p.35, *"in so far as [the formulations of the principle of subsidiarity] are aimed at obtaining more criteria for assessing the question whether action must be taken at the level of a Political Union, these criteria have a centralising tendency. In that case, judicial review of Union legislation for its consistency with the principle of subsidiarity is theoretically possible. It does not appear sensible because of the large measure of discretion that must be left to the Union legislature."*, já para WEILER, "Journey to an Unknown destination: retrospective and prospective of the European Court of Justice in the arena of political integration", in JCMS, 1991, p. 419, *apud* GONZÁLEZ, José Palacio, "The principle of subsidiarity ...", *op. cit.*, p. 366[24], *"if the Court avoids subsidiarity issues put before it on the grounds that they are political, it will not only lose credibility as a guarantor against Community excesses but this task will be taken on by national supreme courts at huge cost to the constitutional architecture of the Community."*.

alcançar os objectivos fixados ou, se pelo contrário, se impõe uma intervenção comunitária. Contudo, avaliar se a acção comunitária é efectivamente necessária para se alcançar o objectivo visado e, consequentemente, concluir da insuficiência da intervenção estadual, pressupõe a ponderação de elementos da mais diversa índole, como sejam o estado evolutivo das legislações nacionais e/ou regionais e a situação económica e social dos Estados-membros, ponderações estas que extrapolam o âmbito da acção jurisdicional do tribunal. Por outro lado, uma decisão deste género não se satisfaz com uma mera avaliação da eficácia dos dois níveis de actuação, mas implica igualmente um estudo comparativo dos custos e benefícios da acção comunitária e da acção estadual.

Relativamente a este aspecto, o actual art.5º, § 2, do Tratado, indica que esta avaliação deverá ter em conta *"a dimensão ou os efeitos da acção prevista"*[65], numa tentativa de fornecer critérios objectivos para a aplicação do princípio e, consequentemente, também para o seu controlo. Não obstante, parece certo que o TJ será sempre forçado a proceder a uma avaliação comparativa da eficiência dos dois níveis de actuação, tanto mais difícil quanto é certo que o próprio conceito de eficiência é ele mesmo um conceito relativo; de facto, os custos e benefícios da acção variarão certamente em função do nível de actuação que os pondera: Estados ou Comunidade.

Assim, parece que o controlo jurisdicional da aplicação do princípio da subsidiariedade impõe que o TJ entre no campo das *"political questions"*[66], ou seja, naquelas áreas de actuação governativa caracte-

---

[65] Esta referência à dimensão da acção parece apontar para a eventual dimensão tranfronteiriça da acção a desencadear, a qual seria justificativa da intervenção comunitária. A Comissão, na sua *Comunicação sobre o princípio da subsidiariedade*, de 27 de Outubro de 1992, sugeriu que no momento da ponderação dos efeitos da medida em causa deveriam ser considerados elementos como o custo da inacção ou a necessidade de dar resposta a uma situação de crise.

[66] Referindo-se ao ordenamento jurídico norte-americano, SCHARPF, F. W., "Judicial review and the political question: a functional analysis", in YLR, 1966, pp. 517 ss., *apud* D'AGNOLO, Gianluca, *La sussidiarietà ..., op. cit.*, p. 154[34], definiu as *"political questions"* como sendo aqueles casos *"(...) which are completely without the sphere of judicial interference. They are called, for historical*

rizadas por uma ampla discricionariedade política e pela ausência de parâmetros suficientemente objectivos[67] para permitirem aos órgãos jurisdicionais formularem um juízo imparcial sobre a escolha feita pelo órgão político, desde logo pela dificuldade ou impossibilidade de recolherem e analisarem os dados e informações que fundamentaram a opção em análise. De facto, a falta de informação pode ser um dos grandes problemas sentidos pelo TJ na execução do controlo da aplicação do princípio, desde logo pelo carácter dinâmico[68] e evolutivo do mesmo[69].

---

reasons, «political questions». [The term] applies to all those matters of which the court, at a given time, will be of the opinion that it is impolitic or inexpedient to take jurisdiction. Sometimes this idea of inexpediency will result from the fear of the vastness of the consequences that a decision on the merits migh entail. Sometimes it will result from the feeling that the court is incompetent to deal with the particular type of question involved. Sometimes it will be induced by the feeling that the matter is «too high» for the courts. But always there will be a weighing of considerations in the scale of political wisdom.".

[67] No entender de VANDERSANDEN, G., "Considérations sur le principe de subsidiarité", in *Présence du droit public et les droits de l'homme. Mélanges offerts à Jacques Velu*, Bruxelas, 1992, apud BERRADA, Saad, "Subsidiarité et proportionalité ...", *op. cit.*, p. 51, as dificuldades sentidas em abordar objectivamente o princípio da subsidiariedade não devem constituir obstáculo ao seu controlo judicial. Assim, *"si certaines notions ne se prêtent pas, par leur forme ou leur contenu, à une approche nécessairement «objective», est-ce pour autant nécessaire de les soustraire au contrôle du juge? La réponse est évidemment négative. Toute l'approche juridique est d'ailleurs par nature, éminemment subjective, même en présence d'une règle à premiére vue claire et circonscrite."*.

[68] A este propósito, o Conselho Europeu de Edimburgo referiu que *"A subsidiariedade é um conceito dinâmico e deverá ser aplicada à luz dos objectivos fixados no Tratado. Permite que a intervenção comunitária seja alargada, se necessário, e, por outro lado, permite igualmente que ela seja limitada ou interrompida, se deixar de se justificar"*, in *Conclusões da Presidência*, p. 8. É precisamente este carácter evolutivo e circunstancial da aplicação do princípio que parece exigir que o TJ, no exercício do seu controlo, esteja dotado do máximo possível de informação, de forma a poder adoptar uma decisão devidamente fundamentada nessa matéria.

[69] Nesta matéria cumpre referir que no ordenamento jurídico alemão, de modo a assegurar um elevado nível de informação do Tribunal federal em matéria de conflitos de competências entre Bund e Länder, os órgãos do governo, mesmo não sendo partes no processo em causa, podem intervir no processo, sendo-lhes igualmente

O facto de existirem todas estas dificuldades no quadro do controlo jurisdicional da aplicação do princípio da subsidiariedade não deve contudo levar-nos a concluir, sem mais, pela impossibilidade de exercício desse mesmo controlo. De facto, cabe ao TJ estabelecer, no decurso da sua actuação, um equilíbrio entre, por um lado, a margem de apreciação de que dispõe o poder político na sua tomada de decisões e, por outro lado, a aplicação do princípio da subsidiariedade tal como está definido no art. 5º, § 2, do Tratado. Entendemos assim que o Tribunal de Justiça pode ser efectivamente chamado a pronunciar-se sobre a aplicação do princípio pelas entidades comunitárias, muito embora esse controlo sofra algumas limitações[70].

No seguimento da conhecida distinção do direito administrativo francês, deve entender-se que o TJ, em sede do controlo da aplicação do princípio da subsidiariedade, só pode exercer uma *"limited jurisdiction"*[71], ou seja, os poderes do TJ nesta matéria estão limitados à

---

assegurada a possibilidade de o fazer por mote próprio. Na ausência de tal intervenção "voluntária" dos órgãos do executivo, o tribunal está legitimado para oficiosamente recolher as informações de carácter económico, social, político, etc., que determinaram a adopção do acto *sub judice*.

[70] Seguimos assim de perto a posição daqueles autores para quem o controlo jurisdicional da aplicação do princípio da subsidiariedade é possível, desde que restrito a uma *"marginal review"*. Neste sentido v*ide*, entre outros, EMILIOU, Nicholas, "Subsidiarity: an effective ...", *op. cit.*, pp. 402 ss.; TOTH, A. G., "The principle of subsidiarity ...", *op. cit.*, pp. 1101 ss.; JACQUÉ, Jean-Pierre & WEILER, Joel, "Sur la voie de l'Union ...", *op. cit*, pp. 204 ss.. Para estes últimos, aliás, seria mesmo inevitável que o poder judiciário fosse confrontado com estas delicadas questões políticas, assumindo assim o papel de legislador. A título de exemplo referem que *"Décider quand commence la vie (en matière d'avortement) ou l'équilibre à établir entre la liberté d'expression et l'ordre public est, à notre sens, une décision politique et nous faisons confiance à nos juges pour la prendre"* – *op. cit.*, p. 455. Refutando este argumento de JACQUÉ & WEILER, *vide* DEHOUSSE, Renaud, "La subsidiarité et ses ...", *op. cit.*, pp. 37 ss..

[71] Esta é, aliás, a posição que foi adoptada pelo TJ na sua jurisprudência relativa ao exercício de poderes discricionários por parte da Comissão e/ou Conselho. Nestes casos, o TJ limita-se a ponderar se " *(...) the evaluation of the competent authority contains a patent error or constitutes a misuse of powers."* – in TJCE, Proc. 78/74, *Deuka, Recueil 1975*, p. 432, apud EMILIOU, Nicholas, "Subsidiarity: an effective ...", *op. cit.*, p. 405[82]. Referindo-se a este tipo de situações em que o TJ

apreciação da conformidade dos actos comunitários com o princípio, aferindo de forma objectiva da sua legalidade, exercendo os seus poderes de modo a *"ensuring and respecting the Rule of Law"*[72]. Assim, o TJ poderá desde logo apreciar, não só se a medida em causa se insere no âmbito das competências exclusivas comunitárias ou das competências concorrentes, mas também se a opção pelo nível de intervenção comunitário se encontra ou não devida e adequadamente fundamentada[73], bem como verificar se tal intervenção se justifica atendendo aos objectivos prosseguidos e se é conforme com o princípio da proporcionalidade, consagrado no § 3, do art. 5º[74].

O Tribunal de Justiça pode assim anular o acto comunitário em causa, mas não pode nunca substituir a sua apreciação à apreciação de facto realizada pelas instituições comunitárias sobre a necessidade ou melhor aptidão da intervenção comunitária para se alcançarem os objectivos em causa, nem mesmo alterar ou corrigir os termos dessa apreciação, à semelhança do que sucede, como já tivemos oportunidade de referir, quando estão em causa actos adoptados no âmbito dos poderes discricionários das instituições. De facto, também aqui, e especialmente quando estão em causa actos que implicam *per se* uma avaliação de factos económicos complexos e das condições do mercado, os poderes do tribunal estão limitados. Assim, o TJ pode apreciar se as instituições observaram ou não os limites que lhes são impostos pelo Tratado na área em questão, devendo contudo abster-se de se pronunciar quanto ao exercício em concreto dos poderes discricionários em causa e, como tal, de se substituir ao próprio legislador. Deste modo, o facto de estar

---

limita a sua apreciação à questão de saber se a administração actuou dentro dos limites legais, não utilizando os seus poderes de forma manifestamente incorrecta, SCHERMERS fala de *"marginal review"*.

[72] *"(..) the European Economic Community is a Community based on the rule of law, in as much as neither its Member States nor its institutions can avoid a review of the question whether the measures adopted by them are in conformity with the basic constitutional charter, the Treaty."*, in TJCE, ac. de 23. Abril.1986, *"Os Verdes"*, Proc. 294/83, *Recueil 1986*, p. 1339 ss..

[73] Analisaremos pormenorizadamente este aspecto quando nos debruçarmos sobre a concretização do controlo exercido pelo Tribunal, v. *infra*, pp. 196 ss..

[74] Sobre o princípio da proporcionalidade, v*ide supra,* Capítulo II, pp. 140 ss..

vedado ao TJ substituir a sua própria apreciação à das instâncias políticas comunitárias não significa que este órgão jurisdicional não possa e deva assegurar o respeito do princípio da subsidiariedade no quadro da aplicação do Tratado.

Nesta medida, e nos termos do princípio de uma "*limited jurisdiction*" – o qual, no nosso entender, é o princípio que deve presidir ao exercício deste controlo pelo Tribunal –, este órgão jurisdicional deverá limitar-se a apreciar se, no decurso do processo decisório, as instâncias comunitárias não cometeram nenhum "erro manifesto" de apreciação ou excederam os poderes discricionários que lhes são conferidos pelo Tratado. Por outro lado, e atendendo aos limitados poderes de apreciação do TJ relativamente às questões de mérito, entendemos que no decurso da sua apreciação este órgão jurisdicional comunitário deverá estar particularmente atento às questões procedimentais, designadamente no que se refere à fundamentação dos actos comunitários. O TJ deverá assim apreciar se as instituições comunitárias fundamentaram devida e pormenorizadamente a sua decisão de intervir na matéria em questão, nos termos do princípio da subsidiariedade, bem como verificar se ao nível da sua actuação concreta as instituições comunitárias observam esses mesmos fundamentos de intervenção.

Nesta matéria, poderá constituir uma mais-valia para o TJ atentar na experiência dos tribunais superiores dos Estados federados, também ela reveladora de que o exercício de um controlo com estas características não é incompatível com a natureza jurisdicional de um tribunal.

A este propósito merece particular destaque o papel desempenhado pelo Tribunal Constitucional alemão no controlo da observância por parte do legislador federal dos limites à sua intervenção, em sede de competências concorrentes, previstos no art. 72º da GG.

A questão essencial que se colocava ao TC alemão nesta matéria era a de saber se relativamente à aplicação do art. 72º da *Grundgesetz* as autoridades legislativas federais dispunham, ou não, de poderes discricionários. Embora o TC reconheça na sua jurisprudência que, no quadro das suas competências jurisdicionais, se inscreve a tarefa de determinar se o legislador federal cometeu ou não algum desvio de poder no exercício dos seus poderes (*Ermessensmißbrauch*), este órgão jurisdicional federal alemão não deixa igualmente de afirmar, relativamente às noções constantes do artigo 72º GG – designadamente "protecção da unidade económica e legislativa" ou "protecção da uniformidade das condições de vida" – que, não obstante tratarem-se de conceitos indeterminados, *"their realisation largely decides whether a federal statute is required for their achievement"*[75]. Assim, para o TC alemão determinar da necessidade ou não da intervenção federal, para efeitos do art. 72º, é matéria da competência do legislador federal, compreendida no âmbito dos seus poderes discricionários de decisão e, como tal, não sujeita a sindicância jurisdicional.

Esta jurisprudência é reveladora do âmbito bastante restrito do controlo efectuado pelo órgão jurisdicional alemão em sede da aplicação do art. 72º da GG, controlo esse exercido *a posteriori*, e no quadro do qual o Tribunal evita substituir a sua própria apreciação à do legislador federal. O Tribunal exerce assim um controlo mínimo, debruçando-se essencialmente sobre a interpretação feita pelo legislador federal das cláusulas gerais incorporadas nesse art. 72º, designadamente quanto a saber se as condições por ele invocadas como determinativas e justificativas da sua intervenção efectivamente se concretizaram. Por outro lado, é igualmente preocupação do Tribunal averiguar se, no exercício dos seus poderes, o legislador federal não incorreu, dentro da ampla liberdade de actuação de que dispõe na matéria, em excesso de poder.

Não obstante, o certo é que o próprio TJ afirmou que o controlo da aplicação do princípio da subsidiariedade, apesar da conotação largamente política do princípio, não vinha colocar quaisquer problemas que não fossem já conhecidos do Tribunal. De facto, no entender do Tribunal, a este propósito, bastaria pensar *"(...) num outro princípio, talvez de carácter mais modesto, e que já há bastante tempo é considerado pelo Tribunal como elemento de interpretação para efeitos de estabelecer os limites daquelas competências das instituições comunitárias que as legitimam a impor obrigações aos cidadãos comunitários, designadamente aos operadores económicos, e cuja violação pode igualmente ser invocada perante o Tribunal, tanto por via de*

---

[75] In CONSTANTINESCO, Vlad, "Who's afraid ...", *op. cit.*, p. 40.

excepção como em sede de recurso de anulação, a saber, o princípio da proporcionalidade. De acordo com este princípio, as medidas adoptadas devem ser aptas e necessárias à realização dos objectivos visados pela atribuição da competência à instituição em causa. Se no decurso da aplicação deste princípio, também ele de conotação política, o Tribunal sempre reconheceu uma larga margem de apreciação às instituições comunitárias, nem por isso o Tribunal deixou de controlar o respeito por parte das instituições dos limites desse poder de apreciação, designadamente censurando as medidas adoptadas nos casos de violação por erro manifesto de apreciação."[76].

Deste modo, e em sede do controlo da aplicação do princípio da subsidiariedade, será certamente útil ao TJ ter presente a sua jurisprudência relativa ao princípio da proporcionalidade[77].

Como tivemos já oportunidade de referir[78], o princípio da proporcionalidade é um princípio de origem jurisprudencial, que só obteve consagração nos Tratados com a reforma de Maastricht, passando a constar do terceiro parágrafo do então art. 3º-B[79].

Não obstante as diferenças existentes entre os dois princípios, o certo é que o controlo que propomos que seja efectuado pelo tribunal relativamente à aplicação do princípio da subsidiariedade tem bastantes semelhanças com o controlo do princípio da proporcionalidade levado a cabo pelo TJ.

De facto, sempre que chamado a pronunciar-se sobre a conformidade de um acto comunitário com o princípio da proporcionalidade, em áreas onde o Tratado confere ao legislador comunitário uma larga margem de apreciação, o Tribunal de Justiça tem adoptado uma posição de prudência, exercendo uma política de auto contenção jurisprudencial; assim, neste tipo de situações, o TJ usualmente restringe o seu controlo à questão de saber se a aplicação da medida em causa foi ou não mani-

---

[76] In Declaração do TJCE relativa à Conferência Intergovernamental sobre a União Política, de 20 de Dezembro de 1990.

[77] Podemos encontrar uma análise detalhada e aprofundada desta jurisprudência em SCHWARZE, Jürgen, *Droit Administratif ..., op. cit.*, pp. 772-910.

[78] *Vide supra*, Capítulo II, pp. 140 ss..

[79] Actual art. 5º, § 3, do Tratado.

festamente inapropriada à realização do objectivo prosseguido. Deste modo, e com excepção dos casos de inadequação flagrante, o TJ, consciente das dificuldades inerentes à realização de uma avaliação da eficácia dos actos comunitários, tem-se revelado pouco predisposto a substituir a sua própria apreciação à do legislador comunitário.

Nesta sede, a título exemplificativo, podemos reportar-nos, desde logo, ao acórdão *Ferriera Padana*, proferido pelo TJCE no âmbito do proc. 276/80[80].

No final dos anos 70, verificou-se uma grave crise no sector siderúrgico europeu. Para combater esta crise, a Alta Autoridade fixou quotas de produção, o que – no entender da requerente – violaria o disposto no art. 58º do TCECA, nos termos do qual a fixação de quotas seria uma medida de último recurso, a utilizar somente naqueles casos em que as medidas previstas no art. 57º fossem insuficientes para pôr cobro à situação de crise manifesta que havia desencadeado a necessidade de intervenção comunitária. Na opinião da requerente, a Alta Autoridade deveria ter definido a sua intervenção nos termos daquele art. 57º do TCECA, optando assim pelos meios de acção indirectos aí consagrados, designadamente a cooperação com os governos nacionais para regularizar ou influenciar o consumo e as intervenções sobre os preços, cuja adopção a requerente entendia ser suficiente para debelar a crise. Este processo colocou assim o TJ perante uma questão de subsidiariedade *"avant la lettre"*, por suscitar a problemática da intensidade dos meios escolhidos pelas instâncias comunitárias para dar resposta a uma determinada questão[81]; de facto, resulta daqueles normativos do

---

[80] TJCE, ac. de 16.Fevereiro.1982, *Ferriera Padana vs Comissão*, Proc. 276//80, *Recueil* 1982, pp. 517 ss.. Para uma análise mais detalhada deste acórdão do TJCE, vide SCHWARZE, Jürgen, *Droit Administratif* ..., op. cit., pp. 891 ss..

[81] Lembramos que a este propósito que nas *Conclusões da Presidência*, do Conselho Europeu de Edimburgo de 11-12 de Dezembro de 1992, na p. 10, pontos v) e vi), se podia ler que *"A forma da acção [comunitária] deverá ser tão simples quanto possível, desde que se coadune com a realização satisfatória do objectivo da medida proposta e com a necessidade da sua execução eficaz. A legislação comunitária dever-se-á ater ao estritamente necessário. (...) Sempre que se revele adequado ao âmbito do Tratado, e desde que tal seja suficiente para alcançar os objectivos nele previstos, deverá dar-se preferência, na escolha do tipo de acção da Comu-*

TCECA que só a maior eficácia da adopção do sistema de quotas poderia justificar a não preferência pelos meios de actuação indirecta. Relativamente às questões suscitadas pela requerente, o Tribunal limitou-se a declarar que *"En cas de crise manifeste, l'article 58 du Traité CECA donne à la Commission une large pouvoir d'appréciation que la Commission a exercé en arrêtant la décision 2794/JO/CECA. La Commission a exposé les raisons pour lesquelles elle considèrait que les moyens d'action prévus à l'article 57 ne permettaient pas de faire face à la crise. Elle a estimé qu'elle ne pouvait pas prendre de mesures pour influencer la consommation générale dans la conjoncture actuelle. (...) La Commisssion a donc conclu que les modes d'action indirecte dont elle disposait s'étaient avérés insuffisants et qu'il était nécessaire d'intervenir directement en vue de rétablir l'équilibre entre l'offre et la demande.* **En arrivant à cette conclusion, la Commisssion n'a pas dépassé les limites de son pouvoir d'appréciation"*[82].

Deste modo, o Tribunal considerou que, na medida em que a Alta Autoridade tinha satisfeito os requisitos formais para a adopção da medida em causa, designadamente uma exposição das razões que haviam motivado a opção por tal medida, deveria restringir o seu controlo à questão de saber se a Alta Autoridade havia exercido os seus poderes dentro dos limites estabelecidos pelo Tratado.

Esta decisão do Tribunal vem no seguimento da posição que havia já adoptado num outro processo, no contexto do qual referiu que *"S'agissant de l'evaluation d'une situation économique complexe, la Commission et le Comité de gestion jouissent, à cet égard, d'un large pouvoir d'appréciation; en contrôlant la legalité de l'exercise d'une telle compétence, le juge doit se limiter à examiner si elle n'est pas entachée d'une erreur manifeste ou d'un détournement de pouvoir ou si cette autorité n'a pas manifestement dépassé les limites de son pouvoir d'appréciation."* [83].

---

nidade, ao incentivo à cooperação entre Estados-membros, à coordenação das acções a nível nacional, ou às iniciativas destinadas a complementar, suplementar, ou apoiar essas acções.".

[82] O destaque é nosso.
[83] TJCE, ac. de 20.Outubro.1977, Proc. 29/77, *Roquette vs França*, Recueil 1977, pp. 1835 ss..

Por último, reveste igualmente grande interesse para a matéria em apreço, e isto ainda com referência à jurisprudência do TJ em matéria de aplicação do princípio da proporcionalidade, um outro acórdão do TJCE, este de 29 de Fevereiro de 1984[84].

No caso em apreço, o TJCE foi chamado a pronunciar-se, a título prejudicial, sobre a compatibilidade de uma directiva referente a medidas de protecção contra a introdução nos Estados-membros de organismos nocivos aos vegetais e produtos vegetais com o Tratado. A requerente alegava que, na prossecução dos objectivos visados, a acção da Comunidade, ao permitir a manutenção temporária dos controlos sistemáticos realizados pelos Estados nesta matéria, se configurava como uma medida de efeito equivalente para efeitos do art. 30º do Tratado. Na fundamentação da sua decisão, o Tribunal referiu que *"(...) dans le cadre d'un tel exercise des pouvoirs conférés aux institutions communautaires par les articles 43 et 100 du traité, il faut nécessairement reconnaître à ces institutions une marge d'appréciation notamment en ce qui concerne la possibilité de ne procéder à une harmonisation que par étapes et de n'exiger qu'une suppression progressive des mesures unilatérales prises par les Etats membres. Compte tenu des spécificités de la matière telles qu'elles sont exposées dans les considérations précitées de la directive ainsi que du caractère très partiel de l'harmonisation effectuée jusqu'ici, il n'est aucunement établi que le Conseil, en permettant, par la disposition litigieuse, des contrôles par sondage jusqu'à concurrence d'un tiers des envois, a dépassé les limites de son pouvoir d'appréciation."*.

Assim, constatamos que, sempre que o Tratado deixa uma margem de apreciação aos órgãos políticos comunitários, o Tribunal abstém-se de substituir a sua própria interpretação àquela outra realizada por aqueles órgãos. Contudo, releva igualmente desta jurisprudência, que este poder de apreciação das instituições comunitárias não é ilimitado, sendo que o Tribunal afere os limites de tal poder reportando-se à área de actuação em questão; por outro lado, recai igualmente sobre as instâncias comunitárias uma obrigação de motivação e fundamen-

---

[84] Proc. 37/83, *Rewe-Zentral*, *Recueil* 1984, pp. 1229 ss..

tação das suas decisões. De facto, poderes discricionários não são sinónimo de poderes arbitrários.
Parece-nos assim que esta jurisprudência do Tribunal poderá ser-lhe de grande utilidade no exercício do seu controlo sobre a aplicação do princípio da subsidiariedade, fornecendo-lhe importantes orientações quanto ao modo de exercício de uma *"limited jurisdiction"*.

Na medida em que o controlo jurisdicional da aplicação do princípio da subsidiariedade se enquadra naqueles casos em que, atendendo às especificidades do princípio jurídico em causa se impõe que tal controlo seja exercido nos termos de uma *"marginal review"* – especificidades essas que, por outro lado, requerem que seja concedida aos órgãos competentes para a sua aplicação uma vasta margem de apreciação em tal tarefa –, entendemos que o Tribunal deverá, como contraponto, exercer uma rigorosa apreciação da observância dos requisitos procedimentais para a adopção da medida em questão.
Neste contexto, o Tribunal deverá apreciar, em particular, se a adopção da medida em causa pelos órgãos comunitários se encontra suficiente e adequadamente justificada em sede de aplicação do princípio, bem como verificar se a actuação comunitária em concreto está em consonância com os motivos alegados para justificar tal intervenção.
Por outro lado, importa igualmente que o Tribunal verifique se as demais instituições comunitárias respeitaram a obrigação de auto-contenção que lhes é imposta pelo Tratado.

Assim, o controlo por parte do Tribunal exercer-se-á, num primeiro momento, sobre a questão de determinar se a medida em questão foi ou não adoptada no contexto de uma matéria de competência concorrente.
Como tivemos já oportunidade de referir, trata-se de uma questão que não coloca grandes problemas ao Tribunal, por se tratar de uma questão essencialmente jurídica, cuja resolução passa pela interpretação do texto do Tratado. Nesta sede, importará, como é óbvio, que o Tribunal tenha em mente a disposição do Tratado alegada pela instituição comunitária como fundamento legal para a sua acção, devendo analisá-la a fim de determinar se tal disposição legal contém uma qualquer indicação sobre o tipo de competência comunitária em causa.

Posteriormente, compete ao Tribunal averiguar da existência e pertinência dos motivos alegados para justificarem a opção pelo nível de intervenção comunitário. É precisamente neste ponto que importa que o Tribunal tenha presente no decurso da sua actuação todos aqueles aspectos, que *supra* tivemos já oportunidade de referir, relacionados com a realização de um controlo que, não obstante verificar da legalidade da decisão comunitária, não vá pôr em causa a margem de apreciação conferida pelo Tratado às instâncias comunitárias, devendo o Tribunal procurar realizar um controlo o mais objectivo possível, abstendo-se de tecer considerações sobre a oportunidade política da intervenção comunitária. Assim, *"le contrôle jurisdictionnel de ces appréciations [complexes] doit respecter ce caractère en se limitant à l'examen de la materialité des faits et des qualifications juridiques que la Commisssion [la Communauté] en a déduit. Ce contrôle s'exercera en premier lieu sur la motivation des décisions, qui, à l'égard desdites appréciations, doit préciser les faits et les considérations sur lesquels elles sont basées."* [85]. Nesta medida, no âmbito do controlo jurisdicional da aplicação do princípio da subsidiariedade, reveste-se de grande importância a análise por parte do Tribunal do cumprimento pelos órgãos comunitários da obrigação de motivação[86] imposta pelo Tra-

---

[85] TJCE, ac. de 13 de Julho de 1966, *Consten & Grundig vs Comissão*, Procs. 56 e 58/64, *Recueil 1967*, p. 429 ss..

[86] Relativamente a esta obrigação de motivação tem-se verificado uma evolução na jurisprudência comunitária. Se numa primeira fase o Tribunal não era particularmente exigente quanto à motivação dada aos actos adoptados no quadro de poderes discricionários das instituições, actualmente este órgão jurisdicional tem-se revelado cada vez mais exigente quanto ao pormenor e intensidade dessa mesma motivação. Assim, num acórdão do TJCE, de 21 de Novembro de 1991, pode-se ler que*"(...) naquelas situações em que as instituições comunitárias dispõem de um tal poder de apreciação, o respeito pelas garantias consagradas pela ordem jurídica comunitária no âmbito do procedimento administrativo reveste uma importância fundamental. Entre essas garantias figuram, designadamente, a obrigação da instituição comunitária competente examinar, com rigor e imparcialidade, todos os elementos pertinentes para o caso em apreço, o direito do interessado em dar a conhecer o seu ponto de vista, e ainda o seu direito em a decisão ser motivada de forma suficiente. Só assim pode o Tribunal verificar se os elementos de facto e de direito necessários ao exercício de tal poder de apreciação estão efectivamente reunidos."*.

tado. Será precisamente esta análise da motivação da medida *sub judice* que permitirá ao Tribunal aferir se a instituição em causa permaneceu dentro dos limites legalmente estabelecidos para o exercício dos seus poderes discricionários[87].

Assim, e em observância do disposto no art. 253º do Tratado[88], as instituições comunitárias devem indicar de forma explícita e suficiente os motivos que determinaram a adopção de um determinado acto. Será precisamente no âmbito desta obrigação de fundamentação dos actos

---

[87] A Comissão parece partilhar desta opinião. De facto, no seu *Relatório relativo à adaptação da legislação em vigor com o princípio da subsidiariedade*, de 24 de Novembro de 1993, COM(93) 545, a Comissão apontou sete questões às quais a motivação das suas medidas teria de dar resposta para que se pudesse garantir da sua conformidade com o princípio da subsidiariedade. Deste modo, para este órgão comunitário – que ocupa um lugar verdadeiramente importante nesta matéria, desde logo pelo seu papel de "motor" legislativo comunitário –, cada acto adoptado, e inclusivamente as propostas legislativas por si elaboradas, deveria ter um considerando reportando-se especificamente ao princípio da subsidiariedade, indicando assim os motivos justificativos da intervenção comunitária, ou seja, os motivos que determinariam, naquele caso concreto, e no seu entender, uma intervenção comunitária em detrimento da acção estadual. A este propósito, no *Acordo Interinstitucional entre PE, Conselho e Comissão sobre o processo de aplicação do princípio da subsidiariedade*, de 25 de Outubro de 1993, referia-se que impendia sobre a Comissão uma obrigação de justificar de modo adequado as suas decisões legislativas. O cerne deste tipo de controlo, nos termos do Acordo, consistiria no relatório anual que a Comissão deveria apresentar ao PE e ao Conselho relativo ao respeito do princípio da subsidiariedade. A este propósito, no *Protocolo relativo à aplicação dos princípios da subsidiariedade e da proporcionalidade,* anexo ao Tratado de Amesterdão, pode-se ler no ponto 9 que a Comissão deve *"fundamentar a pertinência das suas propostas relativamente ao princípio da subsidiariedade; sempre que necessário, a fundamentação que acompanha a proposta fornecerá elementos a esse respeito.".* Resulta igualmente deste ponto 9 que a Comissão deve apresentar anualmente ao Conselho Europeu, ao PE e ao Conselho um relatório sobre a aplicação do art. 5º, relatório este que será igualmente enviado ao Comité das Regiões e ao Comité Económico e Social.

[88] Nos termos deste artigo do Tratado, *"Os regulamentos, as directivas e decisões adoptadas em conjunto pelo Parlamento Europeu e pelo Conselho, e esses mesmos actos adoptados pelo Conselho e pela Comissão serão fundamentados e referir-se-ão às propostas ou pareceres obrigatoriamente obtidos por força do presente Tratado.".* Este artigo, que era o art. 190º, não sofreu qualquer alteração na sua redacção com Amesterdão.

comunitários que os órgãos comunitários fundamentarão a adopção de um dado acto em sede de aplicação do princípio da subsidiariedade. Nesta medida, da indicação dos motivos que determinaram a adopção de um acto legislativo pelas autoridades da União deve resultar de forma clara e inequívoca o juízo formulado pela autoridade comunitária em causa, de molde a que o Tribunal possa exercer o seu controlo. Deste modo, partindo da análise da motivação do acto comunitário em apreço, pode o Tribunal concluir pela invalidade do mesmo com base num dos seguintes fundamentos: erro de facto, erro de direito, erro manifesto de apreciação, ou mesmo insuficiente motivação (no caso de as razões apresentadas pelo órgão em questão não permitirem ao Tribunal verificar se o acto se encontra em conformidade com o direito comunitário).

Nesta medida, impõe-se que, para efeitos do controlo jurisdicional da aplicação do princípio da subsidiariedade – e reportando-nos especificamente à fundamentação do acto adoptado pelas instâncias comunitárias –, a União indique de modo claro os objectivos que se propõe alcançar com o acto em questão. Nesta sede, se é certo que o Tribunal tem adoptado uma atitude de "deferência" para com as escolhas de objectivos por parte do poder político, isto não significa contudo que este órgão jurisdicional se abstenha de exercer um qualquer controlo. Deste modo, o Tribunal deve estar atento a eventuais manifestos erros de apreciação por parte das instâncias comunitárias nesta sua definição dos objectivos a prosseguir. A opção por um dado objectivo em detrimento de outro deverá ser assim devidamente justificada por referência à realidade comunitária, ressaltando dessa justificação que, em termos comparativos, as vantagens e benefícios decorrentes da adopção de tal acto ao nível comunitário superam as desvantagens inerentes a tal opção, designadamente aquelas desvantagens que se traduzem na erosão da competência e poderes dos Estados.

Se por um lado importa que a União indique o porquê de tais objectivos não poderem ser suficientemente realizados mediante uma intervenção ao nível estadual, ou seja, que a União especifique as razões da insuficiência da acção estadual, reportando-se para o efeito em particular às dimensões e aos efeitos da acção em causa, por outro lado, as instâncias comunitárias deverão do mesmo modo justificar a sua maior aptidão para alcançar tais objectivos, especificando os aspectos nos quais a sua actuação supera a intervenção estadual e o modo como permite suprir as insuficiências desta.

Ao exercer um controlo sobre estes aspectos da fundamentação do acto, o Tribunal deverá agir com cautela. Estamos de facto numa área sensível de actuação, intimamente relacionada com a análise política, e que impõe ao Tribunal tecer considerações sobre a aptidão e a própria capacidade dos Estados para actuarem eficazmente, exigindo assim que se proceda a análises casuísticas da realidade social, económica, política e cultural de um dado Estado membro.

Importa igualmente referir que, como é bom de ver, este controlo do Tribunal será exercido com referência às circunstâncias de facto e de direito existentes no momento da adopção do acto *sub judice*. Assim, uma eventual alteração superveniente de circunstâncias, no sentido de que a acção estadual se configure como suficiente para alcançar os objectivos prosseguidos, senão mesmo como a actuação mais capaz para o efeito, não deverá ser considerada pelo Tribunal, na medida em que tal imporia a anulação do acto por violação do princípio da subsidiariedade. Só deste modo será possível preservar o *acquis communautaire*. Efectivamente, já no *Acordo Interinstitucional* de 25 de Outubro de 1993, celebrado entre o PE, o Conselho e a Comissão, *sobre o processo de aplicação do princípio da subsidiariedade*, se refere que em momento algum a aplicação daquele princípio deverá pôr em causa, quer o *acquis communautaire*, quer as disposições do Tratado relativas às atribuições das instituições e ao equilíbrio institucional. Esta preocupação não foi entretanto abandonada e assim, no *Protocolo relativo à aplicação dos princípio da subsidiariedade e da proporcionalidade*, anexo ao Tratado, pode-se ler que a aplicação de tais princípios *"respeitará as disposições gerais e os objectivos do Tratado, nomeadamente no que se refere à manutenção integral do acervo comunitário e ao equilíbrio institucional. (...) 3. O princípio da subsidiariedade não põe em causa as competências conferidas à Comunidade Europeia pelo Tratado, tal como interpretadas pelo Tribunal de Justiça. (...)"*.

4. A JURISPRUDÊNCIA COMUNITÁRIA EM MATÉRIA DE APLICAÇÃO DO PRINCÍPIO DA SUBSIDIARIEDADE

Uma análise da jurisprudência do Tribunal de Justiça em matéria de controlo da aplicação do princípio da subsidiariedade permite-nos constatar que este órgão jurisdicional tem efectivamente adoptado uma posição cautelosa nesta matéria, abstendo-se de tecer considerações que se prendam com a oportunidade política da intervenção, optando em alternativa por se restringir às questões de natureza estritamente jurídica suscitadas pela aplicação do princípio.

Nesta sede importa desde logo referir o acórdão do Tribunal de Primeira Instância, de 21 de Fevereiro de 1995, usualmente designado *acórdão SPO*[89]. Muito embora neste acórdão o Tribunal se tenha abstido de analisar da conformidade da adopção do acto em questão com o princípio da subsidiariedade, por entender que o princípio não lhe era aplicável por o acto em causa ter sido adoptado antes da entrada em vigor do Tratado de Maastricht e, consequentemente, do então art. 3º-B, § 2, mesmo assim o TPI não deixou de referir alguns pontos que, no nosso entender, deixavam já antever qual a sua posição em sede do controlo jurisdicional da aplicação do princípio.

Em 1963 foi criada na Holanda a SPO. Esta entidade agrupava as diferentes associações de empreiteiros existentes no mercado holandês da construção, tendo por objectivo *"promover e gerir uma concorrência organizada, evitar e combater condutas inadequadas por ocasião da proposta de preços e promover a formação de preços economicamente justificados."* (art. 3º dos Estatutos, citado no acórdão em questão). A SPO, no exercício da sua actividade, elaborou vários regulamentos – denominados de forma global como *"regularização institucionalizada dos preços e da concorrência"* –, podendo igualmente aplicar sanções às empresas filiadas nas organizações membros no caso de incumprimento das obrigações decorrentes desses regulamentos. Assim, entre outros regulamentos, a SPO adoptou um "código de honra", o *Erecode voor ondernemers in het Bouwbedrijf*, bem como

---

[89] *Vereniging van Samenwerkende Prijsregelende Organisaties in de Bouwnijverheid e o. vs Comissão*, Proc. T-29/92, *Colectânea* 1992, pp. II-2223 ss..

dois *Uniforme Prijsregelende Reglementen* (UPR), todos destinados a definirem o quadro processual no qual se exerceria a concorrência entre os empreiteiros que participassem em concursos para adjudicação de contratos de construção. A 13 de Janeiro de 1988, a SPO notificou os UPR e o "código de honra" à Comissão para obter, a título principal, um certificado negativo e, subsidiariamente, uma isenção ao abrigo do art. 85º, n.º 3, do Tratado CEE. A 7 de Novembro de 1989, a Comissão decidiu dar início a um processo contra a SPO. Todo o processo que decorreu a partir dessa data culminou com o envio de uma decisão da Comissão, datada de 5 de Fevereiro de 1992, e que chegou à SPO em 2 de Março de 1992, nos termos da qual os UPR e o "código de honra" constituíam uma infracção ao art. 85º, n.º 1, do Tratado, sendo assim indeferido o pedido de isenção formulado. Nesta mesma decisão, a Comissão ordenava à SPO e respectivas associadas que colocassem termo às infracções e que informassem por escrito as empresas interessadas do conteúdo da decisão e do facto de ter sido posto termo às infracções, precisando as consequências práticas daí decorrentes, designadamente a liberdade de qualquer uma das empresas deixar imediatamente de cumprir os regulamentos. No art. 4º da sua decisão, a Comissão aplicava ainda às 28 associações membros da SPO coimas num montante total de 22.498.000 ecus.

Por petição entrada na Secretaria do TPI, em 13 de Abril de 1992, a SPO e as 28 associações que dela são membros, interpuseram, nos termos do então art. 173º (actual art. 230º), um recurso em que pediam ao Tribunal que se dignasse declarar inexistente a decisão da Comissão ou então, subsidiariamente, anulá-la. Um dos fundamentos do pedido subsidiário das recorrentes consistia precisamente na violação dos princípios da proporcionalidade e da subsidiariedade por parte da decisão em recusar a isenção solicitada. Outro dos argumentos invocados pelas recorrentes em prol da sua tese, e que releva para a matéria em apreço, era o da violação do art. 190º do Tratado, na medida em que a Comissão não teria fundamentado suficientemente, em termos de direito, nem a violação do art. 85º, n.º 1, nem o indeferimento da isenção solicitada nos termos do n.º 3, do mesmo artigo do Tratado.

Referindo-se expressamente à pretensa violação dos princípios da proporcionalidade e da subsidiariedade, as recorrentes alegavam que devido à sua experiência no mercado holandês da construção, as autoridades holandesas estavam muito melhor colocadas do que a Comissão para aplicar o direito da concorrência aos regulamentos em questão. Por último, acrescentavam que competia ao juiz nacional aplicar sanções às violações do princípio, e que tendo em conta o facto de que, segundo a própria Comissão, esse princípio ser já um princípio de direito comunitário mesmo antes da sua consagração expressa nos Tratados, a Comissão não poderia pretender que a sua decisão, só por ser anterior à entrada em vigor do Tratado da União Europeia, não fosse susceptível de fiscalização face a esse princípio.

Em resposta, a Comissão alegava que no momento da adopção da sua decisão o princípio da subsidiariedade não se incluía no elenco dos princípios gerais de direito relativamente aos quais a legalidade dos actos comunitários anteriores à entrada em vigor do Tratado de Maastricht devesse ser apreciada.

Na sua apreciação, o Tribunal referiu que o princípio da subsidiariedade não tinha efeitos retroactivos[90], salientando ainda que, *"(...)*

---

[90] Posteriormente, num acórdão de 22.Outubro.1998, *Hilmar Kellinghusen vs Amt für Land- und Wasserwirtschaft Kiel* e *Ernst-Detlef Ketelsen vs Amt für Land- und Wasserwirtschaft Husum*, Procs. apensos C-36/97 e C-37/97, *Colectânea* 1998, pp. I-6337 ss., o TJCE pronunciar-se-ia igualmente neste sentido. Nos casos então em apreço, competia ao Tribunal pronunciar-se sobre a questão de saber se as autoridades nacionais podiam exigir aos agricultores que beneficiam de apoios directos ao rendimento, sob a forma de pagamentos compensatórios, uma contribuição para despesas administrativas, quando os regulamentos comunitários em causa – Reg. (CEE) n.º 1765/92 do Conselho, de 30 de Junho de 1992, no primeiro caso, e o Reg. (CEE) n.º 2066/92 do Conselho, que alterou o Reg. (CEE) n.º 805/68 do Conselho, de 27 de Junho de 1968, no segundo – dispõem que os montantes devem ser integralmente pagos aos beneficiários. Em sua defesa, os recorridos alegavam os regulamentos comunitários em causa violavam os princípios da subsidiariedade e da proporcionalidade. O Advogado-Geral F. G. Jacobs, nas suas Conclusões, apresentadas em 28 de Maio de 1998, defendeu que não existiam dúvidas da observância por parte de tais regulamentos do princípio da subsidiariedade. Contudo, absteve-se de aprofundar os argumentos apresentados pelas partes – a Comissão, por seu turno, alegava que o princípio não deveria ser aplicado por se estar na presença de uma política de competência comunitária exclusiva (política agrícola comum) – pois, no seu entender, o princípio da subsidiariedade não teria aplicação nos casos em apreço, na medida em que os regulamentos teriam sido adoptados antes da entrada em vigor do Tratado da

contrariamente ao que afirmam as recorrentes, o princípio da subsidiariedade não constituía, antes da entrada em vigor do Tratado da União Europeia, um princípio geral de direito em relação ao qual devia ser fiscalizada a legalidade dos actos comunitários."[91].

Deste modo, ao salientar que o princípio não era susceptível de aplicação retroactiva, o Tribunal dava consagração jurisprudencial ao entendimento dominante de que a aplicação do princípio jamais poderia pôr em causa o acervo comunitário, afastando quaisquer dúvidas que eventualmente subsistissem a este respeito.

Por outro lado, e agora com referência à fundamentação da decisão da Comissão, o Tribunal mais uma vez adoptou aquela que vem sendo a sua posição nesta sede sempre que estejam em causa áreas relativamente às quais o poder de apreciação dos órgãos políticos é mais amplo. Assim, no entender do Tribunal, muito embora se deva entender que o órgão comunitário deve fundamentar a sua decisão ou acto de um modo suficientemente claro e inequívoco de modo a revelar o percurso lógico por si seguido, tal não significa que essa fundamentação especifique todos os elementos de facto ou de direito pertinentes. Assim, o que se exige é que a fundamentação do acto seja suficientemente precisa de modo a assegurar que, não só os interessados conheçam as razões que justificaram a medida adoptada, mas também o controlo pelo Tribunal da adopção da medida em questão. Porém, *"A fiscalização exercida pelo tribunal sobre as apreciações económicas complexas efectuadas pela Comissão no exercício do poder de apreciação que lhe confere o art. 85º, n.º 3, do Tratado relativamente a cada uma das quatro condições que ele contém, deve limitar-se à verificação do respeito das regras processuais e de fundamentação, bem como da*

União Europeia, tal como referiam a Comissão e o Conselho nas suas alegações. O Tribunal confirmou esta posição de Jacobs, referindo que *"(...) o art. 3º-B, segundo parágrafo, do Tratado, ainda não estava em vigor no momento da adopção dos Regulamentos n.ºs 1765/92 e 2066/92, e não [era] conferido alcance retroactivo a esta disposição."* – in p. I-6363.

[91] In p. II-394, § 331.

exactidão material dos factos, da inexistência de erro manifesto de apreciação e de desvio de poder."[92].

Um outro acórdão de relevo, no que concerne à jurisprudência do Tribunal de Justiça relativamente à aplicação do princípio da subsidiariedade, foi o proferido pelo Tribunal quando este se debruçou sobre a Directiva 93/104/CE, do Conselho, relativa a determinados aspectos da organização do tempo de trabalho[93]. Neste acórdão, o Tribunal, para além de se referir à problemática da fundamentação dos actos comunitários, designadamente das directivas, abordou igualmente a relação existente entre os princípios da subsidiariedade e da proporcionalidade. No caso em apreço, o Governo do Reino Unido interpôs recurso para o Tribunal de Justiça, nos termos do art. 173º (actual art. 230º) do Tratado, pedindo a anulação na totalidade da directiva *supra* referida, e, subsidiariamente, a anulação de algumas das suas disposições, v.g., arts. 4º, 5º, § 1 e §2, 6º, n.º 2, e 7º.

A directiva em causa visava estabelecer *"prescrições mínimas de segurança e de saúde em matéria de organização do tempo de trabalho."* (art. 1º, n.º 1). O seu âmbito de aplicação abrangia por um lado, os períodos mínimos de descanso diário, semanal e anual, bem como os períodos de pausa e a duração máxima do trabalho semanal [art. 1º, n.º 2, al. a)] e, por outro lado, certos aspectos do trabalho nocturno, do trabalho por turnos e do ritmo de trabalho [art. 1º, n.º 2, al. b)].

Em defesa da sua tese, o Reino Unido invocava diferentes argumentos baseados na incompetência e na ausência de fundamento jurídico, na violação do princípio da proporcionalidade, no desvio de poder e na

---

[92] Considerando 11, p. II-293. Importa referir que, nos termos da jurisprudência constante do Tribunal, constitui desvio de poder o facto de uma autoridade comunitária ter usado os seus poderes com um objectivo diferente daquele para o qual lhe foram conferidos pelo Tratado. Vide, neste sentido, TJCE, ac. de 12.Novembro.1996, *Reino Unido vs Conselho*, Proc. C-84/94, *Colectânea* 1996, pp. I-5755 ss., sobre o qual nos debruçamos também aqui neste trabalho; v. em particular, p. I--5787[62].

[93] TJCE, de 12.Novembro.1996, *Reino Unido da Grã-Bretanha e da Irlanda do Norte vs Conselho da União Europeia*. Para uma crítica da posição adoptada pelo Tribunal neste acórdão, *vide* BERRADA, Saad, "Subsidiarité et proportionnalité ...", *op. cit.*, esp. p. 53.

violação de formalidades essenciais. Não obstante ao longo da sua argumentação, por várias vezes, o recorrente ter invocado a violação do princípio da subsidiariedade, o certo é que não o alegou como fundamento para a anulação da directiva. Desde logo, o recorrente aludiu ao princípio da subsidiariedade quando questionou o recurso ao art. 118º-A do Tratado[94] como base jurídica para a adopção da directiva em causa, alegando que o n.º 2 deste normativo só permitiria a adopção de directivas que apresentassem um nexo objectivo e autêntico entre a segurança e a saúde, por um lado, e a situação a regulamentar, por outro. No seu entender, tais disposições, lidas no contexto do princípio da subsidiariedade, tal como este se encontrava formulado no art. 3º-B, § 2, do Tratado, impediriam que o art. 118º-A servisse de fundamento a disposições comunitárias que não consistissem em prescrições mínimas. Posteriormente, no decurso das suas alegações, o Reino Unido referiria novamente o princípio da subsidiariedade ao questionar a conformidade da directiva impugnada com o princípio da proporcionalidade. Neste sentido, o recorrente alegava, entre outros aspectos, que uma medida só *"(...) é proporcionada se for compatível com o princípio da subsidiariedade, como enunciado no art. 3º-B, último parágrafo, do Tratado. A este respeito, o legislador comunitário não justifica por que motivo os objectivos que atribui à directiva são atingidos de forma mais eficaz a nível comunitário do que por uma acção nacional."*[95].
Não obstante o princípio da subsidiariedade não ser invocado como fundamento para a anulação da directiva, o certo é que o Advogado-

---

[94] Actual art. 138º. Este artigo foi alterado por Amesterdão. Anteriormente, o seu n.º 2 estipulava que, *"Para contribuir para a realização do objectivo previsto no n.º 1 [harmonização das condições de trabalho no domínio da segurança e da saúde], o Conselho, deliberando de acordo com o procedimento previsto no art. 189º-C, e após consulta do Comité Económico e Social, adopta por meio de directiva as prescrições mínimas progressivamente aplicáveis, tendo em conta as condições e regulamentações técnicas existentes em cada Estado-membro. Essas directivas devem evitar impor disciplinas administrativas, financeiras e jurídicas tais que sejam contrárias à criação e desenvolvimento de pequenas e médias empresas."*.

[95] Vide Conclusões do Advogado-Geral Philippe Léger, apresentadas em 12 de Março de 1996, relativas ao processo em apreço, p. I-5783.

-Geral nas suas Conclusões entendeu ser oportuno tecer algumas considerações a este propósito, desde logo por considerar que alguma confusão entre aquele princípio e o princípio da proporcionalidade estava subjacente à argumentação do recorrente. Assim, Philippe Léger fez questão em explicitar que " (...) *estes dois princípios devem (...) ser cuidadosamente distinguidos. (...) Os dois princípios intervêm sucessivamente em dois níveis diferentes de acção comunitária: «o primeiro condiciona o início de uma acção da Comunidade, enquanto o segundo delimita a sua amplitude. Assiste-se assim a uma dissociação da questão da competência e a da sua aplicação». Noutros termos, o princípio da subsidiariedade intervém a jusante da acção comunitária, o da proporcionalidade intervém a montante dessa acção: «O princípio da proporcionalidade... é tido em conta relativamente a uma* **acção já empreendida**... *e tem por objectivo realizar um controlo de conformidade com os objectivos do Tratado. O princípio da subsidiariedade intervém a um momento anterior, isto é, quanto à decisão de executar ou não uma acção a nível comunitário». Assim, ao invocar o princípio da subsidiariedade, o recorrente contesta o próprio princípio da possibilidade de acção do Conselho no domínio abrangido pela directiva impugnada, e não a amplitude desse poder que está condicionada pelo respeito do princípio da proporcionalidade.*"[96]. Assim, de modo algum se poderia entender que o princípio da subsidiariedade teria sido violado pela directiva em causa.

Importa referir que o art. 118º-A insere-se no âmbito de uma competência partilhada. Assim, muito embora o seu n.º 1 estipulasse que os Estados membros deveriam adoptar medidas neste domínio, o n.º 2 previa, por seu turno, que a Comunidade poderia legislar para adoptar «prescrições mínimas» para contribuir para a realização do objectivo do n.º 1, designadamente «a harmonização, no progresso, das condições existentes nesse domínio». Deste modo, *"na medida em que existe um objectivo de harmonização, as medidas adoptadas pelo Conselho para alcançar esse objectivo podem dificilmente ser vistas como violando o princípio da subsidiariedade. De facto, seria ilusório esperar*

---

[96] *Vide* p. I-5783, designadamente os considerandos 125 e 126 das Conclusões do Advogado-Geral.

unicamente dos Estados-membros a realização da harmonização esperada, uma vez que esta implica necessariamente uma acção de envergadura supranacional. (...) Assim, em consideração do objectivo de harmonização previsto no art. 118º-A, é indubitável que a finalidade da directiva impugnada se atinge melhor através de uma acção ao nível comunitário do que através de uma acção ao nível nacional".[97]. Esta posição do Advogado-Geral seria inteiramente sufragada pelo Tribunal no seu acórdão.

Posteriormente, e agora no âmbito do direito da concorrência, o Tribunal de Justiça teria nova oportunidade para se pronunciar sobre o princípio da subsidiariedade. O acórdão do TJCE, de 24 de Outubro de 1996[98], foi proferido na sequência de um recurso interposto do acórdão do Tribunal de Primeira Instância proferido no processo T-5/93, *Roger Tremblay e o. vs Comissão*. Em causa estava a decisão da Comissão de não acolher um conjunto de denúncias apresentadas contra a *"Société des auteurs, compositeurs et editeurs de musique"* (SACEM), sociedade francesa gestora dos direitos de autor e dos direitos dos executantes em matéria musical. De facto, desde 1979 que a Comissão havia recebido várias denúncias, apresentadas ao abrigo do art. 3º, n.º 2, do Regulamento n.º 17 do Conselho de 6 de Fevereiro de 1962[99], de que a SACEM haveria violado os artigos 85º e 86º do Tratado. As denúncias foram apresentadas por agrupamentos de empresários de discotecas, incluindo o *"Bureau européen des médias de l'industrie musicale"* (BEMIM), bem como por empresários individuais, entre os quais os três recorrentes no processo T-5/93, Roger Tremblay, François Lucazeau e Harry Kestenberg.

A principal questão suscitada pelo recurso para o Tribunal de Justiça consistia na alegada incorrecta aplicação do princípio da subsidiariedade, designadamente que o TPI haveria decidido incorrectamente ao ter (parcialmente) confirmado a decisão da Comissão de não acolher

---

[97] *Idem*, p. I-5784, considerandos 129, 130 e 131.

[98] *Roger Tremblay e o. vs Comissão das Comunidades Europeias*, Proc. C-91//95, Colectânea 1996, pp. I-5547 ss..

[99] Primeiro Regulamento de execução dos artigos 85º e 86º do Tratado, in JOCE, 13/1962, pp. 204 ss..

as denúncias em virtude de, no entender dos recorrentes, estas poderem ser tratadas mais adequadamente ao nível das autoridades nacionais. Na sequência das denúncias que lhe foram apresentadas, a Comissão, por carta de 20 de Janeiro de 1992, comunicou ao BEMIM que tinha intenção de não acolher a sua denúncia, dando-lhe oportunidade para apresentar as suas observações antes de tomar uma decisão final. Nesta carta, a Comissão explicitava que a sua investigação não havia revelado quaisquer indícios de violação do art. 86º do Tratado por parte da SACEM. Nesta medida, e desde logo porque os efeitos do alegado abuso praticado pela SACEM eram no essencial sentidos num único Estado membro, a Comissão entendia que era do interesse comunitário que a matéria fosse tratada pelas autoridades francesas, nos termos dos princípios da subsidiariedade e da descentralização. Posteriormente, numa segunda carta datada de 12 de Novembro de 1992, a Comissão tecia novas observações tendentes a justificarem a sua posição de não dar seguimento àquelas denúncias. Nesta carta, a Comissão reiterava que o interesse comunitário impunha que as questões suscitadas fossem resolvidas pelas autoridades nacionais e não pela Comissão. A este respeito, invocava o acórdão proferido pelo TPI, em 18 de Setembro de 1992, no processo *Automec vs Comissão* (vulgo, acórdão Automec II)[100]. Neste acórdão, o TPI tinha declarado que a Comissão podia rejeitar uma denúncia com fundamento em os tribunais nacionais já terem sido chamados a conhecer dessa matéria[101]. Por outro lado, e agora reportando-se especificamente ao princípio da subsidiariedade, nesta carta a Comissão referia igualmente que a aplicação daquele princípio não implicava o abandono de toda e qualquer acção das autoridades públicas, mas sim uma decisão quanto à questão de saber, de entre as autoridades envolvidas na matéria, quais as que melhor podiam resolver as questões em apreço. Aplicando este princípio, e na medida em que os efeitos das alegadas violações se produziam em França e que existia nesse país uma autoridade nacional competente em matéria de concorrência que possuía as necessárias informações para proceder às diligências necessárias em sede de investigação, a Comissão entendia que era

---

[100] Proc. T-24/90, *Colectânea* 1992, pp. II-2223 ss..
[101] V. Considerando 88.

da competência dessa autoridade nacional prosseguir com o processo, caso se entendesse ser necessário. Estaríamos assim perante um caso clássico de aplicação do princípio da subsidiariedade, que se consubstanciava, não numa qualquer abstenção das autoridades comunitárias, mas sim numa transferência do exercício da competência para o nível nacional.

No seu recurso para o Tribunal de Justiça, os recorrentes alegavam, entre outros fundamentos, que o TPI, ao não se ter pronunciado quanto a esta referência feita pela Comissão ao princípio da subsidiariedade, havia incorrido em erro de direito. Efectivamente, na sua decisão, aquele órgão jurisdicional não se havia pronunciado sobre esta questão por entender que ela não constituía um fundamento autónomo de recurso, mas antes se encontrava associada e dependente de uma outra questão, esta sim a principal, a de saber se existia ou não interesse comunitário no prosseguimento das denúncias em causa.

Nas Conclusões que proferiu no âmbito do processo em apreço, o Advogado-Geral F. G. Jacobs mostrou-se favorável a esta posição do TPI posta em crise pelos recorrentes. Assim, no seu entender, *"O debate sobre a subsidiariedade acelerou a tendência actual para rever a prática administrativa da Comissão, de modo a garantir uma mais activa participação das autoridades nacionais, judiciais ou não, na vigilância do respeito, pelas empresas, dos artigos 85º e 86º do Tratado"*. Nestes termos, para Jacobs, impunha-se proceder a uma distinção entre o termo «subsidiariedade», tal como era usado no âmbito do processo em questão, e o princípio da subsidiariedade, propriamente dito, enunciado no art. 3º-B do Tratado. Deste modo, para este Advogado-Geral, *"(...) quando o direito comunitário da concorrência é aplicado pelas autoridades nacionais não estamos, claramente, perante um caso de subsidiariedade, no sentido de que as autoridades nacionais estão a fazer aplicação do direito **nacional**. Seria mais apropriado falar de descentralização de que de subsidiariedade: a ideia é a de uma aplicação descentralizada do direito comunitário, pelas autoridades nacionais e não pela Comissão."*[102]. Assim, a questão a

---

[102] V. p. I-5557, mais precisamente, o n.º 20 das Conclusões do Advogado-Geral.

que se impunha dar resposta era a de saber em que condições poderia a Comissão decidir avançar ou não com a investigação de uma denúncia em circunstâncias em que o denunciante tem um interesse legítimo, mas a Comissão considera não existir um interesse comunitário suficiente para tanto.

Nas suas alegações, a Comissão, por seu turno, veio explicitar que ao defender o recurso ao princípio da subsidiariedade pretendia apenas significar que era a favor de confiar às autoridades nacionais os casos que tinham um impacto essencialmente nacional. Não era assim sua pretensão aplicar um princípio jurídico geral e autónomo que deve ser respeitado pelas autoridades comunitárias. Deste modo, ao referir a subsidiariedade a Comissão não pretendia invocar o princípio da subsidiariedade como um motivo autónomo para não dar seguimento às denúncias, mas tão somente como um motivo acessório à inexistência de interesse comunitário no prosseguimento das investigações.

Esta foi igualmente a posição adoptada pelo Tribunal que declarou que *"O Tribunal de Primeira Instância não cometeu, portanto, um erro de direito ao não examinar a referência ao princípio da subsidiariedade como base autónoma do raciocínio da Comissão."*.

Por último, cumpre referir o acórdão do TJCE, de 13 de Maio de 1997[103], no qual mais uma vez o Tribunal se pronunciou sobre o princípio da subsidiariedade, agora em íntima conexão com a obrigação de fundamentação dos actos comunitários prevista no então art. 190º do Tratado. Mais uma vez, o Tribunal manteve-se firme naquela que vem sendo a sua posição na matéria, ao afirmar que *"O Parlamento e o Conselho, embora não tenham feito expressamente referência, na Directiva 94/19 relativa aos sistemas de garantia de depósitos, ao princípio da subsidiariedade, cumpriram, no entanto, a obrigação de fundamentação que lhes incumbe por força do art. 190º do Tratado, uma vez que especificaram as razões pelas quais consideravam que a sua acção estava em conformidade com esse princípio, sublinhando que o objectivo da acção podia, devido às suas dimensões, ser melhor*

---

[103] *República Federal da Alemanha vs Parlamento Europeu e Conselho da União Europeia*, Proc. C-233/94, *Colectânea* 1997, pp. I-2405 ss..

realizado ao nível comunitário e não podia ser realizado de modo suficiente pelos Estados-Membros.".

Através desta breve resenha da mais significativa jurisprudência do Tribunal em sede de aplicação do princípio da subsidiariedade que levamos a cabo, é possível constatar que a posição adoptada pelo Tribunal é, efectivamente, uma de grande prudência.
De facto, nas suas apreciações, o Tribunal tem-se abstido de tecer considerações relacionadas com a oportunidade política das medidas/actos comunitários em crise, procurando ser o mais objectivo possível na execução da sua tarefa de controlo da aplicação do polémico princípio.
No desenvolvimento desta jurisprudência ocupa igualmente um papel de relevo o trabalho realizado pelos Advogados-Gerais, designadamente pela análise doutrinal do princípio que têm levado a cabo, bem como pela exposição dos motivos que determinaram a sua consagração como princípio geral de direito comunitário de valor "constitucional" e pela sua aplicação ao caso concreto que é submetido à apreciação jurisdicional, que se têm revelado de extrema utilidade ao Tribunal na realização das suas funções de controlo.

De momento, e atendendo ao estado evolutivo da realidade comunitária, parece-nos que o Tribunal, no exercício do controlo jurisdicional da aplicação do princípio da subsidiariedade, não pode de facto ir mais além. Um controlo com as características e natureza por nós *supra* referenciadas é de facto o controlo possível numa Comunidade de Estados que se encontra ainda distante de uma organização política e jurídica do tipo federal.
Estamos certos porém de que, com a consolidação e o evoluir do processo integrativo europeu, este controlo evoluirá ele também, desde logo no sentido de um aprofundar das questões e de uma análise cada vez mais pormenorizada das especificidades dos problemas submetidos à apreciação dos órgãos jurisdicionais comunitários. Nesta medida, parece-nos que seria de grande utilidade dotar o Tribunal, no futuro, de mais e melhores meios de actuação, que lhe permitam ter uma noção

do estado real das condições de vida existentes nos diferentes Estados membros e igualmente recolher oficiosamente todos aqueles dados de que necessite para a realização do seu juízo. Contudo, isto exigirá igualmente um repensar da própria natureza e características do Tribunal, bem como uma revisão das suas condições de trabalho, no sentido de uma maior operacionalidade e rapidez na análise dos processos, o que nos remete assim, e uma vez mais, para a problemática da tão necessária e desejada reforma institucional.

Capítulo IV
O TRATADO DE AMESTERDÃO E O PRINCÍPIO DA SUBSIDIARIEDADE; O PROTOCOLO RELATIVO À APLICAÇÃO DOS PRINCÍPIOS DA SUBSIDIARIEDADE E DA PROPORCIONALIDADE

1. OS TRABALHOS PREPARATÓRIOS

Como tivemos oportunidade de referir previamente, a consagração do princípio da subsidiariedade no Tratado de Maastricht, como um princípio geral de direito comunitário, esteve rodeada de uma enorme polémica. Por outro lado, a posterior aplicação do princípio pelas instituições comunitárias, longe de pôr cobro às inúmeras questões doutrinais suscitadas pelo princípio, só veio reforçar a necessidade sentida de se proceder à clarificação de alguns aspectos relacionados com a sua aplicação, designadamente aqueles referentes à verificação dos critérios de aplicação do princípio e à fundamentação das propostas comunitárias em matéria de subsidiariedade.

De facto, logo após a adopção do Tratado de Maastricht, os Estados haviam sentido essa necessidade de esclarecer as condições de aplicação do princípio, tendo em vista a sua concretização no âmbito do desenvolvimento da actividade normativa das instituições comunitárias. Esta preocupação repercutiu-se nas conclusões dos dois Conselhos Europeus realizados sob a presidência britânica (Birmingham, 16 de Outubro de 1993, e Edimburgo, 11 e 12 de Dezembro de 1992), nas quais se procurou consagrar as notas mais salientes de uma abordagem global ao princípio. Estes textos foram posteriormente completados, pela assinatura de um *Acordo Interinstitucional entre Parlamento Europeu, Conselho e Comissão*, em 25 de Outubro de 1993, no qual se definiram os procedimentos a adoptar no âmbito da aplicação do princípio. Por outro lado, as regiões, perante o parco acolhimento que as suas propostas tiveram em Maastricht, optaram por desenvolver formas mais informais de pressão junto das autoridades comunitárias, designadamente instalando representações em Bruxelas, às quais competiria desenvolver funções de *lobbing*. Por outro lado, o Comité das Regiões, tendo em vista a futura revisão dos Tratados, intensificou a sua actividade, tendo-se debruçado sobre o princípio da subsidiariedade em inúmeros dos seus pareceres[1]. Nestes documentos do Comité das Regiões, são constantes as referências ao princípio da subsidiariedade como um instrumento de democracia e enquanto princípio de proximidade, destinado a assegurar que as decisões são tomadas ao nível mais baixo e eficaz possível. Deste modo, no entender do Comité, mediante a aplicação do princípio, não só se garantiria uma mais eficiente e completa realização dos objectivos prosseguidos, como também se asseguraria uma maior celeridade e transparência dos processos de decisão e execução comunitários.

Assumindo-se como o "guardião" do princípio por excelência, o Comité das Regiões reivindicava um papel mais activo e interventor em matéria de aplicação do princípio, designadamente reclamando capacidade processual activa perante o TJ para efeitos da interposição de recursos destinados a sancionar as violações do princípio, tanto por parte das instituições comunitárias como dos Estados membros.

Para o Comité das Regiões, o princípio da subsidiariedade representava assim *"(...) um princípio geral de direito dos ordenamentos nacionais segundo o qual as decisões são tomadas ao nível institucional e operacional mais próximo possível do cidadão. O que obriga a União, os Estados-Membros e todos os níveis institucionais a perseguir directamente fins fixados pelos respectivos ordenamentos jurídicos, assegurando o reconhecimento, a importância e a participação dos cidadãos e das suas organizações sociais, devendo ser a subsidiariedade um princípio político guia na construção da União Euro-*

---

[1] *Parecer sobre o princípio da subsidiariedade*, CdR 136/95 – D –EB/LA/Cf, Bruxelas, 21.Abril.1995; *Parecer sobre o princípio da subsidiariedade: Para uma nova cultura da subsidiariedade – Apelo do Comité das Regiões*, CdR 302/98 fin, Bruxelas, 10/11 Março 1999; *Parecer sobre o Relatório da Comissão ao Conselho Europeu "Legislar melhor 1998. Uma responsabilidade a partilhar"*, CdR 50/1999, Bruxelas, 15/Setembro/1999; *Parecer sobre a implementação da legislação da UE pelas regiões e autarquias locais e regionais*, CdR 51/1999, Bruxelas, 15/Setembro/ /1999; e, ainda, *Parecer sobre a Conferência Intergovernamental de 2000*, CdR 53/1999, Bruxelas, 17/Fevereiro/2000.

peia."[2]. Assim, na óptica deste órgão comunitário, só o respeito na íntegra do princípio garantiria a preservação da riqueza cultural europeia, bem como a necessária coesão económica e social entre as diferentes regiões da Europa. No processo de construção europeia, a subsidiariedade constituiria deste modo um valor básico, complementar da solidariedade que se pretendia desenvolver entre os Estados membros.

Não obstante, todas as iniciativas desenvolvidas pelas diversas instituições europeias não foram suficientes para pôr cobro à polémica existente em torno do princípio. Assim, faz todo o sentido que, no Conselho Europeu de Cannes, de Junho de 1995, ao fixarem as prioridades nas quais a Conferência Intergovernamental de 1996 se deveria centrar, os Estados incluíssem um ponto relacionado com a necessidade de melhorar a aplicação do princípio da subsidiariedade.

Por outro lado, o princípio da subsidiariedade seria igualmente um dos aspectos abordados no Relatório do Grupo de Reflexão[3] constituído para a preparação da Conferência Intergovernamental de 1996[4], ao qual presidiu o Secretário de Estado espanhol dos Assuntos Europeus, Carlos Westendorp.

No relatório que elaborou, o Grupo de Reflexão pronunciou-se claramente a favor de uma União Europeia caracterizada por uma forte integração e cooperação, baseada não só na manutenção e desenvolvimento do *acquis* comunitário, mas também num quadro institucional único. Assim, para o Grupo, a CIG deveria centrar os seus esforços em três objectivos principais: aproximar a Europa dos seus cidadãos,

---

[2] In COMITÉ DAS REGIÕES, *Parecer sobre o princípio da subsidiariedade*. *"Para uma nova cultura da subsidiariedade – Apelo do Comité das Regiões"*, CdR 302/98 fin, Bruxelas, 10/11 de Março de 1999, p. 4.

[3] In SECRETARIADO-GERAL DO CONSELHO DA UNIÃO EUROPEIA, *Conferência Intergovernamental de 1996 (CIG 1996): relatório do grupo de reflexão e outras referências documentais, Bruxelas – Dezembro de 1995*, Luxemburgo, SPOCE, 1996. Este Relatório foi apresentado no Conselho Europeu de Madrid, de 15 e 16 de Dezembro de 1995.

[4] Este grupo foi fruto da primeira Conferência de Messina, realizada em 1 e 2 de Junho de 1995, naquela cidade.

melhorar os seus mecanismos institucionais a fim de antecipar o alargamento, e dotar a União de uma mais eficaz capacidade de actuação externa.

Será precisamente neste contexto da necessidade de reforço do processo integrativo e optimização e democratização do aparelho comunitário, que o Grupo de Reflexão abordaria no seu Relatório a problemática do princípio da subsidiariedade.

A este propósito, o Grupo de Reflexão sublinhou a importância de se garantir uma correcta aplicação do princípio. Para a maioria dos membros do Grupo, o princípio imporia, antes de mais, uma obrigação de auto-contenção às instituições comunitárias; por outro lado, no entender do Grupo, competiria igualmente a estas mesmas instituições, não só diligenciar no sentido de que o princípio não se transformasse num princípio abstracto, totalmente alheado da realidade, mas também assegurar que o princípio da subsidiariedade se mantivesse fiel à sua função de motor da integração comunitária, evitando deste modo que aquele se convertesse num instrumento de redução sistemática das competências comunitárias. Assim, na opinião do Grupo de Reflexão, era imperioso garantir que o princípio se ativesse à sua função de princípio regulador do exercício de competências concorrentes por parte da Comunidade, sendo necessário assegurar que no decurso da sua aplicação não "se pecasse", tanto por excesso como por defeito.

Deste modo, para a grande maioria dos elementos do Grupo de Reflexão seria inoportuno introduzir quaisquer alterações em sede do princípio da subsidiariedade, muito embora entendessem que era necessário instituir um controlo mais eficaz da aplicação do princípio. Assim, entendiam que este controlo deveria ser exercido tanto *ex ante* pela Comissão como *ex post* pelo Tribunal de Justiça.

Contudo, as opiniões dos membros do Grupo variavam quanto ao grau de importância a atribuir a cada um destes tipos de controlo. Assim, se para uns seria de optar por um controlo de cariz eminentemente político, designadamente através da criação de um Alto Conselho Consultivo, composto por dois membros de cada Parlamento nacional, e ao qual competiria aferir da correcta aplicação do princípio, já para outra facção do Grupo de Reflexão, o ideal seria reforçar o controlo jurídico da aplicação do princípio, propondo para tanto a instituição de um procedimento especial a desencadear pelos Parlamentos nacionais junto do Tribunal de Justiça.

Foi igualmente aventada a possibilidade de o Conselho, ao receber as propostas legislativas da Comissão, e antes da sua entrada em vigor, se pronunciar previamente sobre a compatibilidade da proposta em causa com o princípio da subsidiariedade. Contudo, esta proposta foi rejeitada pela maioria do Grupo, para a qual não seria conveniente que a apreciação da compatibilidade da proposta com o princípio da subsidiariedade, por parte do Conselho, constituísse um momento autónomo e distinto relativamente à análise da fundamentação da proposta.

Por outro lado, e agora tendo em mente uma clarificação dos procedimentos em sede de aplicação do princípio, alguns dos membros do Grupo propuseram que um Protocolo sobre a subsidiariedade fosse incorporado no corpo do Tratado, Protocolo esse que, por seu turno, seria elaborado com base nas Conclusões formuladas pelo Conselho Europeu de Edimburgo.

Já no que concerne à pretensão formulada pelo Comité das Regiões, de lhe ser atribuída legitimidade processual activa em sede do controlo jurisdicional da aplicação do princípio, a grande maioria dos membros do Grupo foi unânime em refutar tal posição, considerando que não competia a este órgão comunitário pronunciar-se sobre a aplicação de um princípio que opera exclusivamente ao nível das relações entre União e Estados membros.

Assim, para o Grupo de Reflexão, a revisão do Tratado, em matéria de competências, deveria obedecer às seguintes directrizes: (a) manutenção do princípio da subsidiariedade como um critério de exercício de competências concorrentes por parte da Comunidade, excluindo assim a extensão do seu âmbito de aplicação às competências comunitárias exclusivas; (b) rejeição da possibilidade de inclusão no Tratado de listas enumerativas das competências estaduais e comunitárias, com carácter taxativo e "estanque", por tal conduzir a uma alteração da natureza do princípio, que passaria desse modo a ser um princípio regulador da alocação de competências, e não já um princípio regulador do seu exercício; (c) manutenção do sistema já consagrado no Tratado, em matéria de competências, que estabelece para as diversas políticas a base jurídica da acção comunitária nessa sede; e (d) manutenção no texto do Tratado do art. 235º do TUE, na medida em que este normativo, desde os primórdios da Comunidade, tinha permitido uma ampliação gradual das competências comunitárias em função das necessidades do processo de integração.

No decurso do ano de 1996, as posições quanto a uma possível alteração do Tratado em matéria de subsidiariedade foram-se definindo.

De um lado, podíamos encontrar a Comissão, o Conselho[5], o Parlamento Europeu[6], e a grande maioria dos Estados membros[7], convic-

---

[5] Para o Conselho, a incorporação do princípio da subsidiariedade no TUE havia constituído, sem margem para dúvidas, um elemento positivo no sentido do reforço da eficácia do processo decisório comunitário e da aproximação dos cidadãos às instituições comunitárias. Assim, para esta instituição comunitária, não seria de alterar o segundo parágrafo do art. 3º-B, impondo-se contudo uma melhoria da aplicação em concreto do princípio, designadamente evitando a adopção de regulamentação comunitária demasiado detalhada. Por outro lado, no entender do Conselho, era necessário combater a tendência existente no seio das instituições comunitárias para confundir subsidiariedade com desregulamentação, nociva à manutenção do acervo comunitário.

[6] O Parlamento Europeu, na sua *Resolução sobre o funcionamento do Tratado da União Europeia na perspectiva da CIG de 1996*, de 17 de Maio de 1995, não prestou particular atenção ao princípio da subsidiariedade nem à dimensão regional da construção europeia. Contudo, não deixou de referir da conveniência de criar um espaço de cooperação entre os povos europeus, designadamente uma cooperação transfronteiriça e inter-regional, impondo-se assim que a União se dotasse dos instrumentos jurídicos necessários para o efeito. Mais concretamente, o Parlamento Europeu propunha que a redacção dos princípios da subsidiariedade e da proporcionalidade constante do art. 3º-B fosse mantida, optando-se antes pelo reforço da sua aplicação. O PE mostrou-se igualmente desfavorável à inclusão no Tratado de listas rígidas de competências da União e dos Estados; relativamente ao art. 235º, o PE entendia que a sua eliminação seria prejudicial, não deixando contudo de alertar para que este normativo só fosse utilizado em última instância.

[7] As posições defendidas pelos diversos Estados membros podem ser consultadas in PARLAMENTO EUROPEU, *Notas sobre as posições dos Estados membros da União Europeia na perspectiva da Conferência Intergovernamental de 1996*, Luxemburgo, 31 de Julho de 1995 (actualizado a 30 de Setembro de 1996).

tamente desfavoráveis à introdução de qualquer alteração no segundo parágrafo do art. 3º-B do Tratado.

A este propósito cumpre destacar o Relatório apresentado pela Comissão ao Grupo de Reflexão[8], em 1995, no qual aquela instituição comunitária colocava especial ênfase na necessidade de associar os cidadãos ao processo de construção europeia. Assim, defendia que, sempre que perante um dado caso concreto, o princípio da subsidiariedade impunha às instituições europeias a procura do nível de acção mais eficaz, o qual, por seu turno, tanto poderia ser o local, o regional, o nacional, o comunitário ou, inclusivamente, o internacional. Por outro lado, deveriam envidar-se esforços no sentido de uma aplicação positiva da subsidiariedade, isto é, uma aplicação do princípio favorável ao reforço da União. A subsidiariedade imporia tanto a Estados como a instituições comunitárias a busca da melhor actuação possível para a satisfação dos interesses dos cidadãos europeus. A Comissão propunha neste documento uma fórmula para a Europa caracterizada por uma cooperação democrática e eficaz na resolução dos problemas entre Estados e União. Associando a subsidiariedade ao reforço da transparência do processo decisório comunitário, a Comissão defendia o princípio da subsidiariedade enquanto princípio legitimador da actuação comunitária, vendo nele igualmente um instrumento que permitiria assegurar um exercício transparente das competências concorrentes por parte da União. Assim, para esta instituição comunitária, a subsidiariedade não só constituiria um princípio fundamental da ordem jurídica comunitária, garantia de uma actuação o mais eficaz e proporcional possível, mas imporia igualmente às instituições uma obrigação de comportamento, no sentido de limitarem a sua intervenção ao estritamente necessário.

---

[8] COMISSÃO EUROPEIA, *Conferência Intergovernamental 1996: relatório da Comissão ao Grupo de Reflexão*, Luxemburgo, SPOCE, 1995. Os diversos documentos preparados pelas instituições comunitárias, e relativos à CIG 1996, podem ser consultados in PARLAMENTO EUROPEU, *White Paper on the 1996 Intergovernmental Conference, vol. I, (Annex) official texts of the European Union Institutions*, Luxemburgo, PE/DGR, 1996.

Finalmente, e após analisar os progressos alcançados em sede de aplicação do princípio, e de referir os esforços por ela desenvolvidos nesse sentido, a Comissão concluía, deixando uma advertência: sem uma aplicação coerente do princípio por parte das diversas instituições comunitárias e Estados, os esforços desenvolvidos até então não produziriam quaisquer resultados. De facto, neste seu Relatório, a Comissão não deixava de reconhecer que, no plano da actuação prática, esta coerência e coordenação entre pólos legislativos tinha-se revelado extremamente difícil de alcançar, tanto mais que a visão daquela que seria a função do princípio da subsidiariedade variava não só de Estado para Estado, mas também consoante a área de intervenção em causa. Assim, a luta pela preservação de interesses particulares continuava a condicionar a redacção dos textos legislativos comunitários, conduzindo a uma regulamentação demasiado detalhada e densa, contrária aos interesses de claridade e simplicidade que se pretendiam prosseguir com a adopção do princípio. Contudo, a Comissão era igualmente peremptória em afirmar que esta multiplicidade de concepções estaduais não deveria constituir um obstáculo à realização dos interesses comuns. Daqui concluía da necessidade de reforçar o papel e aplicação do princípio da subsidiariedade. Por último, a Comissão constatava que com o Tratado da União Europeia não se havia conseguido reforçar a proximidade entre cidadãos e União, impondo-se portanto que tal situação fosse corrigida no decurso da revisão dos Tratados operada pela CIG[9].

Não obstante a maioria dos Estados membros ser contra qualquer alteração do teor do segundo parágrafo do art. 3º-B, alguns dos Estados, designadamente aqueles dotados de uma organização político-administrativa do tipo federal, acompanhados pelo Comité das Regiões, reclamavam uma revisão substancial da definição do princípio.
A este propósito, impõe-se destacar a posição alemã, tanto mais que a Alemanha esteve na origem da inclusão do princípio da subsidiariedade

---

[9] Posteriormente, num outro documento de Fevereiro de 1996, este preparado para a CIG – *Reforçar a União Política e Preparar o Alargamento* –, a Comissão voltou a salientar a importância de aproximar a União dos seus cidadãos.

no Tratado da União Europeia como princípio geral de direito comunitário[10].

Para este país, a melhoria das condições de aplicação do princípio da subsidiariedade deveria constituir um dos pontos fundamentais da agenda da CIG. Em concreto, a Alemanha propunha que se operasse uma delimitação clara entre aquelas que seriam as competências da União e as competências dos Estados membros. Neste sentido, entendia que se devia proceder a uma reformulação do princípio da subsidiariedade, sugerindo para tanto que fosse eliminada a parte final do segundo parágrafo do art. 3º-B, a saber, *"(...) e possam, pois, devido à sua dimensão ou aos efeitos da acção prevista, ser melhor alcançados ao nível comunitário."*, na medida em que, na sua óptica, tal fórmula era excessivamente genérica, dando desse modo azo a alguma ambiguidade na aplicação do princípio. Ainda assim, para o Governo alemão, a solução mais conveniente e adequada a uma clarificação e reforço da aplicação do princípio, seria a inclusão no Tratado de um protocolo sobre a subsidiariedade, cuja elaboração se deveria basear nas Conclusões do Conselho Europeu de Edimburgo e no Acordo Interinstitucional de Outubro de 1993, e no qual se clarificassem os pontos dúbios e mais controversos em matéria de subsidiariedade.

Mais uma vez, os Länder recusaram-se a permanecer arredados da discussão, tendo feito questão de manifestarem a sua posição relativamente ao princípio da subsidiariedade[11], defendendo de forma clara a reformulação do segundo parágrafo do art. 3º-B, no sentido de este passar a referir expressamente as colectividades locais e regionais. Os estados federados alemães advogavam igualmente uma alteração do art. 3º-B, § 1º, no sentido de deste passar a constar uma delimitação clara entre as competências da União e as dos Estados membros, de modo a que a União interviesse unicamente quando as suas competências se encontrassem expressamente consagradas no Tratado, impondo-se para tanto a definição de um catálogo de competências comunitárias,

---

[10] *Vide supra*, Capítulo I, pp. 55 ss..

[11] A posição oficial dos Länder consta de uma resolução do *Bundesrat* alemão, de 15 de Dezembro de 1995.

tanto exclusivas como não exclusivas. Tendo sempre em mente uma maior intervenção das comunidades regionais e locais no processo decisório comunitário, os Länder sugeriam igualmente que do art. 5º do Tratado passasse a constar uma referência à estrutura interna dos Estados membros.

Na sequência dos debates efectuados e dos documentos apresentados, as posições dos diversos Estados membros face à revisão do Tratado da União Europeia – e isto, obviamente, reportando-nos unicamente ao âmbito restrito das questões relativas à aplicação do princípio da subsidiariedade e da repartição de competências – podem ser resumidas da seguinte forma: (a) a grande maioria dos Estados mostrou-se desfavorável a uma alteração da redacção do art. 3º-B do TUE (somente a Áustria se manifestou abertamente pela sua alteração, apoiada de modo não muito claro pela Alemanha, mais favorável à ideia do Protocolo); (b) alguns dos Estados membros (v.g., Alemanha, Itália, Holanda, Áustria, Finlândia e Reino Unido), à semelhança do que havia já sucedido relativamente a alguns dos membros do Grupo de Reflexão, manifestaram-se adeptos da inclusão no Tratado de um protocolo sobre o princípio da subsidiariedade, a elaborar com base na Declaração de Birmingham e nas Conclusões do Conselho Europeu de Edimburgo; (c) a possibilidade de a aplicação do princípio ser alvo de um controlo a exercer pelos Parlamentos nacionais foi rejeitada pela generalidade dos Estados, ainda que França, Reino Unido, Luxemburgo e Áustria se tenham mostrado favoráveis a tal tipo de controlo; (d) em matéria de distribuição de competências, os Estados foram unânimes em manter o art. 235º no Tratado; já quanto à possibilidade de inclusão de listas de competências no seio do Tratado, somente a Alemanha se mostrou claramente favorável a esta hipótese; por último, (e) somente a Bélgica e a Áustria se manifestaram de forma clara pela inclusão de uma referência expressa às entidades locais e regionais em sede do princípio da subsidiariedade.

Aberta em Turim, a 29 de Março de 1996, a Conferência Intergovernamental tinha como objectivo primordial reforçar a união política entre os Estados membros, propondo-se para tanto introduzir no texto dos Tratados alterações substantivas em matéria de assuntos internos e justiça, bem como em sede de política externa e de segurança comum. Por outro lado, com a CIG pretendia-se igualmente proceder às alterações institucionais necessárias à adequação do esquema institucional comunitário ao alargamento futuro.

Não obstante os ambiciosos objectivos que presidiam à sua realização, o certo é que os resultados concretos alcançados pela CIG revelaram-se francamente desapontantes. De facto, o texto final assinado pelos Estados a 2 de Outubro de 1997[12], em Amesterdão – aliás, bastante complexo –, ficou muito aquém das expectativas criadas em seu torno, desde logo pelo facto de os quinze se terem revelado incapazes de procederem às reformas institucionais necessárias para evitar que o alargamento próximo desencadeie uma paralisia total do sistema decisional comunitário.

Para este "falhanço" da CIG 96 contribuiu decisivamente o facto de a revisão pretendida contender com aspectos intimamente relacionados com a soberania dos Estados membros. De facto, o famoso efeito de *"spill-over"* da integração comunitária perde a sua eficácia quando em causa estão matérias directamente relacionadas com o núcleo duro da soberania estadual, como é o caso da segurança externa e da justiça. Confrontados com a possibilidade de uma revisão que transferiria para o domínio da integração matérias tradicionalmente de competência nacional, os Estados membros, designadamente aqueles mais reticentes à evolução para estádios de integração superiores – como é o caso do Reino Unido –, cerraram barreiras, opondo-se a toda e qualquer alteração que afectasse seriamente os seus domínios "feudais". Por outro lado, importa igualmente considerar nesta sede o papel desempenhado pela inoperância dos políticos, incapazes de transporem para a prática esquemas teoricamente operacionais. De facto, os comentadores, face ao "fracasso" de Amesterdão, apontariam igualmente o dedo à classe política, salientando o seu desfasamento para com a realidade comu-

---

[12] O Tratado com as alterações introduzidas pela revisão de Amesterdão entrou em vigor a 1 de Maio de 1999.

nitária e a incapacidade demonstrada em motivar e associar o comum dos europeus ao processo de revisão[13].

Assim, e também em sede de subsidiariedade, a revisão ficou aquém do esperado por alguns, designadamente pelas entidades regionais e locais que viam nesta revisão a oportunidade ideal para finalmente serem reconhecidas como agentes privilegiados em matéria de aplicação e controlo do princípio.

Efectivamente, a posição assumida pela maioria dos Estados membros no sentido de manter inalterado o texto do art. 3º-B, bem como em incluir um protocolo sobre subsidiariedade no Tratado, haveria de triunfar, tendo-se reflectido aliás nos projectos de Tratado apresentados pelas diversas presidências anteriores a Amesterdão. Assim, e na sequência do projecto já anteriormente proposto pela presidência italiana no primeiro semestre de 1996, a Presidência irlandesa apresentaria um texto do qual constava uma proposta de protocolo sobre a subsidiariedade, redigido com base nas Conclusões do Conselho Europeu de Edimburgo e no teor do Acordo Interinstitucional convencionado nesta matéria entre PE, Conselho e Comissão em 25 de Outubro de 1993. Paralelamente, a Alemanha apresentaria igualmente um projecto de Protocolo no qual estabelecia preceitos tendentes a assegurarem uma correcta e rigorosa aplicação do princípio. Por outro lado, também o Reino Unido elaborou o seu próprio texto para um Protocolo sobre subsidiariedade, colocando por seu turno o acento tónico num aperfeiçoamento e reforço do controlo jurisdicional da aplicação do princípio.

Será neste contexto que, no primeiro semestre de 1997, e sob a égide da Presidência holandesa, será apresentado o Projecto de revisão do Tratado que viria a ser adoptado pelos Estados, e no qual se consagrava uma solução de compromisso entre todas aquelas posições já por nós anteriormente referidas.

---

[13] Para uma interessante apreciação crítica da revisão operada por Amesterdão, vide FAVRET, Jean-Marc, "Le Traité d'Amsterdam: une révision *a minima* de la «charte constitutionnelle» de l'Union européenne. *De l'intégration à la incantation?*", in CDE, n. 5-6, 1997, pp. 555-605. No mesmo sentido, vide RIGAUX, V.A. & SIMON, D., "Amsterdam: Much ado about nothing?", in EUROPE, juillet, 1997.

Assim, a revisão operada em Amesterdão, e isto no que concerne ao princípio da subsidiariedade e à indissociável problemática das competências comunitárias, caracteriza-se desde logo pela ausência de uma reformulação do art. 3º-B e pela inserção de um *Protocolo sobre a aplicação dos princípios da subsidiariedade e da proporcionalidade*, que figura como anexo ao Tratado. Por outro lado, a redacção deste Protocolo não só segue de perto os termos da Declaração de Birmingham e das Conclusões do Conselho Europeu de Edimburgo, como também respeita integralmente o Acordo Interinstitucional de 1993, o qual vê assim ser-lhe reconhecido um valor jurídico incontestável. Pretendiam deste modo os Estados formalizar determinados aspectos relativos à subsidiariedade constantes daqueles documentos, designadamente: (a) a concepção da subsidiariedade como um conceito dinâmico, segundo o qual o nível de acção pode variar em função das circunstâncias; (b) a exigência de qualquer proposta legislativa ter de ser acompanhada de uma declaração relativamente ao seu impacto sobre a aplicação do princípio; (c) a necessidade de a forma da acção comunitária dever ser o menos restritiva possível atendendo ao objectivo prosseguido (na medida do possível, as directivas terão preferência sobre os regulamentos); (d) a necessidade de a subsidiariedade não pôr em causa as competências conferidas pelo Tratado à Comunidade, tal como interpretadas pelo Tribunal de Justiça.

De salientar ainda que esta revisão rejeitou um qualquer tipo de controlo de aplicação do princípio a ser exercido, quer pelos Parlamentos nacionais, quer pelo Comité das Regiões.

A par das propostas mencionadas, o texto adoptado mantém o antigo art. 235º no seio do Tratado, não inclui qualquer lista enumerativa das competências da União e dos Estados, e não refere em momento algum – isto em sede de subsidiariedade, e não de uma forma geral, como é bom de ver – os direitos cujo reconhecimento constitucional no plano comunitário era reivindicado pelas comunidades regionais e locais.

2. O PROTOCOLO RELATIVO À APLICAÇÃO DOS PRINCÍPIOS DA SUBSIDIARIEDADE E DA PROPORCIONALIDADE

O facto de ter sido anexado ao Tratado um Protocolo sobre os princípios da subsidiariedade e da proporcionalidade é significativo, e isto não tanto pelo próprio conteúdo do Protocolo em si, mas sobretudo pelo facto de a escolha dos Estados quanto ao instrumento jurídico a adoptar ter recaído sobre a figura do "protocolo"[14].

A figura jurídica do protocolo era essencialmente utilizada pelos redactores originais dos Tratados quando em causa estava regulamentar questões ou situações que diziam respeito somente a um número restrito de Estados ou então que afectavam uma área geográfica limitada, e às quais não era assim reconhecida dignidade suficiente para serem tratadas por disposições substantivas da "carta constitucional" comunitária. Por outro lado, a linguagem utilizada na redacção desses protocolos traduzia esta sua natureza "limitada", desde logo pela utilização de conceitos que deixavam transparecer de forma clara o carácter transitório e excepcional da regulamentação adoptada. Assim, nos primeiros tempos da realidade comunitária, a opção pela figura do protocolo era determinada pela necessidade de consagrar não só derrogações temporárias aos princípios gerais de direito comunitário, mas também soluções transitórias relacionadas sobretudo com questões de natureza económica.

Nos termos do art. 311º[15] do Tratado, *"Os Protocolos que, de comum acordo entre os Estados membros, forem anexados ao presente Tratado fazem dele parte integrante."*. Este normativo limita-se a consagrar no quadro comunitário um princípio clássico do direito internacional, segundo o qual é permitido às partes contratantes atribuir aos

---

[14] Embora no quadro de um estudo das alterações introduzidas pelo TUE no processo integrativo comunitário, CURTIN, Deirdre, "The constitucional structure of the Union: a Europe of bits and pieces", in CMLR, n. 30, 1993, pp. 17-69, faz uma interessante análise da utilização da figura jurídica do protocolo pelos redactores dos Tratados; *vide*, em especial, pp. 44 ss. do artigo referenciado.

[15] Anterior art. 239º TCE.

anexos e protocolos um valor jurídico igual ao reconhecido ao próprio tratado ao qual se associam, princípio este que é aliás sancionado pela Convenção de Viena, de 23 de Maio de 1969[16].

Por outro lado, tanto o próprio Tribunal de Justiça como os seus Advogados-Gerais, sempre que confrontados com uma referência aos Protocolos anexos aos Tratados, foram unânimes em reconhecer-lhes um valor jurídico idêntico ao reconhecido aos próprios Tratados. Assim, uma violação de um Protocolo é tratada pelo TJ como se de uma violação dos Tratados se tratasse.

O facto de se ter optado pela figura do Protocolo nesta matéria resulta desde logo de estarmos na presença de uma questão com sérias implicações políticas, tanto mais que alguns dos Estados membros encaravam o princípio com desconfiança por verem nele um instrumento de redução do núcleo duro da soberania estadual. Por outro lado, o recurso ao protocolo permitiu igualmente conferir dignidade a uma série de disposições de carácter procedimental que, caso incluídas no texto do Tratado propriamente dito, apareceriam deslocadas em virtude do seu carácter pormenorizado e altamente técnico.

Já no que diz respeito ao conteúdo propriamente dito do Protocolo, importa referir que este, no essencial, nada traz de novo em matéria de subsidiariedade. De facto, o Protocolo afigura-se como o resultado do somatório de textos já existentes, designadamente das Conclusões do Conselho Europeu de Edimburgo e do Acordo Interinstitucional de 25 de Outubro de 1993, operando a sua constitucionalização e eliminando deste modo quaisquer dúvidas que permanecessem quanto ao seu valor jurídico[17].

---

[16] V. designadamente os arts. 2º, § 1, e 31º, § 2, da Convenção em causa.

[17] Importa referir que a adopção do Protocolo não veio abrogar os textos em causa. De facto, estes continuam em vigor em todo o seu conteúdo, inclusivamente naqueles pormenores que não obtiveram acolhimento no Tratado. Poderemos assim colocar a hipótese de uma disposição de um dos textos em causa entrar em conflito com uma das disposições do Protocolo. Numa tal situação, parece-nos consensual que o Protocolo deverá prevalecer, na medida em que o seu valor jurídico é equivalente ao do Tratado. Exemplificativamente, veja-se o que escrevemos *infra*, p. 233, a propósito do ponto 5 do Protocolo.

Assim, o ponto 2 do Protocolo, por exemplo, é o fruto da conjugação de disposições dos textos referidos, ao consagrar que *"A aplicação dos princípios da subsidiariedade e da proporcionalidade respeitará as disposições gerais e objectivos do Tratado, nomeadamente no que se refere à manutenção integral do acervo comunitário e ao equilíbrio institucional; a aplicação daqueles princípios não afectará os princípios definidos pelo Tribunal de Justiça quanto à relação entre o direito nacional e o direito comunitário e deve ter em conta o disposto no n.º 4 do art. 6º do Tratado da União Europeia, segundo o qual a União se dotará dos «meios necessários para atingir os seus objectivos e realizar com êxito as suas políticas»"*. Se a referência ao n.º 4, do art. 6º, do Tratado, constava já do Acordo Interinstitucional, a referência ao "equilíbrio institucional" é uma precisão introduzida pelo Protocolo que não deixa de ser interessante se tivermos em mente que um dos objectivos da revisão operada era assegurar as reformas institucionais necessárias ao alargamento, bem como assegurar a democratização e optimização da estrutura institucional comunitária. Por outro lado, a substituição da palavra "primado", utilizada no Acordo, pela expressão *"os princípios definidos pelo Tribunal de Justiça quanto à relação entre o direito nacional e o direito comunitário"* não deixa igualmente de ser interessante, desde logo pelo facto de esta ter um carácter mais lato, abrangendo assim não só o princípio do primado, mas também o do efeito directo e todas as demais directrizes firmadas pela jurisprudência comunitária em matéria de competências.

O ponto 4 do Protocolo em análise, por seu turno, precisa as condições da aplicação em concreto do princípio pela Comissão. Este ponto faz recair sobre esta instituição comunitária uma obrigação de especificar os motivos que determinaram a intervenção; por outro lado, cumpre igualmente à Comissão justificar, com recurso a indicadores não só qualitativos, mas igualmente – e sempre que possível – quantitativos, que o objectivo comunitário em causa, relativamente ao qual decidiu intervir, será melhor realizado mediante a intervenção comunitária do que pelo nível nacional. Este ponto 4 deve ser lido conjuntamente com os pontos 6 e 7 do Protocolo, estes agora relacionados com a forma e intensidade da intervenção comunitária, os quais, por seu turno, mais não fazem do que reiterar o já afirmado em Edimburgo nesta matéria.

Por outro lado, estes pontos 6 e 7 do Protocolo não deixam de ser significativos na medida em que são reveladores da preocupação dos Estados em assegurar que a actuação comunitária, não só seja o mais próxima possível dos desejos e interesses dos cidadãos europeus, mas também o menos onerosa possível para as prerrogativas e competências nacionais. Assim, é igualmente nesta perspectiva que, no ponto 9 do Protocolo, se refere a necessidade de a Comissão proceder a amplas consultas antes de propor textos legislativos. O Protocolo não deixa contudo de referir, igualmente, – e isto em contraponto a esta imposição ao executivo comunitário de ater as suas intervenções ao estritamente necessário para a prossecução dos objectivos do Tratado – o dever de lealdade dos Estados para com a União, designadamente a sua obrigação de conformarem a sua actuação com os princípios gerais de direito comunitário e de se absterem de qualquer actuação que faça perigar a realização dos objectivos comunitários[18]. A isto temos necessariamente de aliar a referência feita no ponto 2 do Protocolo à necessidade de a aplicação do princípio não afectar o *acquis* comunitário.

Já no que concerne aos critérios determinantes para aplicação do princípio, o ponto 5 do Protocolo especifica as linhas directrizes a observar nesta matéria, resultando de forma clara da sua leitura que estamos perante critérios que operam de forma cumulativa e não alternativa. De facto, esta questão havia sido suscitada na sequência das *Conclusões* do Conselho Europeu de Edimburgo, nas quais não se precisava se estávamos ou não perante condições cumulativas (cfr. ponto 2, ii, do referido documento). Por seu turno, já o *Acordo Interinstitucional* referia expressamente a expressão "e/ou" ao reportar-se a este aspecto. O Protocolo suprimiu esta redacção alternativa, referindo que *"uma acção comunitária deve preencher os dois requisitos inerentes à subsidiariedade (...)"* [19].

Deste Protocolo resulta igualmente de forma clara que o princípio da subsidiariedade tem o seu âmbito de aplicação limitado ao plano das

---

[18] Ponto 8 do Protocolo.
[19] Assim, e como já tivemos oportunidade de referir, *vide supra,* p. 231[17], deve entender-se que o consagrado neste ponto 5 do Protocolo prevalece sobre o disposto nos dois documentos referidos.

relações entre União e Estados membros. O Tratado manteve-se assim fiel à noção de que ao direito comunitário não compete debruçar-se sobre questões relacionadas com a organização política e administrativa interna dos Estados membros – que é de exclusiva competência nacional –, não podendo portanto os Tratados imporem aos Estados que rejam as suas relações com as suas entidades regionais e locais pelo princípio da subsidiariedade, atendendo desde logo ao facto de no seio da União coexistirem diversas estruturas de organização do poder político, que passam tanto pelo Estado federado, como pelo Estado centralizado, ou ainda por formas de descentralização administrativa não tão aprofundadas quanto a inerente à organização federal.

Deste modo, a revisão operada por Amesterdão não acolheu as pretensões do Comité das Regiões, as quais, aliás, haviam sido já refutadas pelo Grupo de Reflexão no seu Relatório, como referimos oportunamente.

Perante isto, numa resolução adoptada a 17 de Outubro de 1997, o Comité das Regiões, reportando-se a Amesterdão, reconheceu que o facto de ter sido anexado um Protocolo sobre a aplicação do princípio da subsidiariedade representava em si mesmo um progresso substancial relativamente à situação até então vigente[20]. Não obstante, o Comité,

---

[20] Posteriormente, no seu *Parecer sobre o princípio...*, de 10/11 de Março de 2000, *op. cit.*, o Comité teria oportunidade de mais uma vez manifestar o seu apreço pela inclusão do Protocolo no Tratado, tendo então sublinhado a *"(...) importância da Declaração da Bélgica, da Alemanha e da Áustria segundo a qual «a acção da Comunidade Europeia, de acordo com o princípio da subsidiariedade, refere-se não só aos Estados-Membros, mas também às respectivas entidades, na medida em que estas disponham de poder legislativo próprio, conferido pelo respectivo direito institucional.» (...)".* Partindo desta Declaração, o Comité afirmava então que o princípio da subsidiariedade deveria ter igualmente aplicação ao nível das relações entre Estados e respectivas entidades locais, pelo que se impunha exercer pressão junto dos Estados membros, a começar junto daqueles que possuíssem entidades territoriais com poder legislativo próprio reconhecido pela Constituição, no sentido de aderirem a esta Declaração. Não obstante, entendemos que a aplicação do princípio da subsidiariedade no plano das relações entre Estados e respectivas entidades territoriais é um assunto que diz exclusivamente respeito à organização administrativa e política interna de cada Estado e que, como tal, o princípio da subsidiariedade consagrado no art. 5º, § 2, do Tratado, não terá aplicação a esse nível.

nessa mesma Resolução, reiterava a sua posição segundo a qual as regiões deviam ser expressamente referenciadas no Protocolo, considerando insuficiente a referência aí feita, no ponto 7, à necessidade de assegurar o *"respeito pelos sistemas nacionais consagrados e pela organização e funcionamento dos sistemas jurídicos dos Estados membros"*.

Assim, e atendendo ao teor do Protocolo, o Comité das Regiões terá de se contentar com o facto de lhe ser apresentado anualmente o relatório da Comissão referente à aplicação do princípio da subsidiariedade. Por outro lado, a Comissão, no exercício do seu direito de iniciativa, deve *"ter na devida conta a necessidade de assegurar que qualquer encargo, de natureza financeira ou administrativa, que incumba à Comunidade, aos Governos nacionais, **às autoridades locais, aos agentes económicos e aos cidadãos***[21], *seja o menos elevado possível e proporcional ao objectivo a alcançar."* [22].

"Last, but not least", como diriam os nossos parceiros comunitários do Reino Unido, este Protocolo tem igualmente o mérito de ter posto cobro à polémica existente em torno da possibilidade de controlo jurisdicional da aplicação do princípio[23]. Agora, é inequívoco que o Tribunal tem toda a legitimidade para se pronunciar sobre a legalidade da aplicação do princípio por parte das instituições comunitárias, lançando mão para o efeito dos mecanismos gerais consagrados no Tratado, na medida em que a proposta da inclusão no Tratado de uma via de recurso específica para questões de subsidiariedade não obteve acolhimento em Amesterdão.

Deste modo, e como se pode facilmente concluir a partir do exposto, também em matéria de subsidiariedade, a revisão do Tratado

---

[21] O destaque é nosso.
[22] Ponto 9, § 2, do Protocolo.
[23] Para CONSTANTINESCO, Vlad, "Les clauses de «coopération renforcée». Le Protocole sur l'application des principes de subsidiarité et de proportionnalité", in RTDE, n. 4, octobre – décembre, 1997, pp. 751-767, esp. p. 767, este seria mesmo o aspecto mais importante do Protocolo.

operada por Amesterdão pouco ou nada trouxe de novo. Como tal, a análise por nós desenvolvida em relação ao art. 3º-B, do TUE, designadamente a referente ao seu segundo parágrafo e respectiva aplicação, permanece inteiramente válida após a revisão dos Tratados operada por Amesterdão[24].

A inclusão do Protocolo no Tratado teve contudo o mérito de vir clarificar alguns aspectos relacionados com a aplicação do princípio, designadamente aqueles relativos ao seu controlo por parte do Tribunal de Justiça.

Assim, e atendendo à situação existente, parece-nos que o Tribunal poderá desempenhar um papel de relevo nesta matéria. De facto, o Tribunal de Justiça encontra-se numa posição privilegiada para, através da sua actividade pretoriana, contribuir para a densificação e correcta aplicação do princípio, respeitando e garantindo a observância e respeito do *acquis* comunitário por parte das diversas entidades envolvidas no processo integrativo europeu, assegurando deste modo a sua consolidação e evolução.

---

[24] Com salvaguarda, como é óbvio, da renumeração operada por esta última revisão dos Tratados.

CONCLUSÕES

Não obstante as especificidade do processo de integração europeia, o certo é que a União e as Comunidades permanecem organizações internacionais criadas pelos Estados seus membros, e cujas competências têm origem num acto soberano e reversível dos Estados de limitação do exercício das sua própria soberania.
Assim, estando dotadas única e exclusivamente daqueles poderes que, nos termos do princípio da especialidade, necessitam para a prossecução dos objectivos que lhes foram definidos pelos Estados, não deve ser reconhecida, tanto à União Europeia como às Comunidades que lhe estão na base, a titularidade de um qualquer poder político originário e constituinte. Hoje, tal como aquando da celebração do Tratado de Roma, os Estados permanecem os "senhores dos Tratados".

O certo é que a própria evolução do processo integrativo determinou que se operasse uma crescente "comunitarização" das matérias, com a consequente perda de poder interventivo por parte dos Estados. Inicialmente um projecto de cariz essencialmente económico, foi a própria história que determinou o alargamento dos objectivos prosseguidos a áreas tradicionalmente englobadas no núcleo duro da soberania estadual, como sejam a cidadania, a política de asilo, a política de segurança e as relações externas.
Perante o pendor expansionista da integração europeia, os Estados, receosos de perderem o controlo sobre um processo que eles próprios haviam desencadeado, decidiram consagrar ao nível dos Tratados instrumentos jurídicos que lhes permitissem assegurar que, não obstante os progressos alcançados, a competência estadual permaneceria a regra e a competência comunitária a excepção.

Consagrado pela história como um princípio de (boa) organização política e administrativa, o princípio da subsidiariedade foi inscrito no

Tratado de Maastricht como a pedra angular de um sistema de contenção do exercício de competências por parte da Comunidade, tendente a assegurar que a intervenção legislativa comunitária, não só se ateria dentro dos limites estipulados pelo Tratado, como também não ultrapassaria um determinado grau de densificação normativa.

Assim, como refere FAUSTO DE QUADROS, *"(...) a afirmação, de modo expresso, pelo Tratado de Maastricht, do princípio da subsidiariedade como princípio geral e constitucional da integração europeia mais não representa do que o regresso à pureza das intenções que nortearam os precursores da integração e os redactores dos Tratados que instituíram as três Comunidades."* [1].

De facto, com a introdução do princípio no texto dos Tratados, era intenção dos Estados assegurar que a União Europeia fosse uma União construída pelos cidadãos e para os cidadãos, no seio da qual se respeitassem e preservassem as especificidades, tradições e história de cada um dos Estados membros e respectivas regiões, promovendo em simultâneo a coesão económica e social. Assim, o princípio surge igualmente no contexto comunitário como um princípio de proximidade, destinado a promover uma maior democratização e transparência dos processos decisórios, no sentido de atrair o comum dos cidadãos europeus para um processo que há muito lhe parecia distante e excessivamente burocratizado.

Contudo, não obstante ser este o espírito que presidiu à consagração do princípio da subsidiariedade no texto dos Tratados, a prática veio demonstrar que, não raras vezes, diversos dos actores envolvidos no processo decisório comunitário pretenderam utilizar o princípio como um instrumento ao serviço dos seus próprios interesses, nem sempre os mais consentâneos com o espírito da integração europeia. Para tanto, não deixou de contribuir certamente a redacção ambígua da cláusula geral de subsidiariedade introduzida por Maastricht, ela própria fruto da necessidade de traduzir normativamente os difíceis e com-

---

[1] In *O princípio..., op. cit.*, p. 71.

plexos arranjos políticos arquitectados no seio do Conselho. Deste modo, não poucas vezes se assistiu à invocação do princípio num sentido eminentemente centralizador[2] e, como tal, contrário à sua própria natureza e ao espírito que presidiu à sua consagração como princípio geral de direito comunitário.

Contudo, importa alertar que, efectivamente, está nas mãos dos Estados assegurar que a aplicação do princípio da subsidiariedade não conduza a uma centralização da intervenção normativa nas mãos das instituições comunitárias.

Tendo o seu campo de aplicação limitado ao domínio das competências concorrentes, o princípio da subsidiariedade, consagrado no segundo parágrafo do actual art. 5º do Tratado, consagra como critério determinante para a intervenção comunitária a insuficiência da acção estadual na prossecução dos objectivos visados. Deste modo, impõe-se que os Estados desenvolvam esforços e se mobilizem de modo a que a sua intervenção seja passível de assegurar, de modo cabal, a realização dos objectivos prosseguidos com a intervenção em questão. Caso contrário, aquele que é um princípio descentralizador por natureza, em virtude da inépcia estadual, poderá acabar por conduzir, paradoxalmente, a uma expansão dos domínios de intervenção comunitária e consequente reforço dos poderes das instituições da União.

Paralelamente, esta mesma realidade impõe que, não obstante o princípio só ter aplicação ao nível das relações entre União e Estados, estes o apliquem igualmente no plano interno, transpondo assim para o nível da organização interna estadual a ideia de que as tarefas devem ser executadas pelo nível mais próximo dos cidadãos e mais eficaz possível. De facto, só assim os Estados assegurarão a construção de uma Europa próxima dos cidadãos, unida na sua diversidade e riqueza histórica, e no seio da qual as regiões e entidades territoriais menores podem participar activamente no processo de integração europeia, con-

---

[2] Neste sentido, e muito embora constitua uma posição claramente minoritária no seio da doutrina, vide EMILIOU, N., "Subsidiarity...", *op. cit.*, p. 401; KAPTEYN, P. J. G., "Community...", *op. cit.*, p. 42; e ainda, PIRES, Francisco Lucas, "União Europeia: um poder próprio ou delegado?", in AA.VV., *A União Europeia*, Coimbra, 1994, pp. 149-156, esp. p. 154.

tribuindo igualmente para a prossecução da tão pretendida coesão económica e social. Por outro lado, parece-nos que só assim os Estados respeitarão na íntegra a obrigação de cooperação e lealdade que lhes é imposta pelos Tratados na prossecução dos objectivos comunitários.

Finda esta dissertação, pensamos ter demonstrado de forma cabal que, de modo algum, se pode ver no princípio da subsidiariedade um conceito sem sentido ("*gobbledygode*"[3]) quando aplicado ao processo de integração europeia. No quadro do direito comunitário, o princípio da subsidiariedade deve ser visto como um princípio jurídico, dotado de plena aplicação, e susceptível de controlo jurisdicional por parte do Tribunal de Justiça, e isto ainda que dentro dos limites de uma "*limited jurisdiction*".

Assim, e muito embora o princípio da subsidiariedade não constitua a solução mágica e imediata para todos os problemas existentes no seio da União Europeia, o certo é que, se correctamente aplicado, ele dará um contributo decisivo para o avançar da integração.

De facto, não nos parece que o avançar da integração europeia tenha de inexoravelmente conduzir a um anular da Europa das Nações, em prol de uma Europa uniforme e única. Muito pelo contrário, é nosso entender que a verdadeira riqueza e a grande mais-valia do processo de integração europeia reside precisamente na diversidade cultural e histórica dos seus Estados membros. Assim, a construção de uma verdadeira União entre os Estados europeus parece impor que se avance a passo lento, mas firme, ou seja, que não se pretendam arquitectar soluções normativas artificiais, não partilhadas pelos cidadãos europeus, e sem qualquer correspondência com a realidade económica, social e política do fenómeno integrativo. Uma Europa forte e sólida será sempre uma "*Europa das identidades nacionais*"[4], e nunca uma "*Europa da Unicidade*"[5].

---

[3] A expressão é de STUART, Lord Mackenzie, in "A formula for failure" ..., *op. cit.*, p. 19.

[4] QUADROS, Fausto de, *O princípio...*, *op. cit.*, p. 77.

[5] *Ibidem*.

ÍNDICE DE JURISPRUDÊNCIA DOS TRIBUNAIS DAS COMUNIDADES EUROPEIAS

A. Tribunal de Justiça

- Ac. de 15.Julho.1960, *Consórcios de Venda do Carvão e o. vs Alta Autoridade CECA*, Proc. 276/80, *Recueil* 1960, pp. 857 ss.;
- Ac. de 5. Fevereiro. 1963, *Van Gend en Loos*, Proc. 26/62, *Recueil* 1963, pp. 3 ss.;
- Ac. de 15. Julho. 1964, *Costa/ENEL*, Proc. 6/64, *Recueil* 1964, pp. 1141 ss.;
- Ac. de 13.Julho.1966, *Consten & Grundig vs Comissão*, Procs. 56 e 58/64, *Recueil* 1966, pp. 429 ss.;
- Ac. de 13. Fevereiro. 1969, *Walt Wilhelm*, Proc. 14/68, *Recueil* 1969, pp. 1 ss.;
- Ac. de 6. Outubro. 1970, *Grad*, Proc. 9/70, *Recueil* 1970, pp. 825 ss.;
- Ac. de 15.Dezembro.1970, *Deutsche Getreide- und Futtermittelhadesgesellschaft vs Hauptzollamt*, Proc. 31/70, *Recueil* 1970, pp. 1055 ss.;
- Ac. de 17.Dezembro.1970, *Internationale Handelsgesellschaft*, Proc. 11/70, *Recueil* 1970, pp. 1125 ss.;
- Ac. de 31.Março.1971, *AETR*, Proc. 22/70, *Recueil* 1971, pp. 69 ss.;
- Ac. de 14.Dezembro.1971, *Comissão vs França*, Proc. 7/71, *Recueil* 1971, pp. 1003 ss.;
- Ac. de 4.Dezembro.1974, *Van Duyn*, Proc. 41/74, *Recueil* 1974, pp. 1337 ss.;
- Ac. 11.Julho.1974, *Dassonville*, Proc. 8/74, *Recueil* 1974, pp. 837 ss.;
- Parecer 1/75, de 11.Novembro.1975, relativo ao acordo OCDE sobre despesas locais, *Recueil* 1975, pp. 1355 ss.;
- Ac. de 14.Julho.1976, *Kramer*, Procs. Apensos 3, 4 e 6/76, *Recueil* 1976, pp. 1279 ss.;
- Ac. de 15.Dezembro.1976, *Simmenthal*, Proc. 35/76, *Recueil* 1976, pp. 1871 ss.;
- Parecer 1/76, de 26.Abril.1977, sobre o projecto de acordo relativo à criação de um Fundo de Imobilização da Navegação Interior, *Recueil* 1977, pp. 741 ss.;
- Ac. de 20.Outubro.1977, *Roquette vs França*, Proc. 29/77, *Recueil* 1977, pp. 1835 ss.;
- Ac. de 16.Fevereiro.1978, Comissão vs Irlanda, Proc. 61/77, *Recueil* 1978, pp. 417 ss.;

- Ac. de 20.Fevereiro.1979, *Cassis di Dijon*, Proc. 120/78, *Recueil* 1979, pp. 649 ss.;
- Ac. de 3.Julho.1979, *Van Dam*, Procs. 185 a 204/78, *Recueil* 1979, pp. 2345 ss.;
- Ac. de 5.Maio.1981, *Comissão das Comunidades Europeias vs Reino Unido*, Proc. 804/79, *Recueil* 1981, pp. 1045 ss.;
- Ac. de 16.Fevereiro.1982, *Ferriera Padana vs Comissão*, Proc. 276/80, *Recueil* 1982, pp. 517 ss.;
- Ac. de 29.Fevereiro.1984, *Rewe-Zentral*, Proc. 37/83, *Recueil* 1984, pp. 1229 ss.;
- Ac. de 11.Julho.1984, *Commune de Differdange e o. vs Comissão das Comunidades Europeias*, Proc. 222/83, *Recueil* 1984, pp. 2289 ss.;
- Ac. de 18.Fevereiro.1986, *Bulk Oil*, Proc. 174/84, *Colectânea* 1986, pp. 559 ss.;
- Ac. de 23.Abril.1986, *Os Verdes*, Proc. 294/83, *Colectânea* 1986, pp. 1139 ss.;
- Ac. de 22.Outubro.1987, *Foto-Frost*, Proc. 314/85, *Colectânea* 1987, pp. 161 ss.;
- Ac. de 8.Março.1988, *Exécutif Régional Wallon e S.A. Glaverber vs Comissão das Comunidades Europeias*, Proc. 62/87, *Colectânea* 1988, pp. 1573 ss.;
- Ac. de 30.Maio.1989, *Comissão vs Conselho*, Proc. 242/87, *Colectânea* 1989, pp. 1425 ss.;
- Ac. de 30.Maio.1989, *Reino Unido vs Conselho*, Proc. 56/88, *Colectânea* 1989, pp. 1615 ss.;
- Ac. de 19.Maio.1990, *Factortame*, Proc. C-213/89, *Colectânea* 1990, pp. I--2433 ss.;
- Ac. de 13.Novembro.1990, *Fedesa*, Proc. 331/88, *Colectânea* 1990, pp. I--4023 ss.;
- Ac. de 19.Novembro.1991, *Francovich*, Procs. apensos C-6/90 e C-9/90, *Colectânea* 1991, pp. I-5357 ss.;
- Parecer 2/91, de 19.Março.1993, sobre a Convenção n.º 170 da OIT relativa à segurança na utilização de produtos químicos no trabalho, *Colectânea* 1993, pp. I-1061 ss.;
- Ac. de 24.Novembro.1993, *Processos Penais vs Bernard Keck e Daniel Mithouard*, Procs. apensos C-267/91 e C-268/91, *Colectânea* 1993, pp. I--6097 ss.;
- Parecer 1/94, de 15.Novembro.1994, sobre a competência da Comunidade para concluir acordos internacionais em matéria de serviços e de protecção da propriedade intelectual, *Colectânea* 1994, pp. I-5267 ss.;
- Parecer 2/92, de 24.Março.1995, sobre a competência da Comunidade para concluir acordos internacionais em matéria de serviços e de protecção da propriedade intelectual, *Colectânea* 1995, pp.I-521 ss.;

- Ac. de 15.Dezembro.1995, *Bosman*, Proc. C-415/93, *Colectânea* 1995, pp. I-4921 ss.;
- Ac. de 8.Fevereiro.1996, *Processo Penal vs Didier Vergy*, Proc. C-149/94, *Colectânea* 1996, pp. I-299 ss.;
- Ac. de 15.Fevereiro.1996, *Buralux SA e o. vs Conselho da União Europeia*, Proc. C-209/94, *Colectânea* 1996, pp. I-615 ss.;
- Parecer 2/94, de 28.Março.1996, sobre a adesão da Comunidade à Convenção para a Protecção dos Direitos do Homem e das Liberdades Fundamentais, *Colectânea* 1996, pp. I-1759 ss.;
- Ac. de 24.Outubro.1996, *Roger Tremblay e o. vs Comissão das Comunidades Europeias*, Proc. C-91/95, *Colectânea* 1996, pp. I-5547 ss.;
- Ac. de 12.Novembro.1996, *Reino Unido da Grã-Bretanha e da Irlanda do Norte vs Conselho da União Europeia*, Proc. C-84/94, *Colectânea* 1996, pp. I-5755 ss.;
- Ac. de 13.Maio.1997, *República Federal da Alemanha vs Parlamento Europeu e Conselho da União Europeia*, Proc. C-233/94, *Colectânea* 1997, pp. I--2405;
- Ac. de 31.Março.1998, *República Francesa e o. vs Comissão das Comunidades Europeias*, Procs. Apensos C-68/94 e C-30/95, *Colectânea* 1998, pp. I-1375 ss.;
- Ac. de 22.Outubro.1998, *Hilmar Kellinghusen vs Amt für Land- und Wasserwirtschaft Kiel e Ernst – Detlef Ketelsen vs Amt für Land- und Wasserwirtschaft Husum*, Procs. Apensos C-36/97 e C-37/97, *Colectânea* 1998, pp. I-6337 ss.;

B. Tribunal de Primeira Instância

- Ac. de 18.Setembro.1992, *Automec*, Proc. T-24/90, *Colectânea* 1992, pp. II-2223 ss.;
- Ac. de 24.Janeiro.1995, *Roger Tremblay e o. vs Comissão das Comunidades Europeias*, Proc. T-5/93, *Colectânea* 1995, pp. II-185 ss.;
- Ac. de 21.Fevereiro.1995, *Verenigning van Samenwerkende Prijsregelende Organisaties in de Bouwnijverheid e o. vs Comissão das Comunidades Europeias*, Proc. T-29/92, *Colectânea* 1995, pp.II-289 ss.;
- Ac. de 29.Janeiro.1998, *Édouard Dubois et Fils vs Conselho da União Europeia e Comissão das Comunidades Europeias*, Proc. T-113/96, *Colectânea* 1998, pp. II-125 ss.;
- Ac. de 17.Junho.1998, *Union européenne de l'artisanat et des petites et moyennes enterprises (UEAPME) vs Conselho da União Europeia*, Proc. T--135/96, *Colectânea* 1998, pp. II-2335 ss.;

DOCUMENTOS

COMISSÃO EUROPEIA – *Programa da acção comunitária em matéria de ambiente*, in JOCE C/112, de 20.Dezembro.1973;
- *Relatório da Comissão sobre a União Europeia*, in BULLETIN CE, Supl. 5/1975;
- *Relatório do Comité para a União Económica Monetária*, in BOLETIM CE 4/1989;
- *Programa de Implementação da Carta Social Europeia*, COM(89)568, de 29.Novembro.1989;
- *Parecer da Comissão sobre a União Europeia*, de 21.Outubro.1990, in BOLETIM CE-1990;
- *Comunicação da Comissão ao Conselho e ao Parlamento Europeu sobre o princípio da subsidiariedade*, de 27.Outubro.1992, SEC (92), 1990 final, in BOLETIM CE 10-1992, Anexo 1.1.;
- *Relatório da Comissão, de 24.Novembro.1993, relativo à adapatação da legislação em vigor ao princípio da subsidiariedade*, COM(93)545, final;
- *Relatório para o Conselho Europeu sobre a aplicação do princípio da subsidiariedade – 1994*, COM(94) 533 final, Bruxelas, 25.11.1994;
- *Conferência Intergovernamental de 1996: relatório da Comissão ao Grupo de Reflexão*, Luxemburgo, SPOCE, 1995;
- *Legislar melhor 1996. Transparência, Subsidiariedade e Simplificação*, in BOLETIM UE 11-1996;
- *Programa da Comissão para 1996. Discurso de apresentação proferido perante o PE pelo Presidente Jacques Santer, Estrasburgo, 12 de Dezembro de 1995. Resolução do PE sobre o programa de 1996*, in BOLETIM DA UE, Suplemento n.º 1/96;
- *Legislar melhor 1998: uma responsabilidade a partilhar; Relatório da Comissão ao Conselho Europeu*, Bruxelas, 01.Dezembro.1998, COM (1998) 715 final;
- *Legislar menos para agir melhor*, COM (1998) 345 final, Bruxelas, 27.05.1998;
- *Cooperação em matéria de Justiça e Assuntos Internos*, in www.eu.int/jai;
- *Espaço de Liberdade, de Segurança e de Justiça*, in www.europa.eu.int;
- *Tratado de Amesterdão*, in www.europa.eu.int;

COMISSÃO EUROPEIA/CONSELHO EUROPEU/PARLAMENTO EUROPEU -
Acordo Interinstitucional da Comissão, Conselho e Parlamento Europeu sobre

a implementação do princípio da subsidiariedade, (aprovado pelo PE a 18. Novembro.1993), in JOCE C/329, de 6 de Dezembro 1993;

COMITÉ DAS REGIÕES – *Parecer sobre o princípio da subsidiariedade*, CdR 136/95 – D –EB/LA/Cf, Bruxelas, 21.Abril.1995;
- *Parecer sobre o princípio da subsidiariedade: para uma nova cultura da subsidiariedade – Apelo do Comité das Regiões*, CdR 302/98 fin, Bruxelas, 10/11 Março 1999;
- *Parecer sobre a Conferência Intergovernamental de 2000*, CdR 53/1999, Bruxelas, 17/Fevereiro/2000, in www.cor.eu.int/coratwork/Instaffair/;
- *Parecer sobre o Relatório da Comissão ao Conselho Europeu "Legislar melhor 1998. Uma responsabilidade a partilhar"*, CdR 50/1999, Bruxelas, 15/Setembro/1999;
- *Parecer sobre a implementação da legislação da UE pelas regiões e autarquias locais e regionais*, CdR 51/1999, Bruxelas, 15/Setembro/1999.

CONSELHO DA UNIÃO EUROPEIA – *Conclusões do Conselho Europeu de Dublin. 25-26 Junho 1990*, in BOLETIM CE 6-1990;
- *Conclusões da Presidência*, Conselho Europeu de Edimburgo de 11-12 Dezembro 1992, Edimburgo, 1992, in JOCE C/337, de 21.Dezembro.1992;
- *Conferência Intergovernamental de 1996 (CIG 1996): relatório do Grupo de Reflexão e outras referências documentais, Bruxelas - Dezembro de 1995*, SPOCE, Luxemurgo, 1996;
- *Conclusões da Presidência*, Conselho Europeu de Viena, Viena, 1998;

EU COMITTEE – *Business guide to EU iniciatives*, Bruxelas, 1995;

GRUPO DO PARTIDO POPULAR EUROPEU (GRUPO DOS DEMOCRATAS CRISTÃOS)
– *Subsidiariedade, alargamento, democratização. Jornadas de Estudo*, Londres, 7/11 Setembro 1992;

MINISTÉRIO DOS NEGÓCIOS ESTRANGEIROS – Política Externa e de Segurança Comum – Guia Prático da PESC, in www.min-nestrangeiros.pt;

OBSERVATOIRE SOCIAL EUROPÉEN – "Reforme des Traités: bilan de Maastricht", WORKING PAPER N.º 9, Bruxelas, Março 95;

PARLAMENTO EUROPEU – *Relatório Tindemans*, de 29.Dezembro.1975, in BULLETIN EC, Supl. 1/76;
- *Projecto de Tratado da União Europeia*, aprovado a 14.Fevereiro.1984, in JOCE C/77, de 19.Março.1984;
- *Relatório Martin* (1º), de 14.Março.1990, in JOCE C/96, de 17.Abril.1990;

- *Resolução do PE*, de 17.Maio.1990, in JOCE C/49, de 18.Junho.1990;
- *Resolução do PE, de 11.Julho.1990, relativa às orientações do PE quanto à elaboração de um projecto de Constituição para a União Europeia (Relatório Colombo, aprovado a 16.Julho.1990)*, in JOCE C/231, de 17.Setembro.1990;
- *Resolução do PE, de 12.Julho.1990 (Relatório Giscard d'Estaing)*, A3--163/90, de 22.Julho.1990, in JOCE C/231, 17.Setembro.1990;
- *Resolução do PE, de 22.Novembro.1990, que aprovou o 2º Relatório Martin*, in JOCE C/234, de 24.Dezembro.1990;
- *Resolução do PE, de 12.Dezembro.1990, sobre os fundamentos constitucionais da União Europeia*, in JOCE C/19, de 28.Janeiro.1990;
- *Resolução do PE, sobre o Tratado da União E*uropeia, de 8.Abril.1992, Doc. A3-0123/92;
- *Resolução do PE, de 8.Julho.1992, sobre o Conselho Europeu de Lisboa de 26-27 Junho de 1992*, in JOCE C/241, de 21.Setembro.1992;
- *Resolução do PE, de 18.Novembro.1992, sobre a aplicação do princípio da subsidiariedade*, in EUROPE, janvier 1993, pp. 11 ss.;
- *Resolução do PE, de 17.Maio.1995, sobre o funcionamento do Tratado da União Europeia na perspectiva da CIG 1996 (c/ base no Relatório Bourlanges/Martin)*, Doc. PE A4-102/95;
- *A Subsidiariedade*, FICHAS TÉCNICAS, in www.europarl.eu.int;
- *Modifications apportées par le Traité sur l'Union Politique en ce qui concerne l'education, la formation profissionnelle et la culture*, Direcção-Geral de Estudos, Documento de trabalho, Série «Europe des Citoyens», s/ data;
- *La Conference Intergouvernementale de 1996: le Parlement européen à l'écoute des citoyens*, vol. I, Comissão institucional, Bruxelas, 17-18 Outubro 1995;
- *White Paper on the 1996 Intergovernmental Conference: vol. I – (Annex) official texts of the European Union Institutions*, POLITICAL SERIES, PE/DGR, Luxemburgo, W-18/September 1996;
- *Briefing on subsidiarity and demarcation of responsabilities*, Task-force on the Intergovernmental Conference, PE 165.901, 6th update, Luxemburgo, 8.March.96;
- *Briefing on subsidiarity and demarcation of responsabilities*, Task-force on the Intergovernmental Conference, PE 166.255, 7th update, Luxemburgo, 15. July.96;
- *Briefing on subsidiarity and demarcation of responsabilities*, Task-force on the Intergovernmental Conference, PE 166.667, 8th update, Luxemburgo, 16. February.1997;

PRESIDÊNCIA LUXEMBURGUESA – *Projecto de um Tratado da União Europeia*, EUROPE DOCUMENTS, n. 1722/1723, 5.juillet.1991;

REPRESENTANTES DOS GOVERNOS DOS ESTADOS MEMBROS – *A União Europeia: o presente e o futuro: adaptar a União Europeia em benefício dos seus povos e prepará-la para o futuro: esboço geral de um projecto de revisão dos tratados – Dublin*, Bruxelas, 1996;

REPRESENTANTES DOS PARLAMENTOS COMUNITÁRIOS – *Declaração Final da Conferência dos Representantes Parlamentos Comunitários*, Roma 27-30 de Novembro de 1990, in BOLETIM CE, 11-1990;

BIBLIOGRAFIA

AA. VV. (sous la dir. de Pierre Maillet) – *Trois défis de Maastricht: convergence, cohésion, subsidiarité*, Paris, 1993;

AA. VV. – *A União Europeia*, Coimbra, 1994;

AA.VV. – *A União Europeia na Encruzilhada*, Coimbra, 1996;

AA. VV. – *European Economic and Business Law*, London, 1996;

AA. VV. – *Em torno da revisão do Tratado da União Europeia*, Coimbra, 1996;

AA.VV. – *O desafio europeu: passado, presente, futuro*, Fundação de Serralves, Cascais, 1998;

AA.VV. – *The principle of proportionality in the laws of Europe*, Oxford, 1999.

ABERAVON, Lord Howe of – "Euro-justice: yes or no?", in ELR, v. 21, n. 3, June 96, pp. 187-210;

ADONIS, A. & STUART, J. – "Subsidiarity and the European Community's Constitutional future", in *Staatwissenschaften uns Staatpraxis*, n. 2, 1991, pp. 179--196;

ALMEIDA, J. C. Moitinho de – "A aplicação do princípio da proporcionalidade pelas jurisdições nacionais", in *Estudios en homenage al Professor Díez de Velasco*, Madrid, 1993, pp. 1081-1092;

ALMEIDA, Luís Crucho de – "Organizações Internacionais", in *Polis*, vol. IV, Lisboa, 1994, pp. 906-914;

AMARAL, Diogo Freitas do – *Curso de Direito Administrativo*, vol. I, 2ª ed., Coimbra,1994;

ANDRIANTSIMBAZOVINA, Joël – "La subsidiarité devant la Cour de Justice des Communautés européennes et la Cour européenne des droits de l'homme", in RAE, année 8, n. 1-2, 1998, pp. 28-47;

APERT-DUPONT, Élaine – "Les grands petits pas de Maastricht", in RAE, n. 1, 1992, pp. 68-71;

ASSEMBLEIA DA REPÚBLICA (Comissão de Assuntos Europeus) – *Acompanhamento da revisão do Tratado da União Europeia na Conferência Intergovernamental de 1996*, vol. I, Lisboa, 1995;

AUBRY-CAILLAUD, Florence – "Le concept de subsidiarité et la nouvelle approche en matière de libre circulation des marchandises", in RAE, année 8, n. 1-2, 1998, pp. 67-69;

AZZI, Giuseppe Giavarini – "Le principe de subsidiarité et l'évolution de la législation communautaire", in RAE, année 8, n. 1-2, 1998, pp. 70-75;

BARAV, Ami e PHILIP, Christian – *Dictionnaire Juridique des Communautés Européennes*, Paris, 1993;

BARNES, Javier – "El principio de subsidiariedad en el Tratado de Maastricht y su impacto sobre las regiones europeas", in RIDPC, n. 5, 1994, pp. 823-862;

BERMANN, George A. – "Taking subsidiarity seriously: federalism in the European Community and the United States", in CLR, vol. 94, n. 2, March 1994, pp. 331--456;

BERNARD, Nicolas – "The future of european economic law in the light of the principle cf subsidiarity", in CMLR, v. 33, n. 4, August 1996, pp. 633-666;

BERRADA, Saad – "Subsidiarité et proportionnalité dans l'ordre juridique communautaire", in RAE, année 8, n. 1-2, 1998, pp.48-61;

BERTI, Giorgio – "Considerazione sul principio di sussidiarietà", in JUS – RSG, anno XLI, n.3, Settembre-Dicembre 1994, pp. 405-409;

BERTRAND, Peter – "La base juridique des actes en droit communautaire", in RMCUE, n.º 378, mai 1994, pp. 324-333;

BESSELINK, Leonard – "Entrapped by the maximum standard: on fundamental rights, pluralism and subsidiarity in the European Union", in CMLR, v. 35, n.º 3, June 1998, pp. 629-680;

BIANCARELLI, Jacques – "Les principes géneraux du droit communaitaire applicables en matière penale", in RSDPC (Nouvelle Serie n.º 1), janvier – mars 1987, pp. 131-166;

BIEBER, Roland, BETTINA, Kahil-Wolff & MULLER, Laurence – "Cours général de droit communautaire", in CCAEL, vol. III-1, 1992, pp. 49-215;

BLUMMAN, Claude – "Aspects institutionnels", in RTDE, n.º 4, octobre / décembre 1997, pp. 721-749;

BORGES, Marta – "Subsidiariedade: controlo *a priori* ou *a posteriori*", in RTI, 2º vol., 1º semestre, FDUC, Coimbra, 1997, pp. 67-99;

BOUCQUEY, Nathalie – "Le signal de la proportionnalité dans la réglementation environnementale: l'exemple de l'Allemagne", in RIEJ, n. 40, 1998, pp. 153--169;

BRADLEY, Kieran e SUTTON, Alastair – "European Union and the rule of law", in *Maastricht and Beyond – Building the European Union*, Londres, 1994, pp. 229-266;

BRAVO, L. Ferrari – "Sussidiarietà e transparenza", in JUS – RSG, anno XLI, n. 3, Settembre/Dicembre 1994, pp. 417-419;

BREWIN, Christopher – "The European Community: a Union of States without unity of government", in JCMS, vol. XXVI, n. 1, September 1987, pp. 1-23;

BRIBOSIA, Hervé – "Subsidiarité et répartition des compétences entre la Communauté et ses États membres", in RMUE, n.º 4, 1992, pp. 165-188;

BRINKHORST, Laurens Jan – "Subsidiarity and European Community environmental policy: a Panacea or a Pandora's box?", in EELR, v. 2, n. 1, January 1993, pp. 8-15;

BRITTAN, Sir Leon – "Subsidiarity in the constitution of the European Community", in CCAEL, vol. III-1, 1992, pp. 23-31;

BROTONS, António Remiro – "Consideraciones sobre la Conferencia Intergubernamental de 1996", in GJCE, Febrero 1996, pp. 7-18;

BROUWER, Onno W. – "Subsidiarity as a general legal principle", in *Future European Environmental Policy and Subsidiarity*, Bruxelas, 1994, pp. 27-44;

BÚRCA, Gráinne de – "The principle of proportionality and its application in EC law", in YEL, 13, 1993, pp. 105-150;

——, "Reappraising subsidiarity significance after Amesterdam", in www.law.harvard.edu;

CABRITA, Rute Neto & SARAIVA, Gil – *Sobre o princípio da subsidiariedade: génese, evolução, interpretação e aplicação*, Lisboa, 1998;

CAETANO, Marcelo – *Manual de Direito Administrativo*, vol. I, 10ª ed., 2.ª reimpressão, Coimbra 1991;

CALDAGUÈS, Michel – "Mesures d'exécution de la législation communautaire: le risque de confusion des pouvoirs", LES RAPPORTS DU SÉNAT, Délégation du Sénat pour l'Union Européennne, n. 126, 1994-1995;

CAMPOS, João Mota de – – *As relações da ordem jurídica portuguesa com o direito internacional e o direito comunitário à luz da revisão constitucional de 1982*, Lisboa, 1995;

——, "A União Europeia: sorvedouro das soberanias nacionais? A compatibilidade da soberania nacional com a qualidade de Estado-memvro da Comunidade Europeia", in *Estudos em homenagem ao Professor Adriano Moreira*, Lisboa, 1995, vol. I, pp. 137-154;

——, *Direito Comunitário: o direito institucional*, vol. 1, 8ª ed., Lisboa, 1997;

CANOTILHO, J. J. Gomes e MOREIRA, Vital– *Constituição da República Portuguesa anotada*, 3.ª ed., Coimbra, 1993;

CAPUCHO, António – "O papel do Parlamento Europeu no processo de integração", in *A Integração Europeia*, Coimbra, 1990, pp. 27-34;

CARCELEN, Martin C. Ortega – "Mayoria y Unanimidad en el Consejo ante la CIG 1996", in GJCEC, Julio 1996, pp. 113-177;

CARRERA, Angel Boixareu – "El principio de subsidiariedad", in RIE, v. 21, n. 3, Septiembre – Diciembre 1994, pp. 771-808;

CARVAJAL, José M. de Areilza – "El principio de subsidiaridade en la construcción de la Unión Europea", in REDC, a.15, n.º 45, Septiembre – Diciembre 1995, pp. 53-93;

CASS, Deborah Z. – "The word that saves Maastricht? The principle of subsidiarity and the division of powers within the European Community", in CMLR, v. 29, n. 6, December 1992, pp. 1107-1136;

CENTRE UNIVERSITAIRE DE RECHERCHE EUROPÉEN ET INTERNATIONALE – "Les difficultés d'application du Traité sur l'Union Européenne. Journée d'études CEDECE du vendredi 20 mai 1994", CAHIERS DU C.U.R.E.I., n. 9, Luxemburgo, 1995;

CHARPENTTER, Jean – "Quelle subsidiarité?", in RFECP, n.º 69, 1994, pp. 49-62;

CHITI, Mario P. – "I signori del diritto comunitario: la Corte de Giustizia e la svillupo dell diritto amministrativo europeo", in RTDP, n. 3, 1991, pp. 796-831;

CHOISINET, Patrick du Fay de – "La subsidiarité, un principe juridique contesté?", in PJR, n. 7, 1990, pp. 317-323;

COLOMER, Damado Ruiz-Jarabo – *El Juez Nacional como Juez Comunitario*, Madrid, 1993;

CONSEIL UNIVERSITAIRE EUROPÉEN POUR L'ACTION JEAN MONET – *Actes du colloque des chaires Jean Monet sur la Conference Intergouvernementalle de 1996 – Bruxelles, les 6 et 7 mai 1996*, Luxemburgo, Octobre 1996;

CONSTANTINESCO, Vlad – "La distribuition des pouvoirs entre la Communauté et ses Etats membres: l'equilibre mouvant de la competénce legislative et le principe de subsidiarité.", in *The institutions of the European Community after the Single European Act*, Bruges, College of Europe, annual conference 1990;

——, "Le principe de subsidiarité: un passage obligé vers l'Union Européenne", in *Mélanges en hommage à Jean Boulouis*, Paris, 1991, pp. 35-45;

——, "Who's afraid of subsidiarity?", in YEL, 11, 1991, pp. 33-55;

——, "La subsidiarité comme principe constitutionnel de l'intégration européenne", in AUSSENWIRTSCHAFT, Octobre 1991, pp. (439)207-(459)227;

——, "Subsidiarité ...vous avez dit subsidiarité?", in RMUE, n.º 4, 1992, pp. 227--231;

——, "Le principe de subsidiarité: une fausse bonne idée?", in IELA, Buenos Aires, 1996;

——, "Les clauses de "coopération renforcée". Le protocole sur l'application des principes de subsidiarité et de proportionnalité", in RTDE, n. 4, octobre – décembre 1997, pp. 751-767;

CONSTANTINESCO, Vlad; KOVAR, Robert & SIMON, Denys – *Traité sur l'Union Européenne – Commentaire article par article*, Paris, 1995;

COOMBES, Davis – "Problems of governance in the Union", in *Maastricht and Beyond – Building the European Union*, Londres, 1994;

CORDEIRO, António Robalo – *Lições de Direito e Política Social*, Curso de Estudos Europeus, FDUC, Coimbra, 1998;

CORNU, Marie – *Compétences culturelles en Europe et principe de subsidiarité*, Breuxelas, 1993;

COULON, Emmanuel & TODINO, Mario – "Subsidiarité et securité juridique dans les règles communautaires de la concurrence", in RAE, n. 4, 1993, pp. 17-40;

COVAS, António – "O princípio da subsidiariedade na Comunidade Europeia", in ECONOMIA E SOCIOLOGIA, n.º 52, 1991, pp. 21-42;

COX, Andrew – "Derogation, subsidiarity and the Single Market", in JCMS, v. 32, n. 2, June 1994, pp. 127-147;

CROSS, Eugene Daniel – "Pre-emption of Member State law in the European Economic Community: a framework for analysis", in CMLR, n. 29, 1992, pp. 447-472;

CROSS, Gerry – "Subsidiarity and Environment", in YEL, 15, 1995, pp. 107-134;
CUNHA, Luís Pedro Chaves Rodrigues da – *Lições de Relações Económicas Externas*, Coimbra, 1997;
CUNHA, Paulo de Pitta e – "Um novo passo na integração comunitária: o Acto Único Europeu", in ROA, I, Abril 1988, pp. 5-14;
——, "Reflexões sobre a União Europeia", in *Integração Europeia. Estudos de Economia, Política e Direito Comunitário*, Lisboa, INCM, 1993, pp. 397-406;
CURSO DE ESTUDOS EUROPEUS DA FDUC – *A revisão do Tratado da União Europeia*, Coimbra, 1996;
CURTIN, Deirdre – "The constitutional structure of the European Union: a Europe of bits and pieces", in CMLR, v. 30, 1993, pp. 17-69;
D'AGNOLO, Gianluca – *La sussidiarietà nell' Unione Europea*, Padova, 1998;
DANIELE, L. – "Brevi osservazioni", in JUS – RSG, anno XLI, n. 3, Settembre - Dicembre 1994, pp. 413-415;
DEBARD, Thierry – *L'application du principe de subsidiarité*, CAHIERS DU CENTRE UNIVERSITAIRE DE RECHERCHE EUROPÉENNE ET INTERNATIONALE – Les Difficultés D'application Du Traité Sur L'union Européenne, n. 9, 1995;
DEBROUX, Xavier – "Le choix de la base juridique dans l'action environmentale de l'Union Européenne", in CDE, n. 3-4, 1995, pp. 383-397;
DEHOUSSE, Franklin – "Le Traité d'Amesterdam, reflet de la nouvelle Europe", in CDE, n. 3, 1997, pp. 265-273;
DEHOUSSE, Renaud– "La subsidiarité et ses limites", in AE/EY, vol. XL, pp. 27-46;
——, "Does Subsidiarity really matter?", EUI WORKING PAPERS IN LAW, n.º 92/32, European Universitary Institute, San Domenico, 1993;
DE JONGH, Paul E. – "Dutch environmental policy: subsidiarity as a challenge", in *Future Environmental Policy and Subsidiarity*, Bruxelas, 1994, pp. 63-76;
DELCAMP, Alain – "Droit Constitutionnel et Droit Administratif: principe de subsidiarité et décentralisation", in RFDC, n. 23, 1995, pp. 609-624;
D'ESTAING, V. Giscard – "As etapas da União Europeia", in *A Integração Europeia*, Coimbra, 1990, pp. 43-50;
——, "Manifeste pour une nouvelle Europe fédérative", in RAE, n. 1, 1995, pp. 19--25;
DOUTRINAUX, Yves – *Le Traité sur l'Union Européenne*, Paris, 1992;
DRAETTA, Ugo – "Brevi note sul principi di sussidiarietà", in JUS – RSG, anno XLI, n. 3, Settembre – Dicembre 1994, pp. 415-416;
DRAGO, Guillaume – "Le principe de subsidiarité comme principe de droit constitutionnel", in RIDC, 46, n.º 2, avril-juin 1994, pp. 583-592;
DUARTE, Maria Luísa – *A teoria dos poderes implícitos e a delimitação de competências entre a União Europeia e os Estados membros*, Lisboa, 1997;
DUBRULLE, Mark – "Subsidiarity is not a mere academic issue", in *Future European Environmental Policy and Subsidiarity*, Bruxelas, 1994, pp. 9-26;

DURAND, Michelle – "A Europa social – princípios e contrapontos", in AS, vol. 26, n.º 110, 1991, pp. 9-21;

EDWARDS, Denis J. – "Fearing federalism's failure. Subsidiarity in the European Union", in AJCL, v. 44, n.º 1, Fall 1996, pp. 537-583;

EHLERMANN, C. D. – "Quelques réflexions sur la communication de la Commission relative au principe de subsidiarité", in RMUE, n. 4, 1992, pp. 215--220;

EICHHORST, Werner – *European social policy between national and supranational regulation: posted workers in the framework of liberalized services provision*, MPIfG Discussion Paper 98/6, Colónia, 1998;

EISSEN, Marc-André – "Il principio di proporzionalità nella giurisprudenza della Corte Europea di diritti dell'uomo", in RIDU, n.º 1, Gennaio-Aprile, pp. 31-43;

EMILIOU, Nicholas – "Subsidiarity: an effective barrier against the «enterprises of ambition»?", in ELR, v. 17, n. 5, October 1992, pp. 383-407;

——, *The principle of proportionality in European law- a Comparative Study*, Londres, 1996;

ESCH, B. Van der – "Loyauté fédérale et subsidiarité: à propos des arrêts du 17 novembre 1993 dans les affaires C-2/91 (Meng), C-245/91 (Ohra) et C-185/91 (Reiff), in CDE, n.ºs 5-6, 1994, pp. 523-542;

ESPADA, Cesáreo Gutiérrez – "La busqueda por las comunidades autonomas de su "presencia" directa y ante las Comunidades Europeas", in GJCEC, Octubre 1994, pp. 169-228;

——, "El sistema institucional de la Unión Europea y la Conferencia Intergubernamental de revisión de 1996", in GJCEC, Série D-26, 1996, pp. 139-246;

ESTEBAN, Maria Luisa Fernandez – *El principio de subsidiariedad en el ordinamiento europeo*, 1997;

EVELYN, Ellis – *The principle of proportionality in the laws of Europe*, Oxford, 1999;

EVERLING, Ulrich – "The *Maastricht* judgment of the German Federal Constitution Court and its significance for the development of the European Union", in YEARBOOK OF EUROPEAN LAW, 14, 1994, pp.1-19;

FALLON, Marc – "Les conflits de lois et de jurisdiction dans un espace économique intégré", in RC, t. 253, 1995, pp. 9-281;

FAVRET, Jean-Marc – "Le Traité d'Amsterdam: une révision *a minima* de la «charte constitutionnelle» de l'Union Européenne. De l'intégration à la incantation?", in CDE, n. 5-6, 1997, pp. 555-605;

FERAL, Pierre-Alexis – "Le principe de subsidiarité dans l'Union Européenne", in RDPSPF, t. 112, n.º 1, janvier – février 1996, pp. 203-240;

——, "Le principe de subsidiarité à la lumière du Traité d'Amsterdam", in RAE, année 8, n. 1-2, 1998, pp. 76-82;

FERREIRA, Paulo Marrecas – "Le principe de subsidiarité comme principe de droit constitutionnel", in BMJ – DDC, n.s 57-58, Janeiro 1994, pp. 127-169;

FINES, Francette – "Subsidiarité et responsabilité", in RAE, année 8, n. 1-2, 1998, pp. 95-101;
FLAESCH-MOUGIN, C. – "Le Traité de Maastricht et les relations externes de la Communauté Européenne: à la recherche d'une politique externe de l'Union.", in CDE, 1993, pp. 351-398;
FONTANA, Tizio – "Christianisme, personnalisme et fédéralisme dans la pensée de Denis de Rougemont", in *Le Fédéralisme Personnaliste aux Sources de L'europe de Demain; Hommage à Alexandre Marc*, Baden-Baden, 1996, pp. 94-99;
FROMONT, Michele – "Le principe de proportionalité", in AJDA, n. espc. (20.juin. 95), pp. 156-166;
GABINETE DA COMISSÃO DAS COMUNIDADES EUROPEIAS – *O Tratado da União Europeia*, Bruxelas, 1992;
GALLETA, Diana-Urania – "Discrezionalità aministrativa e principio di proporzionalità", in RIDPC, n.º 1, 1994, pp. 139-155;
——, "Note a sentenza", in RIDPC, n. 1, 1997, pp. 85-100;
GALMOT, Yves – "L'apport des principes généraux du droit communautaire à la garantie des droits dans l'ordre juridique", in CDE, N.º 1-2, 1997, pp. 67-79;
GARVEY, Tom – "The destiny of a selected environmental legislation", in *Future European Environemntal Policy and Subsidiarity*, Bruxelas, 1994, pp. 45-54;
GAUDIN, Helene – "Les principes d'interprétation de la Cour de Justice des Communautés Européennes et la subsidiarité", in RAE, année 8, n. 1-2, 1998, pp. 10--27;
GAUTRON, Jean-Claude – *Droit Européen*, COLECÇÃO MÉMENTOS-Droit Public, Science Politique, 7ª ed., Paris, 1995;
——, "Subsidiarité ou néo-subsidiarité?", in RAE, année 8, n. 1-2, 1998, pp. 3-8;
GAZZO, E. – "Lever le voile de la «subsidiarité» pour ne pas tomber dans les pièges qu'elle peut cacher", in RMUE, n.4, 1992, pp. 221-226;
GERVEN, Walter van – "Les principes de subsidiarité, proportionalité et coopération en Droit Communautaire Européen", in *Estudios en homenage al Professor Díez de Velasco*, Madrid, 1993, pp. 1281-1292;
GIALDINO, Curti – "Some reflections on the acquis communautaire", in CMLR, vol. 32, n. 5, October 1995, pp. 1087-1121;
GIL-DELGADO, José Maria Gil-Robles – "El principio da subsidiariedad en la construcción europea", in *Cuadernos De La Cátedra Fradique Furió Ceriol*, n.º 2, 1993, pp. 7-25;
GOMES, Carla Amado – *A natureza constitucional do Tratado da União Europeia*, Lisboa, 1995;
GONZÁLEZ, José Palacio – "The principle of subsidiarity. (A guide for lawyers with a particular community orientation)", in ELR, v. 20, n.º 4, August 1995, pp. 355-370;
GORI, Paolo – "Corte di Giustizia e principio di sussidiarietà", in JUS – RSG, anno XLI, n. 3, Settembre-Dicembre 1994, p. 421;

GRANRUT, Claude du – *La citoyenneté européene: une apllication du principe de subsidiarité*, L.G.D.J., 1997;

GRASSI, Irene – "Il ruolo europeo delle autonomie locali. La Carta Europea delle Autonomie Locali e la Comunità Europea dopo il Trattato di Maastricht", in NLCC, ano XV, n. 5, Settembre/Ottobre, 1995, pp. 1178-1189;

GUDIN, Charles-Etienne – "Tendances. Subsidiarité et transparence de l'action communautaire", in RAE, n. 1, 1993, pp. 57-62;

HAGUENAU, Catherine – *L'application effective du droit communautaire en droit interne*, Bruxelas, 1995;

HAIGH, Nigel – "The environment as a test case for subsidiarity", in *Future European Environmental Policy and Subsidiarity*, Bruxelas, 1994, pp. 55-62;

HARRISSON, Virginia – "Subsidiarity in article 3B of the EC Treaty: gobbledegook or justiciable principle?", in ICLQ, n. 2, 1996, pp. 431-439;

HARTLEY, Trevor C. – "Federalism, Courts and legal systems: the emerging of the European Community", in AJCL, vol. XXXIV, Spring 1986, n. 2, pp. 229-247;

HEARL, Derek – "Crisis or Opportunity? Subsidiarity, the public and the E. U. credibility gap", DISCUSSION PAPER OF THE JEAN MONNET GROUP OF EXPERTS, University of Hull, 1995;

HECKLY, Christophe & OBERKAMPF, Éric – *La subsidiarité à l'Américaine: quels enseignements pour l'Europe?*, Paris, 1994;

HÉRAUD, Guy – "De la subsidiarité au principe d'exacte adéquation", in *Le Fédéralisme Personnaliste aux Sources de L'europe de Demain; Hommage à Alexandre Marc*, Baden-Baden, 1996, pp. 232-239;

HEREDIA, José Manuel Sobrino – Principio de subsidiariedad y participación de los entes locales y regionales en la Unión Europea", in NUE, ano XIII, n.º 145, Februero de 1997, pp. 85-102;

HESSEL, Bart & MORTELMANS, Kamiel – "Decentralized government and Community law: conflicting constitutional developments?", in CMLR, v. 30, n. 5, October. 93, pp. 905-937;

HOFMANN, R. – "Il principio di sussidiarietà. L'actuale significato nell diritto constituzionale tedesco ed il possible ruolo nell'ordinamiento dell'Unione Europea", in RIDPC, ano III, n.º 1-21, 1993, pp. 23-41;

IEAP – *Subsidiarity: the challenge of change – Proceedings of the Jacques Delors Colloquium 1991, Maastricht*, Document de Travail, 1991;

IRIBARNE, Manuel Fraga – *El principio de subsidiaridad en la Unión Europea*, COLECCIÓN MONOGRAFIAS, Fundación Galicia Europa, 1997;

JACQUÉ, Jean-Paul & WEILER, Joseph H. – "Sur la voie de l'Union Européenne, une nouvelle architecture judiciaire", in RTDE, anné 26, n. 3, juin – septembre 1990, pp. 441-456;

JUNG, Hans – "A organização jurisdicional comunitária ante o futuro", in *O Sistema Jurisdiconal Comunitário e a sua contribuição para a Integração Europeia*, n.º 13, 1993, pp. 43-65;

KAPTEYN, P. J. C. – "Community law and the principle of subsidiarity", in RAE, n. 2, 1991, pp. 35-43;
——, *Introduction to the law of the European Communities: from Maastricht to Amsterdam*, London, 1998;
KELLY, Genevieve M. – "Public policy and general interest exceptions in the jurisprudence of the European Court of Justice", in ERPL, n. 4, 1996, pp. 17-40;
KINSKY, Ferdinand – "La méthodologie fédéraliste et l'Europe", in *Le Fédéralisme Personnaliste aux Sources de L'europe de Demain; Hommage à Alexandre Marc*, Baden-Baden, 1996, pp. 225-231;
KOOPMANS, T. – "The quest for subsidiarity", in *Institutional Dynamics of European Integration – Essays in Honour of Henry G. Schermers*, vol. II, Dordrecht, 1994, pp. 43-55;
KORTENBERG, Helmut – "La négociation du Traité. Une vue cavalière", in RTDE, n.º 4, octobre/décembre 1997, pp. 709-729;
LABOUZ, Marie Françoise, BURGORGUE-LARSEN, Laurence & DAUPS, Thierry – "Le Comité des Régions, «gardien de subsidiarité»?", in EUROPE, n. 10, 1994, pp. 1-4;
LANE, Robert – "New community competences under the Maastricht Treaty", in CMLR, vol. 30, n.5, Octobre 1993, pp. 939-979;
——, "Alternative approaches to constitution building: the Judicial Committee of the Privy Council", in *Institutional Dynamics of European Integration – Essays in Honour of Henry G. Schermers*, vol. II, Dordrecht, 1994, pp. 79-97;
LANG, John Temple – "The development of european community constitutional law", in IL, n. 25, 1991, pp. 455-470;
LATAILLADE, Iñigo Cavero – "El princípio de subsidiariedade en el marco de la Unión Europea", in RFDUC, n.º 18, 1994, pp. 123-145;
LECOCQ, Vincent – "Subsidiarité et réforme des institutions européennes", in RPP, année 93, n.º 956, novembre/décembre 1991, pp. 44-50;
LENA, F. Gonzalez de – "Los acuerdos de Maastricht y las possibilidades de evolución de la política social y comunitaria", in REST, n.º 17, Setiembro 1992, pp. 81-87;
LENAERTS, Konrad – *Le Juge et la Constitution aux États-Unis d'Amérique et dans l'ordre juridique européen*, Bruxelas, 1998;
LENAERTS, Koen & VAN YPERSELE, Patrick – "Le principe de subsidiarité et son contexte: étude de l'article 3B du Traité CE", in CDE, n. 1-2, 1994, pp. 3-83;
LIPSIUS, Justus – "La Conferencia Intergubernamental de 1996", in GJCE, Septiembre 1995, pp. 5-24;
LODGE, Juliet – "Legitimidad democratica y el Parlamento Europeo", in REP, Octubre/Diciembre 1995, pp. 221-242;
LONG, Antoinette – "The single market and the environmental and the European Union's dilema. The example of the packaging directive", in EELR, n. 6-7, July 1997, pp. 214-219;

LOSA, J. Pueyo e DELGADO, I. Linola – ""Una valoración jurídica sobre la política de educación y el principio de subsidiariedad en la Unión europea", in SJ, t. XLV, n.ºs 262-264, Julho-Dezembro 1996, pp. 265-298 ;

LOUIS, Jean-Victor – "L'heritage communautaire et le nouveau Traité sur l'Union Européenne", in *Estudios en homenage al Professor Manuel Díez Velasco*, Madrid, 1993, pp. 1035-1042;

——, *A ordem jurídica comunitária*, 5ª ed., Bruxelas, 1995;

LUGATO, Monica – "Principio di proporzionalità e invalidità di atti communitari nella giurisprudenza della Corte di Giustizia della Comunità Europea", in DCSI, n.º 1-2, Gennaio – Giugno 1991, pp. 67-85;

MACCORMICK, Neil – "Sovereignty, democracy and subsidiarity", in *Democracy and Constitutional Culture in the Union of Europe*, Londres, 1995, pp. 95-104;

——, "Democracy, subsidiarity, and citizenship in the "european commonwealth", in LP, v. 16, n.º 4, July 1997, pp. 331-356;

MACHADO, J. M. Pires– "Atribuições e Competência", in DA, n.º 5, ano 1, 1980, pp. 361-368;

MACHETE, Pedro – "Os princípios de articulação interna de ordenamentos complexos no direito comparado", in O DIREITO, I-II (Janeiro-Junho), ano 124, 1992, pp. 111-167;

MARHOLD, Hartmut – "La révolution française et quelques idées poétiques de Goethe, d'orientation fédéraliste", in *Le Fédéralisme Personnaliste aux Sources de L'europe de Demain; Hommage à Alexandre Marc*, Baden-Baden, 1996, pp. 27-39;

MARTINACHE, Anne – "Une application de la subsidiarité: la Cour de Justice et les compétences externes", in RAE, année 8, n. 1-2, 1998, pp. 62-66;

MARTINEZ, António Carro – "La Union Europea y el princípio de subsidiariedad...", in RAP, n.º 126, Septiembre – Diciembre 1991, pp. 217-252;

MARTINS, Ana Maria Guerra – *O art. 235º do TCE*, Lisboa, 1995;

MASTROIANNI, Roberto – "Principio di sussidiarietà, politiche culturali e libera circolazione dei servizi", in JUS – RSG, anno XLI, n. 3, Settembre – Dicembre 1994, pp. 423-426;

——, "Il ruolo del principio di sussidiarietà nella definizione delle competenze statali e comunitarie in materia di politiche culturali", in RIDPC, ano IV, n.º 1, 1994, pp. 63-155;

MATTERA. A. – "Subsidiarité, reconnaissance mutuelle et hiérarchie des normes européennes", in RMUE, n. 3, 1991, pp. 7-10;

MATTINA, Enzo – "Subsidiarité, démocratie et transparence", in RMUE, n. 4, 1992, pp. 203-213;

MELO, A. Barbosa de – "Portugal e a ideia da Europa", in *A Integração Europeia*, Coimbra, 1990, pp. 15-26;

MIGLIAZZA, A. – "Considerazione conclusive", in JUS – RSG, anno XLI, n. 3, Settembre – Dicembre 1994, p. 459;

MILLON-DILSON, Chantal – *L'État subsidiaire: ingérence et non-ingérence de létat: le principe de subsidiarité aux fondements de l'histoire européenne*, Paris, PUF, 1992;
——, *Le principe de subsidiarité (Que sais-je?)*, PUF, Paris, 1993;
MIRALE, Francesca – "Ordinamiento constituzionale italiano e integrazione europea: aspetti problematici", in RDE, 35, n.º 2, Aprile/Giugno 1995, pp. 313-334;
MIRANDA, Jorge – "Federalismo, in *Polis*, vol. II, Lisboa, 1984, pp. 1398-1406;
MISCHO, Jean – "Un rôle noveau pour la Cour de Justice?", in RMC, n. 342, décembre 1990, pp. 681-686;
MONCADA, Luís Cabral de – *Filosofia do Direito e do Estado*, Coimbra, 1995;
MONIZ, Carlos Botelho & PINHEIRO, Paulo Moura – *Le principe de subsidiarité – Portugal*, JUR 15/94, XVI Congres Federation Internationale pour le Droit européen (FIDE), Roma, 1994;
MORAIS, Carlos Blanco de – "A dimensão interna do princípio da subsidiariedade no ordenamento português", in ROA, 58, Julho 1998, pp. 779-821;
MUÑOZ, Jaime Rodríguez-Arana – "Crisis in the Welfare State?", in RTDP, n. 4, 1997, pp. 1171-1184;
NAVARRETE, Cristóbal Melina – "Un impulso del derecho social comunitario al proceso de normalización de las practicas de grupo", in GJCEC, Octubre 1995, pp. 139-214;
NEUWAHL, Nanette A. – "A Europe close to the citizen? The trinity concepts of subsidiarity, transparency and democracy", in *A Citizen's Europe – In Search of a New Order*, Londres, 1995, pp. 42-61;
NEVILLE – JONES, Pauline – "The Gensher/Colombo proposals of European Union", in CMLR, vol. 20, n.º 4, december 1987, pp. 657-699;
NOGUEROL, Danièle – "Union Européenne et citoyenneté", in AC, n.º 305, février 1995, pp. 7-22;
NUNES, M. Jacinto – *De Roma a Maastricht*, Biblioteca De Economia, Lisboa, 1993;
OBRADOVIC, Daniela – "Repatriation of powers in the European Community", in CMLR, v. 34, n. 1, February 1997, pp. 59-88;
O'LEARY, Siofra & MARTIN, José M. Fernandez – "Hacia la Europa de las regiones? El principio de subsidiariedad, la intégración europea y el futuro de las entidades subestatales", in REP, Nuova Época, n.º 90, Octubre – Diciembre 1995, pp. 299-322;
OLMI, Giancarlo – "La place de l'article 235º CEE dans le systéme des attribuitions de compétence à la Communauté", in *Mélanges Fernand Dehousse – La Construction Européenne*, vol. II, Bruxelas, 1979, pp. 279-295;
ORSELO, G. P. – "L'applicazione di principio di sussidiarietà nella reltà comunitaria tra diritto e politica", in JUS – RSG, n.º 3, Set./Dez. 1994, pp. 427-436;
——, "Overall approach to the applicatiopn by the Council of the subsidiarity principle and the article 3B of the Treaty on the European Union", in www.physics.adelaide.edu.au;

PANICO, Cafari Ruggiero – "Il principio di sussidiarietà e il ravvicinamento delle legislazioni nazionali", in JUS – RSG, anno XLI, n.3, Settembre – Dicembre 1994, pp. 381-403;

PAPADOPOULOU, Rebecca-Emmanuela – *Principes généraux du droit et droit communautaire*, Bruylant, Bélgica, 1996;

PARLAMENTO EUROPEU (DIRÉCTION GÉNÉRALE DES ÉTUDES DU PARLEMENT EUROPÉEN) – "Les rapports entre competénces nationale et communautaire: le principe de subsidiarité", in RMCUE, n. 367, avril 1993, pp. 303-305;

PERISSICH, Riccardo – "Le principe de subsidiarité, fil conducteur de la politique de la Communauté dans les anées a venir", in RMUE, n.º 3, Paris, 1993, pp. 5-11;

PETER, Bertrand – "La base juridique des actes en droit communautaire", in RMCUE, n.º 378, mai 1994, pp. 324-333;

PHILIP, Alan Butt – "Old policies and new competences", in *Maastricht And Beyond – Building the European Union*, Londres, 1994, pp. 123-139;

PILLITU, R. A. – "Sull'interpretazione del principio di sussidiarietà", in JUS – RSG, n.º 3, Set./Dez. 1994, pp. 437-440;

PINDER, John – "Building the Union: policy, reform, constitution", in *Maastricht And Beyond – Building the European Union*, Londres, 1994, pp. 269-285;

PIRES, Francisco de Lucas – "A política social comunitária como exemplo do princípio da subsidiariedade", in RDES, n.ºs 3-4, Julho-Dezembro, 1991, pp. 239--259;

——, "O Comité das Regiões e a subsidiariedade no Tratado de Maastricht", in *O Comité das Regiões e subsidiariedade no Tratado de Maastricht*, Instituto Português de Estudos Superiores, Lisboa, 1994, pp. 83-98;

——, *Introdução ao Direito Constitucional Europeu*, Coimbra, 1997;

——, "Competência das competências", in RLJ, n.º 3885 (1.04.98), pp. 354-359;

POCAR, Fausto – "Principio di sussidiarietà e patto internazionale sui diritti civili e politice", in RIDU, n.3, Settembre – Dicembre 1994, pp. 408-414;

PONIATOWSKI, M. – "Le principe de subsidiarité", RAPPORTS DU SENAT FRANÇAIS, 45, 1993;

PONTIER, Jean Marie – "La subsidiarité en droit administratif", in RDPSP, t. 102, n.º 6, novembre/décembre 1986, pp. 1515-1537;

PORTO, Manuel Carlos Lopes – *Teoria da Integração e Políticas Comunitárias*, Coimbra, 2ª ed., 1997;

PUSTORINO, Pietro – "Note sul principio di sussidiarietà", in DCSI, 34, n.º 1, Gennaio/Março 95, pp. 47-67;

QUADROS, Fausto de – *Direito das Comunidades Europeias e Direito Internacional Público*, Coimbra, 1991;

——, *O princípio da subsidiariedade no direito comunitário após o Tratado da União Europeia*, Lisboa, 1995;

QUADROS, Fausto de/BASTOS, Fernando Loureiro – "União Europeia", in DJAP, Lisboa, 1996, vol. VII, pp. 543-569;

QUADROS, Fausto de /PEREIRA, A. Gonçalves – *Manual de Direito internacional Público*, 3.ª ed., Coimbra, 1995;

QUEIRÓ, Afonso Rodrigues – "Atribuições", in DJAP vol. I, Lisboa, 1990, pp. 534--539;

RAEPENBUSCH, Sean van – "Les résultats du Conseil européen d'Amsterdam les 16 et 17 juin 1997", in AD, n. 1, 1998, pp. 7-67;

RAMOS, Rui Manuel Moura – *Das Comunidades à União Europeia – Estudos de Direito Comunitário*, Coimbra, 1994;

——, *Da Comunidade internacional e do seu Direito*, Coimbra, 1996;

REICH, Charles – "Quést-ce que ... le déficit démocratique", in RMCUE, n. 343, janvier 1991, pp. 14-18;

REICH, Norbert – "Competition between legal orders. A new paradigm of EC law?", in CMLR, vol. 29, n. 5, 1992, pp. 861-896;

RIBEIRO, Marta Chantal – *Da responsbilidade do Estado pela violação do direito comunitário*, Coimbra, 1996;

RIDEAU, Joël – "Competénces et subsidiarité dans l'Union Européenne et les Communautés européennes", in AEAP, vol. XV, 1992, pp. 615-661;

ROCHÈRE, J. Dutheil de la – "L'ère des compétences partagées. À propos de l'étendue des compétences extérieures de la Communauté Européenne", in RMEUE, n. 390, 1995, pp. 461-476;

RODRIGO, Susana Galera – "El principio de subsidiariedad desde la perspectiva del reparto de competencias entre los Estados miembros e la Unión Europea", in GJCE, Maio 1995, pp. 5-22;

ROGEIRO, Nuno – *A Lei Fundamental da República Federal da Alemanha – com um ensaio e anotações*, Coimbra, 1996;

ROSSI, Lucia Serena – "Il principio di sussidiarietà: allocazione ultimale dell'azione o rinazionalizzazione strisciante", in JUS – RSG, anno XLI, n.3, Settembre – Dicembre 1994, pp. 441-446;

RUANO, José Luís de Castro – "El principio de subsidiariedad en el Tratado de la U. E.: una lectura en clave regional", in GJCEC, Octubre 1995, pp. 215-253;

RUIZ, Ana Isabel Sánchez – *Federalismo e integración europea. La distribuición de competencias en los sistemas alemán y comunitario*, Instituto Vasco de Administración Pública, 1997;

RUIZ, Nuno – "O princípio da subsidiariedade e a harmonização de legislações na Comunidade Europeia", in *A União Europeia na Encruzilhada*, Coimbra, 1996, pp. 129-138;

SÁ, Luís – *Soberania e Integração na CEE*, Lisboa, 1997;

SAINT-OUEN, François – "Culture européenne et fédéralisme", in *Le Fédéralisme Personnaliste aux Sources de L'europe de Demain; Hommage à Alexandre Marc*, Baden-Baden, 1996, pp. 86-93;

SALGADO, Argimiro Rojo – *El modelo federalista de integración europea e la Europa de los Estados y de las regiones*, Madrid, 1996;

SANDULLI, Aldo – "Eccesso di potere e controllo di proporzionalità. Profili comparati", in RTDP, n.º 2, 1995, pp. 329-370;

SANTOS, Pedro – *Industrial policy, subsidiarity and coehsion*, in www.santos.pt;

SCHELTER, Kurt – "La subsidiarité: principe directeur de la future Europe", in RMCUE, n.º 344, février 1991, pp. 138-140;

SCHILLING, Theodor – "A new dimension of subsidiarity: subsidiarity as a rule and a principle", in YEL, 14, 1994, pp. 203-255;

——, "La ratification du Traité de Maastricht en Allemagne. L'arrêt de la Cour Constitutionnelle de Karlsruhe", in RMCUE, n. 378, mai 1994, pp. 293-303;

SCHWARZE, Jürgen – "Le principe de subsidiarité dans la perspective du droit constitutionnel allemand", in RMCUE, n.º 370, juin-âout 1993, pp. 615-619;

——, *Droit Administratif Européen*, vols. I e II, Bruxelas, 1994;

——, "The distribution of legislative powers and the principle of subsidiarity: the case of federal states", in RIDPC, v. 5, n. 3-4, 1995, pp. 713-736;

SCOTT, Andrew, PETERSON, John & MILLAR, David – "Subsidiarity: a 'Europe of the Regions' v. the British Constitution?", in JCMS, vol. 32, n.1, March 1994, pp. 47-67;

SIDJANSKI, Dusan – "Actualité et dynamique du fédéralisme européen", in RMC, n. 341, novembre 1990, pp. 655-665;

——, "Objectif 1993: une Communauté Fédérale Européenne", in RMC, n. 342, décembre 1990, pp. 687-695;

SILVA, Maria Graciete Pinto e – *Subsidiariedade e Federalismo na Europa de Maastricht*, Lisboa, 1995;

SIMBAZOVINA, Joel Andrian – "La subsidiarité devant la Cour de Justice des Communautés Européennes et la Cour Européenne des Droits de l'Homme", in RAE.année 8 n. 1-2, 1998, pp. 28-47;

SIMON, Denys – "La subsidiarité jurisdictionnelle: notion-gadget ou concept opératoire?", in RAE, année 8 n. 1-2, 1998, pp. 84-94;

SINNOT, Richard – *Integration theory, subsidiarity and the internalisation of issues: the implications for legitimacy*, WORKING PAPER N.º 94/13, European University Institute, Fiorentina, 1994;

SLAUGHTER, Anne-Marie et al. – *The European Court and the National Courts*, Oxford, 1998;

SNYDER, Francis – "Soft law and institutional practice in the European Community", in *The Construction of Europe – Essays in Honour of Emile Nöel*, Londres, 1994, pp. 197-225;

SOARES, A. Azevedo – *Lições de Direito Internacional Público*, 4ª ed., Coimbra, 1988;

SOARES, António Goucha – *Repartição de Competências e Preempção no Direito Comunitário*, Lisboa, 1996;

SOLLEU, Marc le – "Subsidiarité judiciaire et sanctions", in RAE, année 8, n. 1-2, 1998, pp. 108-112;

SPADARO – "Sui principio di continuità dell'ordinamiento, di sussidiarietà e di cooperazione fra Comunità/Unione europea Stato e regioni", in RTDP, 44, n.º 4, 1994, pp. 1041-1093;

STEIN, Torsten – "La sentencia del Tribunal Constitucional alemán sobre el Tratado de Maastricht", in RIE, v. 21, n.º 3, Setiembre/Diciembre 1994, pp. 745-769;

——, "El princípio de subsidiariedad en el derecho de la U. E.", in REP, n.º 90, (Nuova Época), Octubre/Diciembre 1995, pp. 69-85;

STEPHANOU, Constantin – "L'Union Européenne et les analogies fédérales et confédérales: réflexions dans la perspective de la Conférence Intergouvernamentale de 1996", in RAE, n. 1, 1995, pp. 83-89;

STROZZI, Girolamo – "Le principe de subsidiarité dans la perspective d'intégration européenne: une enigme et beaucoup d'attentes", in RTDE, 30º année, n.º 3, juin-septembre 1994, pp. 373-390;

——, "Il principio di sussidiarietà nel futuro dell'integrazione europea: un'incognita e molte aspettative", in JUS – RSG, anno XLI, n.3, Settembre – Dicembre 1994, pp. 359-379;

STUART, Lord Mackenzie – "A formula for failure", in THE TIMES, 11.Dezembro.1992, p. 18;

TANE, Santiago Vilanova i – "The effect of subsidiarity on spanish environmental policy", in *Future European Environmental Policy and Subsidiarity*, Bruxelas, 1994, pp. 77-109;

TEASDALE, Anthony L. – "Subsidiarity in Post-Maastricht Europe", in PQ, vol. 64, n.º 2, April/June 93, pp. 187-197;

TEIXEIRA, Isabel Maria Meireles – *A subsidiariedade e o art. 3B do Tratado da Comunidade Europeia*, Universidade Lusíada, Lisboa, 1996;

TELCHINE, Italo – "Interessi particolari di enti locali all'applicazione del principio di sussidiarietà in senso dinamico", in JUS – RSG, anno XLI, n.3, Settembre – Dicembre 1994, pp. 447-450;

TIMMERMANS, Christian – "How can one improve the quality of community legislation?", in CMLR, v. 34, n. 5, October 1997, pp. 1229-1257;

THE CENTRE FOR ECONOMIC POLICY RESEARCH – *Making sense of subsidiarity: how much centralization for Europe?*, CEPR annual report, Londres, 1993;

——, *La distribuizione dei poteri nell'Unione Europea: il principio de sussidiarietá nel processo di integrazione*, Bologna, 1995;

TORIELLO, Fabio – "I principi generali del diritto comunitario", in NGCC, anno IX, n.º 1, Gennaio-Febbraio 1993, pp. 1-23;

TOTH, A. G. – "The principle of subsidiarity in the Maastricht Treaty", in CMLR, v. 29, n.º 6, 1992, pp. 1079-1105;

——, "Subsidiarity: backing the right horse?", in CMLR, v. 30, n.2, April 1993, pp. 241-245;

——, "Is subsidiarity justiciable?", in ELR, v. 19, n.3, June 1994, pp. 268-285;

TOULEMONDE, Jacques – "Peut-on evaluer la subsidiarité? Eléments de rèponse inspirés de la pratique européenne", in RISA, v. 62, n.º 1, mars 1996, pp. 59- -73;

TRACHTMAN, Joel P. – "L'État, c'est nous: sovereignty, economic integration and subsidiarité", in HILJ, vol. 33, n.1, winter 1992, pp. 459-473;

TRAIN, Frédéric – "Le renvoi préjudiciel et la subsidiarité", in RAE, année 8 n. 1-2, 1998, pp. 102-107;

TREVOR, C. Hartley – "Constitutional and Institutional aspects of the Maastricht agreement", in ICLQ, v. 42, n. 2, 1993, pp. 213-237;

TRIANTAFYLLOU, Dimitris – *Des competénces d'attribuition au domaine de la loi*, Bruxelas, 1997;

TRIBUNAL CONSTITUCIONAL FEDERAL ALEMÃO – "Acórdão do TCFA, Karlsruhe, 2ª secção, 12.Outubro.1993", in DIREITO E JUSTIÇA, vol. VIII, tomo 2, 1994, pp. 263-315;

TSCHOFEN, Franziska – "Article 235 of the Treaty establishing the European Economic Community: potencial conflicts between the dynamics of lawmaking in the Community and national constitucional principles", in MJIL, v. 12, n. 3, spring 1991, pp. 471-509;

VALENTI, Angelo – "Il principio di sussidiarietà alla luce dell'intewrpretazione sistematica", in JUS – RSG, anno XLI, n.3, Settembre – Dicembre 1994, pp. 451-452;

VALVERDE, José-Luís – "Présence des "idées-force" d'Alexandre Marc dans le project de Constitution européenne", in *Le Fédéralisme Personnaliste aux Sources de L'europe de Demain; Hommage à Alexandre Marc*, Baden-Baden, 1996, pp. 240-248;

VANDELLI, Luciano – "Il principio di sussidiarietà nel riparto di competenze tra diversi livelli territorialli: a proposito dell'art. 3B del Trattato sull'Unione Europea", in RIDPC, ano III, n.3, 1993, pp. 379-397;

VIGNES, Daniel – "Construction Européenne et Différenciation: la Flexibilité", in *Héctor Gros Espiell Amicorum Liber*, vol. 2, 1997, pp. 1741-1764;

VILAÇA, José Luís & HENRIQUES, Miguel Gorjão- *Tratado de Amesterdão*, Coimbra, 1998;

VILLANNI, Ugo – "Portata politica e rilevanza giuridica del principio di sussidiarietà", in JUS – RSG, anno XLI, n.3, Settembre – Dicembre 1994, pp. 453-458;

VINCI, Enrico – "Sussidiarietà, democrazia e transparenza nel Trattato di Maastricht", in JUS – RSG, anno XLI, n.º 3, Settembre – Dicembre 1994, pp. 353-357;

VOYENNE, Bernard – "Personnalisme et fédéralisme chez Pierre-Joseph Proudhon", in *Le Fédéralisme Personnaliste aux Sources de L'europe De Demain; Hommage à Alexandre Marc*, Baden-Baden, 1996, pp. 40-46;

VUILLERMOZ, Riccardo – "L'influence du personnalisme dans les premières années de vie de "l'Union Européenne des Fédéralistes" à travers l'oeuvre d'Alexandre

Marc", in *Le Fédéralisme Personnaliste aux Sources de L'europe de Demain; Hommage à Alexandre Marc*, Baden-Baden, 1996, pp. 200-210;

WILKE, M. e WALLACE, H. – *Subsidiarity: Approaches to power-sharing in the EEC*, Discussion Paper n.º 27, Royal Institute of International Affairs, Londres, 1990;

WILMARS, J. Mertens de – "Du bon usage de la subsidiarité", in RMUE, n. 4, 1992, pp. 193-201;

YPERSELE, Patrick van – "Le principe de subsidiarité et son contexte", in CDE, 30, n.º 1-2, 1994, pp. 5-85;

ZILLER, Jacques – "Droit administratif et Droit Communautaire: du bon usage du principe de subsidiarité", in *Mélanges René Chapus*, 1992, Paris, pp. 681-691;

——, "Le principe de proportionalité", in AJDA, n. espc. (20.juin.1996), pp. 185-188;

ZULEEG, Manfred – "What holds a Nation together? Coehsion and Democracy in the United States of America and in the European Union", in AJCL, v. XLV, n.º 3, Summer 1997, pp. 505-526;

——, "Subsidiarity and the environment", in EELR, v. 2, n.º 1, January 1993, pp. 15-24;

——, "The subsidiarity principle", in BULLETIN EC 10-1992;

ÍNDICE GERAL

Prefácio	7
Nota Prévia	9
Glossário de Siglas	11
Indicações de Leitura	15
Introdução	19

CAPÍTULO I

EVOLUÇÃO HISTÓRICA DA IDEIA DE SUBSIDIARIEDADE

1. A Subsidiariedade no Pensamento Político-Jurídico Europeu	25
1.1. A Doutrina Social da Igreja Católica	26
1.2. O Princípio da Subsidiariedade no Direito Público Europeu do Pós--guerra	29
1.3. O Caso Particular do Federalismo Alemão	32
2. O Princípio da Subsidiariedade e o Direito Comunitário	40
2.1. O Período anterior ao Acto Único Europeu	41
2.2. O Impulso decisivo dado pelo Acto Único Europeu; Os desenvolvimentos posteriores ao AUE	53
2.3. 1990: um "ano-chave" em matéria de subsidiariedade	66

CAPÍTULO II

O PRINCÍPIO DA SUBSIDIARIEDADE NO TRATADO DA UNIÃO EUROPEIA

1. Considerações Preliminares	89
2. O art. 3º- B do Tratado da União Europeia	96

2.1. O Princípio das Competências por Atribuição 96

2.2. O Princípio da Subsidiariedade e a Cláusula Geral do art. 3º-B, § 2, do Tratado da União Europeia 108

    A. *"Nos domínios que não sejam das suas atribuições exclusivas (...)"* 111

        a. Competências Comunitárias Exclusivas 113

        b. Competências Concorrentes e Competências Exclusivas por Natureza 117

        c. O Princípio da Subsidiariedade e o artigo 235º do TUE 124

    B. *"(...) A Comunidade intervém apenas, de acordo com o princípio da subsidiariedade, se e na medida em que os objectivos da acção encarada não possam ser suficientemente realizados pelos Estados membros, e possam pois, (..) ser melhor alcançados ao nível comunitário."* 126

        a. Teste da Necessidade 129

        b. Teste do Valor Acrescentado 131

    C. *"(...) devido à dimensão ou efeitos da acção prevista (...)"* 138

2.3. O Princípio da Proporcionalidade e o terceiro parágrafo do art. 3º-B do TUE; sua relação com o Princípio da Subsidiariedade 140

    A. Considerações Gerais 140

    B. Subsidiariedade e Proporcionalidade 148

CAPÍTULO III

O CONTROLO JURISDICIONAL DA APLICAÇÃO
DO PRINCÍPIO DA SUBSIDIARIEDADE

1. As diversas propostas formuladas 156

2. O Princípio da Subsidiariedade e as Vias Jurisdicionais de Recurso previstas no Tratado 170

3. Os Limites de um Controlo Jurisdicional da aplicação do Princípio da Subsidiariedade 185

4. A Jurisprudência Comunitária em matéria de aplicação do Princípio da Subsidiariedade 202

CAPÍTULO IV

O TRATADO DE AMESTERDÃO E O PRINCÍPIO DA SUBSIDIARIEDADE;
O PROTOCOLO RELATIVO À APLICAÇÃO DOS PRINCÍPIOS
DA SUBSIDIARIEDADE E DA PROPORCIONALIDADE

1. Os Trabalhos Preparatórios 217
2. O Protocolo relativo à aplicação dos Princípios da Subsidiariedade e da Proporcionalidade 230

CONCLUSÕES 237

ÍNDICE DE JURISPRUDÊNCIA DOS TRIBUNAIS DAS COMUNIDADES EUROPEIAS 243
   A. Tribunal de Justiça 245
   B. Tribunal de Primeira Instância 247

DOCUMENTOS 249

BIBLIOGRAFIA 255

ÍNDICE GERAL 275